조선, 시험지옥에 빠지다

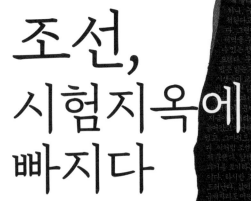

조선,
시험지옥에
빠지다

❖ 이한 지음 ❖

팔도 최고의 족집게 선생부터

기상천외한 커닝 수법까지,

처음 읽는 조선의 입시 전쟁

위즈덤하우스

잃어버린
왕도를 찾아서

교육엔 왕도가 없다.

누구나 살면서 한두 번은 들어봤을 말이다. 이 말은 두 가지 의미로 해석된다. 우선 왕도가 없으니, 결국 성실함만이 답이라는 것이다. 게으름 피우지 말고, 요령 부리지 말고, 꾸준한 노력과 깊은 인내로 선생은 학생을 가르치고, 학생은 선생에게 배워라! 그렇게 학식을 차곡차곡 쌓은 이에게는 스스로 걸어온 길 자체가 곧 왕도다. 다음 해석은 이와 정반대인데, 어차피 왕도, 즉 정도正道가 없는 만큼 사도邪道를 걷겠다는 것이다. 이때 교육은 학식이 아니라 공식을 위해 존재하니, 문제 푸는 온갖 기술을 의심하지 말고, 되묻지 말고 그냥 외워라! 교양과 상식? 예의와 도리? 그런 것은 일단 입시에 성공한 후에 쌓든 말든 알아서 하시라는 말씀. 우리의 교육관이 이 두 해석 중 어느 쪽으로 기울어져 있는지는 굳이 말할 필요 없을 것이다. 그리고 이는 오늘날만의 일이 아니었다.

근본적인 이야기를 먼저 해보자면, 사실 교육이란 동서고금을 막론하고 언제나 화두였다. 미래 세대를 키워낸다는 점에서 평안할 때도, 혼란할 때도 교육은 멈추지 않았다. 그 바탕에는 사람은 가르치면 성숙해진다는 믿음이 있었다.

> 나라의 말이 중국과 달라 문자(한자)로 서로 통하지 아니하여서 이런 까닭으로 어리석은 백성이 말하고자 하는 바가 있어도 마침내 제 뜻을 능히 펴지 못하는 사람이 많다. 내가 이를 위하여 가엾이 여겨 새로 스물여덟 자를 만드니 사람마다 하여금 쉬이 익혀 날마다 씀에 편안하게 하고자 할 따름이다.
> _세종, 《훈민정음언해訓民正音諺解》.

세종이 직접 밝혔듯이, 한글의 창제 목표 또한 백성을 가르쳐 제 뜻을 펼치도록 하기 위함이었다. 이처럼 교육은 언제나 중요했다. 그때나 지금이나 한 나라의, 사회의, 공동체의 밝은 미래를 기대하려면, 그 미래를 책임진 세대를 잘 가르쳐야 한다는 역사적 진실을 부정하기란 어렵다. 한국전쟁 때 마지막 피란처인 부산에 임시로 세워진 대학들, 산업화와 민주화 시기에 공단과 농촌에 들어선 야학들은 그 현대적 판본이라 할 만하다.

하지만 교육을 소중하게 여긴다고 해서, 그 결과가 언제나 좋은 것만은 아니었다. 교육은 종종, 아니 꽤 자주 부와 명예, 권력과 연결되었다. 많이 배우면 세상 보는 눈이 넓어져 그만큼 더 많은 기회를 누릴 수 있다. 가령 과거에 천문을 익힌 사람은 미래를 예측한다고 여겨졌다. 자연스레 수많은 사람이 그의 말에 따랐다. 한마디로 아는 것이 힘이었다. 이런 일이 반복되다 보니, 모두가 이로운 세상보다는 나만, 내 가문만, 내 세력만 잘 먹고 잘살기 위한 수단으로서 교육이 이용되기 시작했다. 이는 곧 수많은 폐해를 낳았다.

그 폐해란 별 다른 것이 아니었다. 우리가 겪고 있는 상황과 크게 다르지 않았다. 오늘날 교육의 기울어진 운동장에선 어떤 일들이 벌어지고 있는가. 과도한 조기교육과 선행 학습이 아이들의 다 자라지도 않은 머리에 온갖 지식을 욱여넣고, 수많은 학원이 위기감을 조성해 부모들의 돈을 천문학적인 단위로 빨아들인다. 이에 발맞춰 '기초 탄탄', '끝장내기', '수능 완성' 같은 화려한 수식으로 꾸며진 참고서들이 바다를 이룬다. 결과적으로 교육은 쪼그라들어 '입시'로만 이해되고 이야기된다. 종종 이러한 교육은 가산을 갉아먹고, 아이들을 학대하며, 교육 격차와 사회 불평등을 공고히 하는 만악의 근원으로 지목된다. 당연히 비판하고 대안을 제시하는 목소리도 높다. 하지만 교육이 바뀌리라고 믿는 사람은 거의 없다. 심지어 개혁가로 생각된 사람들조차 '그들만의 리그'에서 입시 비리를 거리낌 없이 자행하다가 발각되어 세상을 시끄럽게 한다. 나는 이처럼 혼란한 상황이 교육의 특성에서 비롯된다고 생각한다. 즉 교육이란 공동체의 미래가 달렸다는 점에서 매우 공적이지만, 동시에 개인의 삶을 평탄케 할 수단이라는 점에서 매우 사적이다. 이 역설 때문에 과거에도 현재에도 교육은 욕망으로 추동된다.

정말 그렇다. 500년 전 조선에서도 교육은 문제였다. 백년지대계의 열쇠를 쥔 문제인 동시에, 온갖 사건·사고를 일으키는 문제 그 자체였다. 조선 사람들도 교육 앞에서는 '쿨'하지 못했다. 앞에서는 인간 세상의 도리와 천지 만물의 이치를 구했지만, 뒤에서는 사리사욕을 위해, 자식과 가문, 세력의 성공을 위해 가르치고 배웠다. 심지어 정약용은 영달을 위해 오직 과거 공부에만 전념했다고 고백했으며, 퇴계 이황은 과거의 폐단을 비판하면서 자기 아들과 손자에게는 과거 공부를 열심히 하라고 잔소리를 그치지 않았다. 시대를 풍미한 대학자인 그들에게조차 교육이란 곧 입신양명을 위한 과거 공부에 지나지 않았다.

이에 대해 조선 사람들이 교육에 노력을 기울이지 않았다는 식으로 오해해선 안 된다. 그들은 수천 권의 책을 수만 번씩 읽으며 익히고, 복잡다단한 과거를 거쳐 겨우 벼슬길에 올랐다. 여기에 10년을 쏟는 건 기본이었고, 보통 20~30년은 들여야 했다. 하지만 그럴수록, 즉 매몰 비용이 커질수록 보상 심리도 강해졌다. 그 결과 앞서 소개한, 교육을 둘러싼 온갖 난동이 똑같이 벌어졌다. 그리하여 교육은 '어리석은 백성을 가르쳐 뜻을 펼치게 하는 일'이 아니라 오직 입시 성공을 위한 수단으로 전락했으니, 그것이 조선 백년지대계의 어두운 면이었다.

이는 나 혼자만의 생각이 아니다. 멀게는 《열하일기》를 쓴 연암 박지원부터 가깝게는 해방 직후 우리나라의 교육사를 최초로 집대성한 이만규李萬珪까지 모두가 한목소리로 비판했던 사실이다. 이 책은 바로 그 조선 교육의 민낯을 소개한다. 조선 사람들의 기본적인 교육관과 공부법, 과거의 종류와 절차를 설명하는 1장을 지나, 2장과 3장에서는 조선이라는 거대한 입시 왕국에서 벌어진 난동을 살펴본다. 위로는 세자부터 아래로는 시골 선비까지, 조선 사람들에게 교육의 기본은 사교육이었다. 사교육 자체가 나쁜 것은 아니었지만, 그 특성상 자연스레 교육 격차와 사회 불평등으로 이어졌다. 4장에서는 그 결과 교육이 문란해지는 과정을, 특히 결정타로서 부정행위 및 입시 비리와 관련된 소동을 알아본다. 마지막으로 5장과 6장에서는 과거 급제자와 낙방생의 삶을 비교하며 교육의 왕도를 고민해본다.

다시 처음으로 돌아가보자. "교육엔 왕도가 없다"라는 말은 두가지 의미로 해석된다고 했다. 나는 여기에 한 가지 의미를 추가하고 싶다. 교육의 결과에도 왕도, 즉 정해지거나 보장된 바가 없다는 것이다. 실제로 조선의 500년 교육사를 살펴보면, 어릴 적부터 과거 공부에 매진해 결국 장원 급제했으나, 역사의 파도에 휩쓸려 제대로 이름조차 남기지 못한 사람들이 무수하다. 반대로 제 멋대로 살았지만, 끝내 역사의 한 페이지를 장식한 이항복과 권율, 이순신 같은 사람들도 분명 존재한다.

한마디로 사회(또는 부모)가 설정한 교육과정을 얼마나 잘 따랐는지는 성공과 실패의 유일한 기준이 될 수 없다. 어차피 될 놈은 되고 안 될 놈은 안 된다. 이는 모든 것을 팔자에 맡긴 채 두 손 두 발들자는 뜻이 아니다. 조금은 가벼운 마음으로, 다만 끊임없이 가르치고 배우며 삶의 다양한 기회를 모색하자는 것이니, 이것이 우리보다 앞선 교육의 선배들이 남긴 교훈이다. 교육을 둘러싼 지혜와 욕망이 엎치락뒤치락하는, 지금의 우리와 크게 다를 바 없었던 그들의 이야기에 빠져보자.

2024년 7월

이한

6장 　각자도생이 시작되다

어째서, 무엇을, 어떻게 공부했을까

01

정약용, 입시에 미치다

조선의 교육이라 하면 어떤 상이 먼저 떠오르는가. 고매한 선비가 옛 현인들의 글을 공부하고, 아름다운 시를 지으며 심신을 두루 수양하는 모습? 누가 다그치지 않아도 스스로 알아서 공부하고(자기주도 학습), 인의예지를 모두 갈고닦는(전인교육) 모습? 사실 이는 오해에 가깝다. '어째서 가르치는가', '어째서 배우는가' 같은 근본적인 문제의식이 그때도 존재했지만, '사람은 배워야 한다'는 공리와 명분 넘어 사실상 진짜 목표는 과거 급제였다. 일단 양반 가문의 남자라면 입신양명, 즉 몸을 일으켜 세상에 이름을 드날려야 했다. 그렇게 출세하려면 과거 급제가 필수였다. 그래야 관리가 되고 높은 자리에 올라 임금의 곁에서 일할 수 있었다.

이런 이유로 조금이라도 똑똑한 사내아이가 태어나면, 아버지를 비롯한 집안의 어른들은 "네가 우리 집안을 일으켜 세울 재목이다"라고 칭찬과 기대를 아끼지 않았다. 이는 자연스레 조기교육, 또는 선행 학습으로 이어졌다. 그 좋은 예가 조선을 대표하는 실학자인 다산 정약용이다. 우선 그가 자신의 큰아들 정학연丁學淵에게 지어준 시를 살펴보자.

신중하고 온후하며 가진 뜻을 굳게 지켜

때가 오면 출세하여 임금 보좌하고 지고

願汝謹厚有執志 時來進可充疑丞

_정약용, 〈무아武兒가 태어난 지 백일이 되던 날 기쁨을 기록하다武兒生百日識喜〉.

'무아'는 정학연의 아명兒名(어릴 적 이름)인데, 시의 내용을 한마디로 정리하면 "어서 과거에 급제해서 대신이 되어야지!" 정도가 된다. 참으로 당치도 않은 소리였는데, 당시 정학연은 이제 막 백일이 된 갓난아이였기 때문이다. 아직 뒤집기도 못 하는 아들을 앞에 두고 인생 계획을 읊어주는 건 좀 과하지 않은가. 그런데 정약용은 한술 더 떠 한글과 한자를 막 떼기 시작한 정학연에게 본격적으로 과거 공부를 시켜 주변 사람들에게 핀잔을 듣기까지 했다. 절세의 학자 정약용마저 자식 교육 앞에선 물불을 가리지 않았던 것이다. '다행스럽게도' 그만 유별났던 것이 아니라, 세태가 그러했다.

다 너 잘되라고 하는 소리

조선 중기, 인종에게 신임받아 국정의 잘못을 간언하는 대사간大司諫의 중책을 맡게 된 이윤경李潤慶은 당시 조선의 불타오르는 교육열을 이렇게 고했다.

> "지금 부형父兄이 된 자는 아이가 겨우 말을 가리면 바로 장구章句의 학문과 문구를 꾸미는 글을 가르치며 인사人事를 알기 전에 이익과 봉록으로 이끌므로, 사모하는 것은 과거 급제요 바라는 것은 부귀이며 옛사람의 학문하는 도리를 이야기하는 사람이 있으면 떼 지어 웃고 헐뜯습니다."
>
> _《인종실록》, 1545년(인종 1년) 4월 15일._

어디서 본 듯한 상황이지 않은가. 바로 지금 우리 주변에서 벌어지고 있는 일이다. 비슷한 상황이 500년 전 조선에서도 펼쳐졌다는 게 놀라울 따름이다. 아직 제대로 걷지도 못해 유모의 등에 업혀 있는 어린아이에게 글을, 특히 과거를 보기 위해 필히 익혀야 할 문장을 가르치는 과도한 선행 학습이 그때도 있었다니!

이윤경에 따르면 조선 사람들도 아이에게 힘든 공부를 시키며 "지금 고생하면 남은 인생은 편하게 살 수 있다"라고 속삭였다. 왜 공부하는가. 출세하기 위해서다! 과거에 급제해 높은 관직에 올라 부와 명예, 권력을 마음껏 누리기 위해서다! 교육관이 이러하니, 누군가가 도덕이나 정의 같은 입바른 소리를 하면 잘난 척한다고 비웃어댔다. 다시 한번 말하지만, 어디서 많이 본 듯한 상황이다.

물론 이러한 세태를 속되다 여기며 비판하는 사람도 많았다. 시대를 풍미한 산림(벼슬을 하지 않고 숨어 지내는 선비)인 송시열은 "선비들의 풍습이 투박하고 비천한 탓에 겨우 과거 공부나 해서 구차하게 벼슬아치가 되려 한다"라고 강하게 비판했다. 실제로 선비들이 죽고 나서 기록되는 행장行狀이나 졸기卒記를 살펴보면, 과거나 세상의 영욕에 뜻을 두지 않고 표표히 살았다는 글귀가 대개 들어가 있다. 만약 이익을 좇아 살았다는 말이 있다면, 이는 그 선비를 흉보는 것이다.

자본주의 사회를 살아가는 우리는 부와 이익을 삶의 첫 번째 목표로 삼곤 한다. 그런데 조선 사람들이라고 해서 부와 이익을 싫어했을까. 정말 가난을 달게 여겼을까. 그럴 리 없었다. 대부분의 선비가 출세를 바라지 않는다고 말하면서도, 과거 공부를 그만두지 못하는 이중적인 모습을 보였다. 그런 그들에게 어째서 과거 공부를 계속하냐고 물으면, 출세와 부귀영화 대신 부모에게서 이유를 찾았다. 부모님이 시키니까 어쩔 수 없다는 것이었다.

어머니를 위하여 뜻을 굽혀 과거에 응시해 기묘년(1579년)의 사마시司馬試에 급제하였다.
_《국조인물고國朝人物考》21권.

공은 재예才藝가 일찍 이루어지고 문사文辭가 호한浩瀚했지만 명리名利를 달갑게 여기지 않는데, 모친이 반드시 제일명第一名을 이루었으면 하는 바람이 있어 권면하기를 마지않았다.

_이항복,《백사집白沙集》3권.

신은 본래 재주가 노둔하고 성품 또한 거칠고 가벼워 육예六藝의 학
문 중에 하나도 통달한 것이 없습니다. 다만 부형의 엄한 감독으로
대략 공령功令 문자나 해득할 정도입니다.

_채제공蔡濟恭,《번암선생집樊巖先生集》20권.

첫 번째 인용문은 조선 중기의 문인 이신성李愼誠의 묘지명으로,
'사마시'란 과거의 첫 단계인 소과小科의 한 종류다. 급제하면 성균
관에서 공부할 수 있는 생원生員이나 진사進士가 되었다. 두 번째 인
용문은 성균관 진사 최전崔澱의 묘갈명墓碣銘으로, '제일명'이란 장원
급제를 뜻한다. 세 번째 인용문은 남인의 핵심 인물인 채제공이 사
직하며 올린 상소인데, '육예'란 고대 중국에서 교육을 위해 꼽은 여
섯 가지 필수과목을 뜻한다. 조선 사람들도 과거를 보기 위해 육예
를 기본적으로 익혀야 했다. 아울러 '공령'은 과문科文으로도 불린
문체로 과거의 평가 항목이었다. 즉 모두 과거와 관련된 것들인데,
시대와 지위가 달랐던 세 사람이지만 부모님의 권유와 압박 덕분
에 익힐 수 있었다고 증언한다. 어떤 아버지는 세상을 떠나면서 "과
거 도전을 그만두지 말라"라고 유언하기도 했다. 부모로서 자식이
잘되길 바라는 마음도 있었겠지만, 가문의 명예를 위해 자식의 진
로를 결정하거나 강요했던 것처럼 보이기도 한다. 뭐, 정말 그랬을
수 있다. 뒤에서 소개하겠지만, 자식을 쥐어짜서 출세시키고 그 덕

을 보려는 못된 부모들이 분명 존재했다.

바라면서도 바라지 않는 위선

하지만 기록으로 남은 저 무수한 '부모 탓'이 전부 진실일까. 본인들의 의지와 의사는 정말 조금도 영향을 미치지 않았을까. 사실은 그 누구보다 본인의 출세를 바라면서도, 이를 어디까지나 남(부모)의 탓으로 돌리며 가식을 부린 것은 아니었을까. 당대 선비들의 진정한 위선은 가난을 즐긴다는 안빈낙도가 아니라, 성공을 욕망하되 그러지 않은 척하는 태도였을지 모른다. 그렇다면 자식에게 성공을 종용하는, 사리사욕에 찌든 부모들도 한때 누군가의 자식으로서 부모 탓을 했을 가능성이 크다.

이제까지 내가 본 것 중 가장 '가증스러운' 핑계는 다른 누구도 아닌 구도장원공九度壯元公, 즉 장원급제를 아홉 번이나 한 율곡 이이에게서 나왔다. 이이는 평생 친구였던 성혼成渾에게 보낸 편지에서 "과거를 중하게 여겨 그 득실에만 구차하게 마음을 기울이는 것에는 내가 그 책임을 회피할 수 없다"라고 이실직고했다. 동시에 자신은 정말 어쩔 수 없었다며 말꼬리를 늘였다. 물려받은 재산도 없고, 노친을 봉양할 뾰족한 방법도 없기에 장사나 품팔이 같은 천한 일이라도 마다할 처지가 아니었다는 것이다. 다만 자기는 선비라서 과거를 치를 수밖에 없었다는 게 결론이다. 어쩜 이렇게 입에 침도 안 바르고 거짓말을 할 수 있었을까. 일단 이이의 장원급제 대행

진은 그의 부모가 모두 죽은 다음에 시작되었다. 또한 이이의 외가는 강릉에서 꽤나 번듯한 명문 부잣집이었고, 따라서 그는 외할머니에게 금싸라기 같은 한양의 기와집과 밭을 물려받았다. 그런데 가난이라니, 이 무슨 말도 안 되는 소리란 말인가.

물론 이이가 아직 살아 있는 외할머니나 친가 쪽의 어른들을 가리켜 '노친'이라고 표현했을 수는 있다. 하지만 그렇다고 하더라도 이이의 거짓말은 도를 넘었다. 외할머니 용인이씨龍仁李氏는 그 유명한 오죽헌의 주인이었을 정도로 부유했고, 친가는 외가보단 가난했을지 몰라도, 이이는 셋째 아들이므로 부양 의무를 홀로 진 것이 아니었다. 즉 아홉 번이나 장원 급제할 정도로 죽자 살자 과거에 매달릴 이유가 없었다.

이토록 본인의 의지를 강조하는 이유는, 과거가 호락호락한 시험이 아니었기 때문이다. 배운 걸 외워 써먹을 수 있는 공부 머리도 필요했고, 오랜 시간을 들여 집중할 수 있는 정신력도 필요했고, 시험의 압박감을 이겨낼 배짱도 필요했다. 이뿐일까. 모든 공부가 그러하듯, 과거에도 요령이 있었고, 이를 숙련하려면 뼈를 깎는 노력이 필요했다. 이런 이유로 과거 공부를 부르는 특별한 용어가 따로 존재했다. '박사업博士業'으로, 요즘 말로 하면 '입시' 정도가 될 것이다. 그리고 그때나 지금이나 입시에서 새로운 지식만큼 중요한 것은 답안지를 효과적으로 쓰는 방법이다. 특히 과거는 대단히 복잡한 형식에 맞춰 답안지를 작성해야 했고, 여기에서 실수한다면 급제가 취소되기까지 했다. 과거 답안지의 작성 요령은 시대에 따라 조금씩 달라지지만, 대체로 정리해보면 다음과 같다.

- 시권試券(답안지)에는 정자체인 해서체로 써야 한다.
- 도교, 불교, 법가, 음양가 등 이단을 인용하면 안 된다.
- 노론, 소론, 남인, 북인 등 색목色目(당파)을 언급하면 안 된다.
- 임금이나 선대 임금의 이름을 쓰면 안 된다.
- 신기하거나 이상한 문자를 쓰면 안 된다.

답을 찍을 수 있는 객관식 문제를 주로 풀어온 우리가 보기에는 난도가 너무나 높다. 설령 붓글씨에 익숙한 선비들이라고 해도, 모든 조건을 지키면서 답안지를 쓰는 것은 금방 배울 수 있을 만큼 만만한 일이 아니었다. 이 때문에 과거 공부는 몹시 특별하게 여겨졌다. 하여 선비들은 과거에 나온 글을 '공령문', '과문', '정문程文'으로, 시를 '과시科詩'로 부르며 소중하게 취급했다. 그들은 오늘날의 입시생들이 문제집을 끼고 사는 것처럼 공령문을 모아 정리한 책을 끼고 살았다.

어쨌든 이처럼 형식을 중요하게 따진 탓에 문제가 생겼다. 즉 대부분의 입시가 그러하듯 지나치게 도식화되어 실생활과 연결되지 못하고, 따라서 일단 시험장에서 나오면 더는 쓸 일 없는 그저 '오직 과거만을 위한 공부'가 되었다. 그러다 보니 조선 시대에도 과거를 비판하는 목소리가 높았다. 풍자의 대가 박지원은 이런 세태를 날카롭게 비꼬았다.

사대부가 태어나 어렸을 적에는 제법 글을 읽지만, 자라서는 공령을 배워 화려하게 꾸미는 변려체騈儷體의 문장을 익숙하게 짓는다.

과거에 합격하고 나면 이를 변모弁髦나 전제筌蹄처럼 여기고, 합격하지 못하면 머리가 허옇게 되도록 거기에 매달린다. 그러니 어찌 다시 이른바 옛날의 문장이 있다는 것을 알겠는가.

_박지원,《연암집燕巖集》3권.

입시형 인간의 탄생

과거 공부도 공부인 만큼 나쁘지 않다. 그 노력을 인정할 만하다. 하지만 그 정도가 도를 넘어 답안지 쓰는 기술만 늘고 스스로 생각하는 법은 잊으니 문제였다. 그나마 과거에 급제하면 다행이었다. 계속 급제하지 못해 과거 공부하는 세월이 길어지면, 그만한 인생 낭비가 따로 없었다. 한마디로 열심히 공부해봤자 사람을 바보로 만드는 것, 그것이 바로 과거였다. 이는 나나 박지원만의 '뇌피셜'이 아니다. 실제로 과거는 인재를 제대로 골라내지 못했으니, 쓸 만한 재주는 별로 없으면서 과거만은 끝내주게 잘 보는 '입시형 인간'이 그때도 존재했다. 대표적인 인물이 조선 중기의 문인 김성립金誠立이다. 이름 석 자만 대면 누구인지 잘 모르는 사람이 많을 텐데, 그의 아내가 바로 허난설헌이다. 허난설헌은 8세부터 시를 지은 천재였지만, 순탄하지 않은 결혼 생활 끝에 27세의 젊은 나이로 세상을 떠났다. 시어머니는 물론이고 남편과도 사이가 안 좋았고, 두 자식도 어린 나이에 일찍 죽어 고통이 극심했다. 이처럼 박복했던 누나의 삶을 안타까워한 동생 허균이 그녀가 생전 지은 시들을 모아 책으로 엮었는데, 그러면서 매부를 참신하게 흉봤다.

세상에 문리文理는 부족하면서도 글은 잘 짓는 이가 있다. 나의 매부 김성립은 경·사經史를 읽으라면 입도 떼지 못하지만 과문은 요점을 정확히 맞추어서 논·책論策이 여러 번 높은 등수에 들었다.

그가 책문策問을 지을 때에는 편 끝부터 거꾸로 지어 올라가되 맨 처음 끝부분을 짓고 그다음에 구폐救弊를 말하고 다음 축조逐條, 다음 중두中頭를 짓고, 시지試紙에 옮겨 쓸 무렵에 모두冒頭를 짓는데 모두 질서 정연하니 이것은 또 이야기하지 않을 수 없다.

_허균,《성소부부고惺所覆瓿藁》24권.

풀이하면, "천재이면서 선녀 같은 우리 누나 허난설헌을 괴롭힌 못된 매부 녀석은 진짜 무식하고 별거 없는 놈이었지만, 과거 답안 지 하나만큼은 끝내주게 썼다"라는 내용이다. 절대로 헛말이 아닌 게, 김성립은 허난설헌이 세상을 떠난 뒤 재혼하고 1589년(선조 22 년) 과거에 급제했다. 물론 허균은 장원 급제했고, 그 형제들도 모 두 무난히 급제했으니, 김성립의 성취는 처가에 비해 살짝 떨어져 보이지만, 그도 당대의 이름난 문인이었다.

허균은 그런 김성립을 '과거 답안지만 잘 쓰는 놈'이라면서 깠던 것이다. 사실 부부 사이의 일은 부부만 안다고, 김성립과 허난설헌 의 관계가 어떠했는지는 당사자들만 알 것이다. 다만 허균의 영향 력 때문인지, 김성립은 당시에 조선뿐 아니라 중국에까지 '못생기 고 재주도 없는 놈'으로 알려졌다. 국제적으로 욕먹는 처지가 좀 안타깝지만, 아무튼 김성립은 과거 성적이 실제 학식에 비례하지 않을 수 있다는 사실을 잘 보여주는 산 증인이었다.

수천 권의 책과 수만 번의 독서

물론 형식이 중요하다고 해서 내용을 평가하지 않은 것은 아니었다. 답안지를 남들보다 뛰어난 내용으로 채우기 위해 선비들은 엄청난 양의 책을 읽고, 또 외웠다. 과거는 크게 경전(유교의 성현들이 남긴 글)을 외우고 풀이하는 강경講經과 글을 쓰는 제술製述로 나눠 치러졌다. 강경은 책을 달달 외우면 될 것 같지만, 필독서라 할 만한 경전의 양을 생각하면 절대 쉬운 일이 아니었다. 일단 사서(《논어》《맹자》《중용》《대학》)와 삼경(《시경詩經》《서경書經》《주역》)을 외워야 했다. 그다음에는 송나라의 학자 사마광司馬光이 쓴 294권짜리 《자치통감》을 외워야 했다. 경우에 따라서는 한나라의 역사가 사마천이 쓴 130권짜리 《사기》도 외워야 했다. 압도적이지 않은가. 그나마 다행인 점은 요약본이 존재했다는 것이다.

조선 후기의 문인 이식李植은 예순이 다 된 나이에 자식들에게 도움이 될 만한 공부법을 집대성해 《시아손등示兒孫等》을 썼다. 그 책에는 과거 공부만을 위한 내용이 따로 정리되어 있는데, 제목 또한 '과문공부科文工夫'다. 잠시 이식이 알려주는 과거 공부 '꿀팁'을 살펴보자. 첫 번째! 시험에 잘 나오는 유명한 경전들의 요점을 정리한 다음 100번 읽자. 오늘날의 공부법과 크게 다르지 않다. 요점 정리와 반복 학습은 조선 시대에도 공부의 기본으로 통했다. 여기에 더해 이식은 '선택과 집중'을 강조했다. 즉 역사서에서는 《자치통감》이 가장 중요하니(과거에 많이 나오니) 열심히 외우고, 《노자》와 《장자》 같은 이단의 책들은 참고만 하라는 것이었다.

그 외의 눈에 띄는 꿀팁으로는 이러한 것이 있다.

> 우리나라 사람의 과제문科製文을 몇 책으로 초록하여 과문을 지을 때 참고토록 하라.
> _이식, 《택당별집澤堂別集》 14권.

과제문이란 과거 급제자들의 답안지다. 이를 보면 자연스레 기출문제와 모범 답안을 모두 꿰게 되므로, 오늘날에 적용해도 도움이 될 만한 공부법이다. 다만 직접 초록, 즉 요약하기란 몹시 귀찮은 일이다. 이럴 때 대부분의 사람은 지름길을 찾는다. 그런 이유로 조선 초기부터 '남이 대신 정리한' 요약본이 유행했다. 돈이 많은 선비는 특별한 요약본을 제작 주문했고, 심지어 이를 품에 숨긴 채 시험장에 들어가기도 했다.

요약본이든 원전이든, 이 책들을 읽고 외운다는 것은 어떤 의미였을까. 단순히 무슨 책, 몇 쪽, 몇째 줄에 어떤 단어가 나오는지 기억하는 것은 아니었다. 등장인물의 이름과 사연, 사건의 흐름과 맥락, 전체를 아우르는 주제와 문제의식 등을 모두 꿰뚫어야 했다. 그러려면 첫째, 한자를 외워야 하고, 둘째, 각종 단어와 문법 등을 익혀야 하며, 셋째, 숙어와 관용구를 충분히 숙지해야 했다. 암기는 그다음 일이었다. 이때 가장 좋은 방법은 반복해서 읽는 것이었다. 이는 지금도 마찬가지다. 누구나 이해될 때까지 읽어본 기억이 있을 것이다. 다만 오늘날의 입시생들이 열 번 읽는다면, 조선의 선비들은 100번, 1000번, 1만 번 읽었을 뿐이다. 암기해야 할 글의 양이나 난도가 모두 오늘날의 교과서와는 차원이 다른 수준이었기 때문이다.

글쓰기는 또 어떠한가. 문제를 제대로 이해하고 알맞은 답을 써내는 것은 그때나 지금이나 어려운 일이다. 세종대왕님의 은혜로 한글을 쓰는 우리로서는, 꼬불거리는 그림문자인 한자를 외우고, 그 조합인 한문을 읽고 쓴다는 것 자체가 너무나 어렵게 느껴진다. 게다가 붓과 먹으로 쓴 답은 '복붙'은커녕, 지우개로 지울 수도 없다. 그렇다면 먼저 머릿속에서 답을 완성한 다음 일필휘지할 생각으로 쭉 써 내려가야 한다. 객관식의 답을 OMR 카드에 마킹하는 것과 비교하면, 가히 '하드코어'한 수준이 아닐 수 없다.

게다가 과거는 종류에 따라 평가 방식이 다양했다. 그중 가장 영광스러운 것은 역시 대책對策이었다. 임금이 직접 질문을 던지면, 수험생들이 답하는 방식이었는데, 정치에 관한 계책을 주로 묻는다고 해 책문으로도 불렸다. 임금과 백성이 직접 대화를 주고받는다는 게 어쩐지 근사해 보이는데, 실제로 품격 있는 시험으로 여겨졌다. 대책이 다루는 주제는 다양했다. 국방이든 경제든 나라의 중요한 문제라면 무엇이든 물어보았다. 과거란 결국 나라를 운영해나갈 인재를 뽑는 시험이니, 아주 적절한 방식이라고 할 만하다(물론 과거를 보는 선비들은 힘들었겠지만 말이다). 그런데 가끔 대책에서 아주 이상한 문제가 출제되기도 했다. 이를테면 광해군은 섣달그믐이 되면 왜 슬픈지 물었고, 정조는 온 백성이 담배를 피우게 하려면 어떻게 해야 하는지 물었다. 요즘이라면 교육부 장관이 책임지고 물러날 법한 이런 개떡 같은 질문에도 찰떡같이 답해야 하는 게 과거였으니, 선비들은 한시도 긴장을 늦출 수 없었다.

"뜻하고 종사한 것이 영달에만 있어서"

이토록 공부하고 익혀야 할 것이 많은 과거였기에, 20대는커녕 30대, 40대가 되어서도 급제하지 못하는 사람들이 허다했다. 게다가 과거에는 등급이 있었으니 첫 단계인 초시初試에 급제하더라도 이어서 복시覆試를 치러야 했다. 이 둘을 합쳐 소과라 했는데, 힘들게 모두 통과하더라도 생원이나 진사가 되어 성균관에 입학할 자격을 얻는 정도에 그쳤다. 따라서 정말 높은 관직에 오르려면 과거의 '끝판왕'인 문과에 급제해야 했다. 당연히 이는 쉬운 일이 아니었다.

그래서 많은 사람이 끝없는 과거 공부 중에 늙고 가난해졌다. 환갑이 넘어서 초시에 겨우 급제한 사람도 있었고, 그마저도 뜻을 이루지 못한 사람은 자기 자식에게 바통을 넘겼다. 이처럼 선비들은 죽는 순간까지도 과거를 향한 집착을 내려놓지 못했다. 앞서 설명한 것처럼 입신양명의 욕구가 워낙 컸던 데다가, 과거를 포기하는 순간 자신의 인생을 통으로 부정하는 꼴이었기 때문이다. 한마디로 매몰 비용이 너무 커 쉽게 그만둘 수 없었다. 물론 대부분의 선비는 "이깟 과거쯤은 붙어도 안 붙어도 상관없으니까 열심히 공부 안 하고 대충 쳤다!"라며 애써 스스로 위로했다. 그런데 여기에도 별종은 있어서 자기가 과거에 목숨을 걸었다는 것을 솔직히 밝힌 사람이 있었다. 바로 정약용이었다.

조선 역사를 통틀어 손꼽히는 천재였던 정약용은 18세부터 아버지의 명령으로 과거 공부를 시작했고, 같은 해 초시의 일종인 승보시陞補試에 급제해 성균관에 입학했다. 이후로 정약용은 성균관 자체 시험인 반제泮製에서 수석을 밥 먹듯이 차지하고 온갖 상을 싹 쓸이했다. 정조를 알현하는 영광도 누렸다. 그러나 정작 중요한 실전, 그러니까 문과에서는 똑 소리 나게 낙방하기를 반복했다. 이렇게 몇 년이 흐르자, 정조가 친히 "초시를 대체 몇 번을 봤느냐(아직도 못 붙냐)?"라며 갈굴 정도였다. 이에 대해 정약용은 "임금께서 애절하게 나를 위로하고 애석해하였는데, 그 이유는 급제자에 대한 석차를 매긴 것이 임금의 뜻이 아니었기 때문이다"라며 애써 좋게 해석했다. 하지만 정조의 성깔을 고려했을 때 절대 상냥하지 않았을 것이다. 오히려 닭이 곡식을 쪼듯 빠닥빠닥 구박해댔으리라. 어쨌든 정약용도 10년의 과거 공부 끝에 1789년(정조 13년) 28세의 나이로 문과에 급제했다. 차석이었으니 체면치레는 했다고 본다. 이후 관직 생활을 시작한 정약용은 임금의 비서인 승지承旨의 자리에까지 올랐지만, 젊은 시절 서학西學을 공부했던 것이 발목을 잡았다. 유교의 나라 조선에서 이단의 학문을 공부하다니! 그야말로 공격당하기에 딱 좋은 빌미였다. 우리로서는 눈코 뜰 새 없이 바빴을 입시생 시절에 딴짓을 했다는 게 더 놀라운 일이지만.

물론 정약용은 "나는 안 그랬다! 잠깐 봤지만 곧 그만뒀다!"라면서 억울함을 토로했다. 정약용의 상소는 《정조실록》에 기록되어 있는데, 내용이 약간 축약되었다. 좀 더 자세한 내용은 《다산시문집茶山詩文集》에 실려 있다.

신은 그동안 뜻하고 종사한 것이 영달에만 있어서, 태학太學(성균관)에 들어온 후로 오로지 뜻을 전일全一하게 한 것은 곧 공령학(과거)으로, 월과月課(매월 숙제)와 순시旬試(열흘마다 보는 시험)에 응시하기를 매가 먹이를 잡으려 하는 듯이 정신을 쏟았으니, 이것은 진실로 이러한 기미氣味가 아닙니다. 더군다나 벼슬길에 나아간 후로 어찌 방외方外에 마음을 쓸 수 있겠습니까.

_정약용, 《다산시문집》 9권.

어찌나 마음이 급했는지 내용이 참 노골적이다. 풀이하면, 그즈음의 자신은 출세를 위한 과거 공부에 미쳐 있었으므로, 이단의 학문을 공부할 짬이 없었다는 내용이다. 한마디로 자신이 속물임을 만천하에 드러낸 것인데, 다르게 생각하면 천하의 정약용조차 과거 공부 말고는 인생의 다른 선택지가 없었다는 것이기도 하다. 여하튼 정약용의 주장은 꽤 일리 있는데, 성균관 생활은 실제로 매우 빡빡해서 열흘마다, 달마다 숙제를 내고 시험을 치렀다. 심지어 일과日科라고 해서 매일 보는 시험도 있었는데, 너무 과하다 싶었는지 연산군 대쯤에 사라졌다. 한마디로 과거에 급제하기 전까지는 오직 공부로만 가득한 일정을 눈코 뜰 새 없이 소화해야 했던 것이다.

과거가 아니면 방법이 없다

입신양명을 위해 이토록 열심히 공부한 정약용이건만, 서학을 공부한 것은 사실인지라, 결국 유배를 갔다. 흥미로운 점은 유배지에서 아들들에게 보낸 편지에서도 정약용은 자신이 성균관에서 얼마나 미친 듯이 공부했는지 강조했다는 것이다.

> 내 어려서는 나아갈 방향을 알지 못하였으며, 15세가 되어서야 서울에 올라가 유학하였으나 방랑하기만 하여 터득한 것이 없었다. 20세에는 비로소 과거 공부에 전심하였는데, 태학에 들어간 뒤로는 또 변려문騈儷文(과거에 쓰인 문체)에 골몰하였다.
>
> _1802년(순조 2년) 12월.

다른 대부분의 부모처럼 정약용도 아들들에게 때론 허세도 부리고 때론 잔소리도 해댔다. 무엇보다 자신이 속되게 공부했다는 것을 숨기지 않았다. 그래서인지 정약용은 아들들의 조기교육에 목맨 '극성 아빠'였다. 1801년(순조 1년)의 대규모 가톨릭교 박해 사건인 신유박해辛酉迫害 이후 서학과 조금이라도 엮인 사람은 과거 응시 자격이 박탈되어 소용없어졌지만 말이다. 정약용이 서학에 얼마나 진심이었는지는 여전히 큰 논란거리이기에 여기서는 굳이 다루지 않겠다. 다만 매일같이 쏟아지는 숙제와 시험을 쳐내면서, 그것도 1등을 밥 먹듯이 차지하면서, 마침내 문과에 차석으로 급제하면서, 그 와중에 시간을 쪼개 서학을 공부하는 미친 일정을 소화

해냈다는 것이 놀라울 따름이다. 물론 그런 천재조차 급제하기까지 10년이 걸렸다는 데서 과거 공부가 무서워지기까지 한다.

그런데도 정약용은 과거를 꽤 긍정적으로 생각했다. 유배지의 정약용에게 공부를 배우러 온 이인영李仁榮이라는 청년이 "저는 과거에 뜻이 없습니다"라고 말하자 "그러지 말고, 과거를 준비해라"라고 권했다. 이후에도 정약용은 이인영에게 편지를 보내 조선의 과거제도에 문제가 많아 사람들의 진을 쏙 빨아 먹는 골칫거리인 것은 맞지만, 과거가 아니라면 임금(권력)을 만날 수 없는 만큼 어쩔 수 없다고 설득했다. 그런 이유로 조광조나 이황 같은 유명한 유학자들도 다 과거를 공부하고 급제했으니, 너무 빨리 그 길을 포기할 필요는 없다는 것이었다.

공령업도 닦아 발신을 꾀하여 임금을 섬길 수 있도록 노력하게.
_1820년(순조 20년) 5월 1일.

과거에 급제해야 선비로서 체면이 서고, 특히 문과에 급제해야 높은 관직에 오를 수 있다는 것은 당대의 엄연한 현실이었다. 자신의 뜻을 세상에 펼치려면 권력을 가져야 했다. 그래서 말인데 만약 폐족이 되지 않았다면 정약용은 자신의 아들들을 공부시키려 무섭게 달달 볶았을 것이다.

02

일곱 개의 관문과 어사화

잠깐 〈춘향가〉 이야기를 해보자. 지금으로 치면 시장 정도 되는 부사府使의 아들 이몽룡은, 아버지의 부임지 남원에서 단옷날을 맞아 노는 중에 춘향이를 만난다. 그렇게 사랑에 빠진 두 사람이 인연을 맺은 것까지는 좋았는데, 이몽룡의 아버지가 승진해 한양으로 올라가며 이별하게 된다. 이후 이몽룡은 열심히 공부해 과거에 도전한다. 〈춘향가〉에서 묘사되는 시험장의 모습은 그야말로 웅장하다. 임금이 참관하기에 임금만이 쓸 수 있는 붉은 우산과 임금만이 앉을 수 있는 어탑御榻이 설치되고, 그 주위로 700명에 이르는 관리가 늘어선다. 오늘날의 교육부 장관과 대통령실 비서실장 정도 될 대제학大提學과 도승지都承旨가 임금에게 문제를 펼쳐 보이며 과거가 시작된다.

주인공 이몽룡은 문제를 보자마자 붓을 들고 그야말로 일필휘지로 답안지를 써낸다. 물론 결과는 장원급제! 암행어사가 된 이몽룡은 남원으로 가서 위기에 빠진 춘향이를 구해낸다. 하지만 현실은 〈춘향가〉와 달랐다. 갓 급제한 이에게 암행어사라는 큰 임무를 맡길 리 없었을뿐더러, 무엇보다 이몽룡처럼 과거를 한 번에 턱 하고 붙는 일 자체가 사실상 불가능했다. 과거는 매우 복잡한 단계를 거치며 진행되었기 때문이다.

생각보다 엘리트였던 생원과 진사

선비들은 가장 먼저 조흘강照訖講을 치러야 했다. 시기별로 차이는 있지만, 조흘강은 한양의 동쪽, 서쪽, 남쪽, 중앙에 세워진 국립학교인 사학四學과 신청서 수납 및 신분 확인을 위해 임시로 설치된 전국의 녹명소錄名所에서 치러졌다. 장소만 보아도 알 수 있듯이 조흘강은 일종의 과거 예비시험이었다. 즉 과거를 볼 자격이 있는지를 확인했으니, 다시 말해 조흘강을 통과해야만 과거 시험장에 들어갈 수 있었다. 오늘날에 빗대어 말하자면, 모의고사를 망친 학생은 수능을 칠 수 없는 것이므로, 참으로 가차 없었다.

본격적인 과거의 첫 번째 단계는 초시였다. 초시는 이름 그대로 과거 초보자들이 보는 시험이었다. 전국 곳곳에서 치러졌고, 그래서 명칭도 조금씩 달랐다. 한양에서 보면 한양시라고 했고 지방에서 보면 향시鄕試라고 했으며 성균관에서 보면 관시館試라고 했다. 한양과 지방 모두에서 초시가 치러진 데는 깊은 뜻이 있었다. 바로 지방 인재들에게 기회를 주기 위함이었다. 조선이라는 나라를 잘 운영하려면 출신을 가리지 않고 인재를 써야 하니까! 그래서 보통 지역별로 급제자 수를 할당했다. 조선의 헌법이라 할 수 있는《경국대전經國大典》에 따르면, 초시의 전체 급제자 수는 240명이었고 지역별로는 다음과 같았다.

관시	50명
한성시	40명
경상도	30명
전라도	25명
충청도	25명
경기도	20명
강원도	15명
평안도	15명
함경도	10명
황해도	10명

• 초시의 지역별 급제자 수 •

이 표를 보고 제주도의 행방을 궁금해할 사람을 위해 설명하자면, 조선 시대에 제주도는 전라도의 일부였다. 그리고 다른 지역과 마찬가지로 제주도의 선비들도 한양으로 올라가 과거를 보았다. 물론 순탄한 여정은 아니었다. 바다를 건너다가 거친 풍랑에 조난

당한 선비도 있었고, 한양 온 김에 집을 샀다가 사기당한 선비도 있었다(투자 목적이라기보다는 제주도와 한양이 너무 머니, 잠시 머물 거점을 마련하기 위해서였다).

두 번째 단계는 복시였는데, 시험 내용에 따라 두 종류로 나뉘었다. 하나는 각종 경전을 얼마나 잘 외웠는지 확인하는 생원시였고, 다른 하나는 글을 얼마나 잘 쓰는지 확인하는 진사시였다. (그래서 복시를 생원진사시라고도 불렀다.) 그런데 생원시와 진사시도 단계별 시험이라 각각의 초시와 복시를 모두 통과해야 했다. 그래야만 생원이나 진사의 자격을 얻을 수 있었다. 이때 생원시와 진사시는 각각 1등 다섯 명, 2등 25명, 3등 70명으로 100명씩 총 200명을 뽑았다. 각 지역에서 자체적으로 치른 초시와 달리, 생원시와 진사시는 엄연한 국가고시였다. 따라서 급제자들에게 증명서를 나눠 줬는데, 흰 종이 문서였기 때문에 백패白牌라고 불렀다. 백패는 《경국대전》에서 정한 양식에 따라 작성되었다.

교지教旨
아무개 생원/진사는 몇 등 몇 명으로 입격入格했다.
년   월   일

• 백패의 양식 •

'교지'는 임금이 내리는 명령을 뜻하니, 실제로 백패에는 옥쇄가 찍혀 있었다.

그런데 생원이나 진사가 되었다고 해서 갑자기 신세가 크게 변하지는 않았다. 둘 다 성균관에 입학해 공부할 자격이 주어졌을 뿐이다. 하여 복시쯤 별거 아니라고 생각할 수 있겠지만, 전혀 그렇지 않았다. 사실 복시에 급제한 것만 해도 대단한 일이었다. 실제로 많은 생원과 진사가 다음 단계의 과거를 치르는 대신, 즉 더 큰 출세를 좇는 대신 고향으로 내려가 양반 노릇하며 지냈다. 조선을 배경으로 한 소설에서 '최진사댁', '이생원댁' 등으로 불리는 인물들이 바로 복시까지만 급제한 이들이다. 경주 최부잣집의 가훈이 "과거를 진사 이상 보지 말라"였다고 하는데, 조선 역사에서 고관이 되어 권력 다툼에 휘말렸다가 고약한 일을 당한 이들이 많았던 것을 생각해보면 꽤 현명한 태도라고 할 만하다.

입신양명의 진정한 시작점, 성균관

하지만 야망을 품은 사람에게 생원과 진사는 입신양명의 시작점도 되지 못했다. 백패를 받아든 그들이 향한 곳은 성균관이었다. 조선 시대의 성균관을 오늘날의 대학교 정도로 생각해선 안 된다. 그보다는 나라에서 직접 관리하는 엘리트 사관학교에 가까웠다. 하여 이곳을 통하면 진정한 과거라 할 문과에 도전할 수 있었다.

전국의 날고 기는 선비들이 성균관에 모여 끊임없는 시험을 통해 실력을 갈고닦았다. 동시에 교칙을 잘 지켜 원점圓點을 모아야 했는데, 아침과 저녁으로 학식을 먹으면 1점을 받았다. 웬 밥이냐고 할 수 있지만, 온종일 공부만 하라는 뜻이지 않았을까. 아무튼 그렇게 해서 원점 300점을 모아야 문과를 볼 수 있었다. 1년이 365일인 만큼, 아주 게으른 선비가 아니라면 보통 1년 안에 문과에 응시할 자격을 얻었다. 하지만 모든 생원과 진사가 성균관에 입학하는 것도 아니었고, 또 정말 모든 생원과 진사가 다닐 수 있을 만큼 성균관이 거대하지도 않았기 때문에, 무엇보다 성균관의 학식은 맛없기로 유명했던 탓에 이 제도는 유명무실해졌다. 하여 조선 중기가 되면 성균관을 거치지 않아도 문과를 볼 수 있었다.

문과는 과거의 꽃이었다. 선비들은 누구나 한 번쯤 문과 장원급제를 꿈꿨다. 그중에서도 가장 권위 있는 것은 3년마다 치러지는 식년시式年試의 문과였다. 식년이란 12지 중에서 자子, 묘卯, 오午, 유酉가 들어간 해에, 문과뿐 아니라 무과와 잡과 등 모든 시험이 한꺼번에 치러지는 큰 과거였다. 이때 문과는 초시, 복시, 전시殿試의 3단계로 진행되었는데, 초시는 이번에도 몸풀기에 가까웠고, 복시에서 33명을 뽑은 다음, 전시에서 등수를 매겼다. 즉 전시는 탈락자가 없는 시험이었다. 급제만 하면 장땡이지 등수는 상관없다고 생각할 수 있겠지만, 문과에서 몇 등을 했는지는 이름만큼 뗄 수 없는 훈장이자 낙인이었다. 즉 1등은 영원한 1등, 꼴찌는 영원한 꼴찌였다. 실제로 누가 무슨 시험에서 몇 등을 했는지가 꼼꼼하게 기록되었다. 가령 이순신은 1576년(선조 9년)의 식년시 무과에서 갑과와 을과 다음 등급인 병과 4등을 차지했는데, 이는 전체 무과 급제자 29명 중 12등에 해당하는 성적이었다.

이처럼 영원히 기록이 남으므로 문과에 도전해 복시까지 통과

한 선비들은 죽을힘을 다해 전시에 임했다. 전시는 임금이 직접 참관했는데, 경우에 따라 임금이 직접 문제를 내기도 했다. 임금을 알현한 만큼 절대 여유를 부릴 수 없었다. 전시가 과거의 최고봉으로 평가받았던 이유다. 전시를 거치며 선비들은 최고 등급인 갑과 세명, 두 번째 등급인 을과 일곱 명, 세 번째 등급인 병과 23명으로 나뉘었다. 이 중 1등을 부르는 말이 바로 그 유명한 '장원'이었고, 2등은 장원에 버금간다는 뜻의 '아원亞元(또는 방안榜眼)'으로, 3등은 '탐화探花'로 불렸다. 참고로 3등을 부르는 말에 '꽃花'이 들어간 것은, 급제자들이 쓰는 모자에 꽂는 꽃을 그가 나눠 주었기 때문이다.

그리고 당연하지만 문과에서 높은 성적을 받은 사람은 여러 가지 특권을 누렸다. 장원은 고위직의 시작점이라 할 수 있는 종6품 관직에 곧장 임명되었고, 아원과 탐화는 그보다 한 단계 낮은 정7품 관직을 받았다. 만약 병과로 급제한다면 제일 아래 관직인 종9품에서 경력을 시작했다. 따라서 만약 장원 급제한다면 동기들보다 8~9년 앞서 나가는 것이니, 이는 명예의 문제만이 아니었다. 그런즉 모두가 장원급제를 노렸지만, 실력과 운이 모두 필요했다. 조선 후기의 유학자 황윤석黃胤錫은 답안지에 글자 하나를 잘못 써서 아원이 되었는데, 나중에 이걸 알고 몹시 아쉬워했다.

문과 급제라는 최종 목표

조선왕조를 통틀어 식년시는 총 167회 치러졌다. 그때마다 문과에서는 갑·을·병과를 모두 합쳐 33명을 뽑는 게 원칙이었지만, 경우에 따라 더 뽑거나 덜 뽑아 급제자는 총 6123명이었다. 그들에게도 백패처럼 옥쇄가 찍힌 증명서를 배부했는데, 바로 홍패紅牌였다. 이름 그대로 종이가 붉었기 때문인데, 이 또한 《경국대전》에서 정한 양식에 맞춰 작성되었다.

교지

아무개는 문과의 모(갑, 을, 병) 과 제 몇 인으로 급제 출신한 자다.
　　　　　년　　　　　월　　　　　일

● 홍패의 양식 ●

백패도 귀하지만 홍패는 정말로 귀한 보물이었기에, 보통 가보로 남겼다. 《한국의 과거제도》를 쓴 이성무 교수에 따르면, 생원과 진사 중에서 고작 6.4퍼센트만이 문과에 급제했다. 좀 더 구체적으로는 생원 1만 9675명, 진사 2만 974명 중 문과에 급제한 이는 7438명뿐이었다. 그 외의 경우(가령 임금이 꼼수를 부려 자기 측근을 급제시킨 일)를 모두 합쳐도 조선 역사를 통틀어 문과 급제자는 1만 5000명 정도에 그쳤다. 그러니 홍패를 받았다는 것은 정말 크나큰 영광일 수밖에 없었다.

시제를 펼쳐놓고 해제 생각하여 용연석龍硯石에다 먹을 갈아 호황모胡黃毛, 무심필無心筆, 일필휘지하야 일련一聯에다가 선장先場허니

상시관上試官이 글을 보시고 자자비점字字批點이요 구구관주句句貫珠라, 상지상上之上의 등을 달아 마장摩比 장원하였네. 어진에 숙배허니 어주삼잔 주시니 술 천은망극 중할시고 노복이 칭찬하고 만인이 부러워하니 세상의 좋은 것이 과거밖에 또 있나 머리 위에 어사화요 몸에는 금포로다. 금의화동을 앞세우고 장안 대도상大道上의 부르나니 신원伸寃이요 따르나니 신래新來라.

_〈춘향가〉.

〈춘향가〉에서 이몽룡이 장원 급제하는 부분이다. 〈춘향가〉를 포함해 대부분의 고전소설에서 주인공의 출세가 시작되는 부분은 장원급제로 꾸며진다.

한반도에서 과거는 고려 때인 958년(광종 9년)에 처음 시작되어 1894년(고종 31년)에 마침표를 찍었다. 장장 900년이 넘도록 계속되었던 것이다. 양반 가문에서 태어난 남자는 첫울음과 함께 과거 급제의 역사적·가족적 사명을 부여받았다. 모든 생활과 교육이 과거 급제에 초점을 맞추고 있다고 보아도 무방했다. 오늘날의 입시보다 더 엄혹하고 치열한, 피 튀기는 과정이었다. 이 때문에 수많은 희생과 낭비와 고통이 발생했지만, 과거 급제의 꿈과 영광은 쉬이 사라지지 않았다. 〈춘향가〉는 그 이유를 단 한마디로 들려준다. "세상의 좋은 것이 과거밖에 또 있나."

03

지식과 지혜를 모두 담은 학습서

지금까지 과거가 어떤 순서로 진행되었는지 알아봤다면, 이제는 과거를 보기 위해 무엇을 공부해야 했는지 알아보자. 가장 첫 단계는 물론 한자 공부였다. 과거에 급제할 정도로 훌륭한 답안지를 써내려면 당연히 한자를 잘 알고, 잘 써야 했다. 그렇다면 한자 공부를 위해 가장 처음 집는 교재는 무엇이었을까.

　예상하겠지만 《천자문》이었다. 《천자문》은 제목 그대로 1000개의 한자를 담고 있는데, 중국 남북조시대의 양나라 사람 주흥사周興嗣가 썼다고 전해진다. 양반 가문의 사내아이들은 어릴 때 한글을 배우고, 8~10세쯤 되면 《천자문》으로 한자를 처음 익혔다(다만 《천자문》 정도는 여자아이들도 공부했다). 요즘 가장 사랑받는 한자 학습

만화의 제목에도 '천자문'이 들어갈 만큼, 《천자문》은 시대 불문 유명하고 유용한 책이다. 물론 그렇다고 해서 마냥 쉬운 책이라는 뜻은 아니다. 과연 아이들이 제대로 이해할까 싶을 만큼 오묘한 우주의 진리를 담고 있는 데다가, 무엇보다 난해하다. 《천자문》을 잠시 훑어보자.

하늘 천天 따 지地 검을 현玄 누를 황黃 …

모르는 사람이 없을 《천자문》의 도입부다. 풀이하자면, 하늘은 검고 땅은 누렇다는 뜻이다. 사실 여기서부터 뭔가 이상하다. 하늘이 검다니? 호기심 많은 아이라면 필시 이게 말이 되냐고 물었다가 꿀밤 한 대 쥐어박혔을 것이다. 그다음 구절도 심상치 않다.

집 우宇 집 주宙 넓을 홍洪 거칠 황荒 …

똑같은 집인데 왜 '우'도 쓰고 '주'도 쓰는가. 둘을 붙이면 '우주'인데, 그렇다면 'space'를 뜻하는 것인가. 또 똑같은 집인데, 왜 어떤 건 넓고 어떤 건 거친가. 이처럼 물음이 꼬리에 꼬리를 물고 이어진다. 《천자문》에는 이처럼 알쏭달쏭한 네 글자짜리 시가 250번 반복된다. 도통 무슨 소리인지 모르겠으니, 재미있을 수 없다. 이래서야 어떻게 마지막 1000번째 한자까지 도달할 수 있을까.

하지만 그런 걱정은 접어두시라. 사실 《천자문》에는 흥미로운 이야기가 훨씬 많다.

여포는 화살을 잘 쏘고 의료宜僚는 쇠구슬을 잘 던졌으며
위나라 혜강嵇康은 거문고를 잘 타고 완적阮籍은 휘파람을 잘 불었으며
진나라 몽염蒙恬은 붓을 만들고 후한 채륜蔡倫은 종이를 만들었다
布射遼丸 嵇琴阮嘯 恬筆倫紙

도읍을 중국에 정했으니
동쪽과 서쪽에 수도가 두 군데 있다
동경인 낙양은 북쪽에 북망산北邙山이 있고 남쪽에는 낙수洛水가 흐르며
서경인 장안은 서북에 위수渭水와 경수涇水가 흐른다
都邑華夏 東西二京 背邙面洛 浮渭據涇

이처럼 1000개의 한자를 엮어 위인이나 역사와 관련된 수많은 이야기를 담아냈으니, 빠져들어 읽다 보면 자연스레 한자를 익힐 수 있다. 한발 더 나아가 《천자문》은 부모님에게 효도하고, 친척들을 신의로 대하고, 몸가짐을 바로 해야 한다는 등의 교훈도 전한다. 아이들을 위한 한자 입문서치고는 굉장히 심오하지 않은가. 한마

디로 《천자문》은 지식을 전달하는 동시에, 인성을 함양하게 하는 책이다. 조선 시대에 아이들의 첫 학습서로 쓰였던 이유다.

《천자문》의 대단함은 당시에도 두루 인정받았다. 주흥사가 《천자문》을 하루 만에 쓰고 머리가 하얗게 세었다는 전설이 있을 정도였다. 그가 정말 하루 만에 《천자문》을 썼는지는 알 수 없지만, 백발이 될 만큼 힘든 일이었음은 틀림없다. 1000개의 한자를 네 개씩 짝지은 다음 문법과 운율에 맞춰 이야기를 담아내는 일을 누가 또 할 수 있을까.

이처럼 잘 만들어진 책이었기 때문에 국정교과서라고 할 만한 게 없는 조선에서도 《천자문》은 왕명으로 인쇄되어 널리 보급되었다. 가장 유명한 판본은 한석봉이 쓴 한자를 본떠 만든 활자로 인쇄한 것이었는데, 이는 오늘날에도 서점에서 쉽게 구입할 수 있다. 이러한 인쇄본 외에, 뼈대 있는 가문의 할아버지나 아버지라면 자식이 공부를 잘하기를 바라며 손수 《천자문》을 써서 선물하기도 했다. 사도세자도 아버지 영조의 어필로 쓰인 《천자문》을 받았고, 나중에 이를 자신의 아들 정조에게 선물로 주었다.

한마디로 조선에서 《천자문》은 학습용으로도, 선물용으로도 가장 인지도가 높은 책이었다. 그래서 웬만한 사람은 설사 한자를 읽고 쓰지 못하더라도 《천자문》에 나온 한자의 순서 정도는 알았다. 당시의 상식이라고 할까. 가령 문서들을 정리할 때 첫 번째 묶음은 '천', 그다음 묶음은 '지' 하는 식으로 이름 붙였다. 이처럼 《천자문》은 이래저래 쓰임이 많은 책이었으니, 한자를 거의 쓰지 않는 오늘날에도 《천자문》을 표방한 만화가 베스트셀러에 오른 것을 보면 앞으로도 명성을 이어갈 듯하다.

《천자문》을 떼고 보는 책으로는 《유합類合》이 있었다. 오늘날에는 매우 생소한 책이지만, 조선에서는 한자 교육의 필독서로 꼽혔다. 한자를 어떻게 발음해야 하는지를 알려주는 책이 바로 《유합》이었기 때문이다. 한자를 언어로 체화하려면 뜻만 외우는 데서 한 발 더 나아가 소리 내 읊을 줄 알아야 한다. 그래서 《천자문》과 《유합》을 함께 배우는 경우도 많았다. 흥미로운 점은 《유합》이 이처럼 중요한 책인데도, 정작 누가 썼는지는 알려져 있지 않다는 것이다. 어쨌든 《천자문》만큼이나 많이 읽혔기에, 조선 중기의 유학자 유희춘柳希春은 《신증유합新增類合》이라는 개정판을 내기도 했다.

《천자문》《유합》과 함께 세트를 이루는 책으로 《훈몽자회訓蒙字會》가 있었다. '훈몽'이 어린아이에게 글을 가르친다는 뜻이니, 《훈몽자회》는 제목 그대로 정말 쉽게 쓰였다. 우선 '천지天地', '건곤乾坤', '우주宇宙', '일월日月', '음양陰陽', '춘하추동春夏秋冬' 등 흔히 쓰이면서 대칭을 이뤄 쉽게 기억할 수 있는 단어들로 구성했다. 또한 이를 '초목', '과일', '곤충', '신체', '음식', '옷' 등 주제별로 나눠 묶었다. 마지막으로 한자 옆에 그 뜻과 발음을 한글로 적어두었으니, 참으로 친절한 책이었다. 물론 아이들에게는 공부할 책이 한 권 더 늘어난 만큼 비극이었을지 모르지만, 원래 공부는 끝이 없는 법이다. 《훈몽자회》는 당대 최고의 중국어 연구가인 최세진崔世珍이 1527년(중종 22년)에 썼다. 한글로 쓰인 부분이 있어, 오늘날에는 중세 한국어 연구의 귀중한 자료로 평가받는다.

삶의 지혜를 배우다: 《동몽선습》《격몽요결》

지금까지 살펴본 세 권의 책《천자문》《유합》《훈몽자회》는 길고도 먼 한자 공부, 또는 과거 공부의 첫걸음에 불과했다. 그다음으로 기본적인 상식을 익혀야 했으니, 이를 위한 책이 바로《동몽선습童蒙先習》이었다. 중종 때의 문인 박세무朴世茂가 쓴《동몽선습》은 기본적으로 유교의 핵심 윤리를 담은 학습서인데, 무엇보다 조선의 역사를 소개했다. 오늘날의 역사 교과서처럼 단군에서 시작해 삼한, 삼국, 고려를 지나 조선까지 모두 다뤘다. 대부분의 책이 조선의 '상국上國'인 중국의 역사를 가르쳤던 것과 크게 다른 부분이다. 이 때문에《동몽선습》은 현종 이후 세자의 교재로 사용되기도 했다. 그리하여 영조가 친히 서문을, 조선의 손꼽히는 유학자인 송시열이 발문을 썼을 정도로 널리 그리고 오랫동안 사랑받았다.

그다음 책은 지식을 전달하기보다는 삶의 태도와 지혜를 강조했다. 무려 조선을 대표하는 석학 중 한 명인 이이가 썼으니, 제목마저 범상치 않은《격몽요결擊蒙要訣》이었다. 풀이하면 '어리석음을 깨부수는 요점' 정도인데, 실제 내용은 살면서 필요한 '꿀팁'에 가까웠다. 이를테면 부모님을 대할 때, 형제나 친구를 대할 때, 배우자를 대할 때 어떻게 처신해야 하는지, 선비로서 지켜야 할 예절은 무엇이 있는지, 세상은 어떻게 돌아가는지 등을 알려주었다. 자기계발서의 원조 격이랄까.

게다가 분량도 짧고 내용도 간단해 어린아이라도 어렵지 않게 읽을 수 있었다. 이런 이유로 양반 가문은 물론이고 왕가에서도 아이들에게 반드시 읽히는 책이 되었다. 훗날 정조는 이이가 직접 쓴 《격몽요결》의 진본을 구해 읽고는 "와! 나 이거 일곱 살 때 읽었는데!"라는 감상평을 남기기도 했다. 고전은 영원한 법이니, 오늘날의 독자라도 《격몽요결》을 읽어보면 마음을 뜨끔하게 하는 구절을 발견할 수 있을 것이다.

내가 추천하는 부분은 '혁구습革舊習'을 다룬 2장이다. 나쁜 버릇을 고치라는 내용인데, 일부를 인용해보겠다.

사람이 비록 학문에 뜻이 있어도 용맹스럽게 나아가 성취할 수 없는 것은 옛 습관이 방해해서다. 아래에 열거한 옛 습관들을 마음 단단히 먹고 확실히 끊어버리지 못하면, 끝내 공부를 할 바탕이 없을 것이다.

_이이, 《격몽요결》.

나쁜 버릇을 고치지 못하면 아무리 공부해봤자 소용없다고 하는 일침이 꽤 뼈아프다. "아래에 열거한 옛 습관들"은 총 여덟 가지로, 학창 시절 질풍노도와 허랑방탕을 경험해본 사람이라면 누구나 깊이 통감할 만한 내용이다.

첫째, 뜻을 게을리하고 몸가짐을 함부로 하며, 편히 지낼 것만 생각하고 구속되기를 몹시 싫어하는 것.

둘째, 항상 돌아다닐 생각만 하고 조용히 안정하지 못하며, 분주히 드나들고 떠들며 세월을 보내는 것.

셋째, 같은 것은 즐기고 다른 것은 미워하여, 속된 데로 빠져들었다가 친한 무리와 어긋날까 봐 두려워하는 것.

넷째, 글 꾸미기를 좋아하여 세상에서 칭찬받기를 좋아하며, 경전의 글로 문장을 화려하게 꾸미는 것.

다섯째, 글을 짓고 거문고 타고 술 마시는 것을 일삼으며, 한가이 세월을 보내면서도 스스로 운치 있다고 여기는 것.

여섯째, 사람들을 모아놓고 바둑이나 장기 두기를 즐기며 종일토록 배불리 먹기만 하는 것.

일곱째, 부유함을 부러워하고 가난함을 싫어하여 나쁜 옷 입고 거친 음식 먹는 것을 수치스럽게 여기는 것.

여덟째, 기욕嗜慾을 절제하지 못하여 금전의 이익과 노래와 여색을 꿀맛처럼 달게 여기는 것.

우리 중 과연 누가 저 구습들에서 자유로울 수 있을까.

과거 공부의 첫 단계: 《소학》《대학》《통감》

한자도 뗐고 조선의 역사도 배웠고 삶의 지혜까지 훑었다면, 이제 드디어 본격적인 과거 공부의 세계에 발을 디딜 차례다. 그 시작은 《소학》이었다. 송나라의 주자가 쓴 《소학》은 과거 공부를 위한 필독서 중의 필독서였다. 실제로 여말선초의 중신인 권근權近은 《소학》에 대해 이렇게 말하기도 했다.

"모름지기 생도生徒들로 하여금 먼저 이 글을 강講한 연후에 다른 글을 배우도록 허락하게 하고, 생원시에 응시하여 태학에 들어가고자 하는 자는 (…) 먼저 이 글의 통부通否를 상고하게 하여 응시하도록 허락하고, 길이 항식恒式을 삼으소서."

_《태종실록》, 1407년(태종 7년) 3월 24일.

풀이하면, "조선의 학생이라면 《소학》을 익혀야만 다른 책을 배우고 성균관에 입학할 수 있게 해야 합니다"라는 파격적인 내용이다. 조선의 기틀을 세우는 데 관여한 사람의 말인 만큼, 《소학》이 과거 공부에서 차지했던 위상을 쉬이 짐작할 수 있다.

그렇다면 《소학》에는 어떤 내용이 담겨 있을까. 사실 《소학》은 의외로 평범한 도덕책이다. 부모님을 사랑하고 어른을 공경해라. 선생님을 받들고 친구들과 사이좋게 지내라. 즉 사람이 먼저 되라는 내용이다. 이런 게 과거 공부에 얼마나 도움이 될까 싶겠지만, 조선이 유교의 나라임을 잊지 말자. 학식을 쌓기 전에 최소한 겉핥기라도 예의와 도덕을 공부해야 했다. 그래서 《소학》은 위로는 세자부터 아래로는 막 한자를 익힌 어느 양반 가문의 코흘리개 사내아이까지 누구나 당연히 읽는 책이 되었다.

《소학》 다음은 공자가 썼다고 전해지는 《대학》이었다. 이 단계부터 지식을 머리에 쑤셔 박는 일이 중요했다. 《대학》과 함께 읽는 《통감》도 마찬가지였다. 《통감》은 그 양이 본래 매우 방대했으니, 294권짜리 《자치통감》의 요약본이었다. 아무리 요약했다고 하더라도 중국 역사를 다룬 만큼 읽고 외울 양이 만만치 않았다. 《통감》

까지 마쳐야 과거 공부의 기본을 다졌다고 할 수 있었다. 하나만 보아도 열을 아는 천재라면 모를까, 대부분의 평범한 사람은 과거 급제를 위해 이 모든 책을 끊임없이 읽고, 또 읽어야 했다.

과거 공부의 삼박자: 읽기, 외우기, 쓰기

선비들이 과거에 급제하기까지 공부했던 책을 나열하자면 한도 끝도 없을 것이다. 이 책들의 내용을 모두 머리에 담고 자유자재로 활용하기 위한 방법은 단 한 가지, 바로 읽는 것이었다. 그냥 읽는 것이 아니라 끝없이 읽어야 했다.

오늘날 문해력이 화두다. 사람들이 유튜브, SNS 등 때문에 긴 글을 안 읽게 되어 문해력이 점점 떨어지고 있다는 것이다. 그런데 조선 시대라고 해서 모두 출중한 문해력을 갖춘 것은 아니었다. 물론 텔레비전도 없었고, 컴퓨터도 없었고, 스마트폰은 더더군다나 없었지만, 그래도 놀려고 마음먹으면 할 게 참으로 많았다. 조선 사람들은 사냥을 가거나 술을 마시거나 노름을 하며 놀았다. 그때나 지금이나 성실한 독자가 되기란 어려운 일이다.

하지만 과거 급제를 목표로 둔 선비라면 이런 모든 유혹을 물리치고 열심히 책을 읽어야 했다. 조선 후기 선비들의 일과를 담은 《사부일과土夫日課》를 보면, 새벽 네 시에 일어나서 세수하고 머리 빗고 부모님께 인사드린 뒤, 아침밥을 먹을 때까지 책을 읽었다. 그것도 대충대충 하지 않고, 마음을 다잡아 정성스럽게 읽었다.

> 공부는 시작을 바르게 하며, 뜻을 세우기(입지立志)와 몸을 공경하게 하는 것(경신敬身)에 전념한다. 입지는 성인이 되기를 스스로 기약해야 마땅하고, 경신은 《소학》의 실천을 스스로 기약해야 마땅하다.
> _《사부일과》.

'입지'와 '경신'의 책 읽기라니, 잘 상상되지 않는다. 아무튼 선비들은 아침밥을 먹은 후에도 손님을 맞이하는 등의 일과를 수행하며 책을 읽었다. 오후에 잠깐 시를 외거나 글을 쓰고는 다시 어두워질 때까지 책을 읽었다. 한마디로 온종일 책을 읽었다. 물론 《사부일과》는 이상적인 일과를 정리한 것이라, 선비들이 이를 정말 그대로 지켰을지는 알 수 없다. 하지만 어찌 되었든 선비인 이상 독서는 일상이었다. 앞서 소개한 책들을 비롯해 여러 경전을 읽고, 또 읽었다. 다 읽으면 다시 처음으로 돌아가 새로 읽었다. 하도 읽어 무슨 책을 몇 번 읽었는지 기억하기 어려우면, 달력에 기록하거나, 종이를 찢어 표시했다.

"1000번이나 읽으셨습니다"

신분을 떠나 원래 책을 좋아하고 즐겨 읽는 다독가도 있었다. 그중에서도 '끝판왕'은 세종이었다. 될성부른 나무는 떡잎부터 다르다고, 세종은 충녕대군忠寧大君이었던 시절부터 책을 놓지 않았다. 심지어 몸이 아픈 데도 책 읽기를 멈추지 않자 걱정한 태종이 책들을 압수했는데, 미처 수거되지 않고 남겨진 책 한 권을 닳도록 읽었다는 전설 같은 이야기가《세종실록》에 기록되어 있다.

심지어 임금이 된 후에도 세종은 이른 새벽에 일어나 책을 읽었다. 상왕이 된 태종이 잔소리할 정도였다.

"과거를 보는 선비는 이와 같이 해야 되겠지마는, 임금이 왜 이렇게 괴롭게 하느냐."

_《세종실록》, 1421년(세종 3년) 11월 7일.

자식에게 책 좀 그만 읽으라고 야단치다니, 부모로서 얼마나 복된 일인가. 물론 세종은 아버지의 말을 듣지 않았다. 심지어 밥 먹으면서도 책을 읽었는데, 스스로 안 읽어본 책이 없다고 소회를 밝힐 정도였다. 물론 임금이 된 후에는 매우 바빠졌고, 따라서《자치통감》의 또 다른 요약본인《자치통감강목資治通鑑綱目》을 '겨우' 20~30번밖에 읽지 못했다고 아쉬워했다. 놀라운 점은《자치통감강목》이 무려 139권에 달한다는 사실이다. 개인적으로 학창 시절에《자치통감강목》을 읽어보려 했는데, 한 시간을 낑낑거려도 한

쪽을 온전히 읽을까 말까 했다. 물론 내 실력을 어찌 감히 세종대왕 님과 비교하겠냐마는.

당시 사람들은 세종이 굉장한 다독가라는 사실을 칭송해 마지 않았다. 그 결과 시간이 흐를수록 세종의 위업은 점점 부풀려졌고, 이는 많은 후손을 괴롭혔다. 명종 때 임금의 공부인 강연經筵을 담당한 어느 특진관特進官은 세종의 일화를 이렇게 과장했다.

"세종께서는 성심으로 학문을 좋아하셨으므로 1000번이나 읽으셨 습니다."
_《명종실록》, 1546년(명종 1년) 6월 9일.

더 열심히 공부하라고 명종을 갈구기 위함이었는데, 이건 그래 도 나은 편이었다.

"세종은 모화관慕華館(중국 사신을 영접하던 곳)에 행행行幸하여 강무講 武를 하고 나서도 경연에 나아가《강목》을 100번까지 읽으셨습니다."
_《명종실록》, 1548년(명종 3년) 3월 14일.

강무란 쉽게 말해 군사훈련이다. 그러니까 세종은 유격 훈련을 받은 다음, 쉬지도 않고 어려운 책을 100번이나 읽었다는 것이다. 여기서 《강목》은 앞서 세종이 스스로 20~30번밖에 읽지 못했다고 밝힌 《자치통감강목》으로, 전체 권수를 생각하면 불가능한 일이었 다. 영릉의 세종이 들었다면 "아니 잠깐, 그 정도까진 아닌데…"라고 말하지 않았을까.

세종을 뛰어넘은 다독가

그런데 사실 세종은 조선 최고의 다독가가 아니었다. 명실상부 조선에서 책을 가장 많이 읽은 인물은 진주대첩의 명장 김시민金時敏의 손자인 김득신金得臣이었다. 흥미로운 점은 그가 어릴 적 앓은 천연두 탓에 지적장애를 가졌으리라고 추정된다는 것이다. 대부분의 사람이 서너 살 때 글을 읽기 시작하는데, 김득신은 열 살이 되어서야 겨우 글을 읽었다고 한다. 게다가 기억력에도 문제가 있어, 자기가 어디에 있는지, 무엇을 하고 있는지를 잊을 때가 많았다. 심지어 평생을 함께 지낸 하인의 얼굴조차 제대로 기억하지 못했다.

이래서야 과거 급제는 꿈도 꿀 수 없었으리라. 그런데도 김득신은 책을 읽고, 또 읽었다. 그것이 자신의 사명인 것처럼 말이다. 그리하여 《사기》〈백이열전伯夷列傳〉은 1억 3000번을, 《사기》 전체와 사서삼경, 《한서》《장자》 등은 6만 번에서 7만 번을 읽었다고 한다. 그렇게 읽어봤자 금세 잊어버렸지만, 자신이 잊어버렸다는 사실조차 기억 못 한다는 듯이 또다시 읽었다. 이와 관련해 재미있는 일화가 전해진다. 언젠가 김득신이 말을 타고 가는데, 멀리서 책 읽는 소리가 들려왔다. 그 내용이 왠지 익숙해 무엇일까 궁금해하던 차에, 김득신의 말을 몰던 하인이 "《사기》〈백이열전〉입니다"라며 그 다음 구절을 줄줄 읊는 게 아니겠는가! 김득신은 하인의 똑똑함에 감탄했지만, 원래 《사기》는 김득신 본인이 낮이나 밤이나 끊임없이 읽은 책이었다. 어찌나 반복해서 읽어댔는지 제대로 교육받지 못한 하인조차 책을 통째로 외워버렸던 것이다. 안타까운 사연이기는 하지만, 좌절하는 것마저 잊은 듯이 책을 계속 읽은 덕분에 김득신은 다독의 아이콘으로 이름을 남길 수 있었다.

여담이지만 조선에서는 책 읽는 자세도 중요하게 생각했다. 당시의 책은 대체로 판형이 크고 종이도 무거웠다. 따라서 책상 위에 펼쳐놓고 읽어야 했다. 그런데 조선 후기가 되면 중국에서 판형도 작고 종이도 가벼운 당판唐板이 수입되었다. 당연히 순식간에 퍼져나갔는데, 정조가 당판의 수입을 금지해버렸다.

"이것을 꼭 찾는 이유는 누워서 보기에 편리해서인 것이다. 이른바 누워서 본다는 것이 어찌 성인의 말씀을 존숭하는 도리이겠는가."
_《정조실록》, 1792년(정조 16년) 10월 19일.

아무래도 정조는 누워서 책을 읽는 신하를 적발했던 것 같다. 훗날 그의 사돈이 되는 김조순金祖淳은 숙직하며 동료 관리들과 연애소설을 읽다가 걸린 적이 있었는데, 이런 책을 점잖게 앉아서 읽었을 리는 없으니, 그렇다면 누워서 책을 읽는 사람도 하나쯤은 있지 않았을까. 뭐, 책만 읽으면 되지 자세까지 따지나 싶지만, 그만큼 정조는 '꼰대'였던 것이다.

통째로 외우거나 한눈에 외우거나

읽기만큼이나 중요한 것이 외우기였다. 사실 모든 공부의 첫 단추가 암기이지만, 특히 한자는 뜻글자고 변邊과 방傍에 따라 부수적인 의미가 붙기도 하며 비슷한 모양의 글자들도 많아 한 자 한 자를 확실히 외워야 한다. 이와 더불어 역사적인 사건이나 인물 그리고 다양한 표현까지 모두 파악해야 제대로 문장을 구사할 수 있다.

사실 선비들이 아침, 점심, 저녁을 가리지 않고 계속해서 책을 읽은 것도 외우기 위해서였다. 이는 과거 공부를 위해서이기도 했지만, 선비로서 살아가는 데 필요한 필수 교양을 쌓기 위해서이기도 했다. 선비들은 대화를 나누거나 시를 읊거나 글을 쓸 때 '어느 경전', '어느 역사적 사건'을 예시나 비유로 꼭 인용했다. 요즘 사람들이 유행어나 밈meme을 써먹는 것처럼 말이다. 따라서 관련 내용을 기본 상식으로 탑재하고 있어야 했으니, 선비들은 정말 쉬지 않고 외우고 또 외웠다. 서당부터 성균관까지 선비들이 공부하는 곳에서는 경전을 암송하는 시험이 일상이었다. 이런 시험을 뒷짐 지고 운율에 맞춰 암송한다고 해 배송背誦이라고 불렀다.

불과 수십 년 전만 해도 한학漢學을 오래 공부한 사람들은 《논어》《맹자》《중용》 같은 경전을 통째로 외웠다. 한발 더 나아가 역사책을 통째로 외우는 사람도 적지 않았다. 실제로 한국전쟁 당시 부산에 임시로 세워진 대학교에서 학생들을 가르치게 된 김상기 교수는 교재를 구할 수 없자 평소 외우고 있던 《후한서》를 직접 써 학생들과 돌려보았다. 스마트폰 때문에 가족의 전화번호도 잘 기억하지 못하는 우리로서는 그저 감탄할 수밖에 없는 기억력이다.

이처럼 뛰어난 기억력을 자랑한 옛사람 중에서도 손꼽히는 이가 바로 이이다. 그의 커리어가 곧 증거다. 이이는 평생 단 한 번도 하기 어려운 과거 급제를, 그것도 장원으로 아홉 번이나 했다. 하지만 '본인 피셜' 이이는 게으르고 둔한 편이었다. 이이는 학문의 동지이자 경쟁자였던 동갑내기 성혼에게 자신을 향한 세상의 편견을 한탄했다.

나는 옛글을 수십 번 읽은 뒤에야 외우게 되는데 세상 사람들은, "아무개는 한 번 보기만 하면 곧 기억한다"라고 말하며, 드나들기를 좋아하지 않고 항상 방 안에 있으면, "아무개는 글을 탐독하여 문밖에 나가지 않으며, 또한 병도 생각지 않는다"라고 하며, 지난해부터 비로소 실학을 펴 보았는데, "아무개는 경전에 정밀하게 통하고 익숙한 것이 비할 데가 없다"라고 말하여, 말만 했다 하면 곧 그 실상보다 지나치니, 나도 그 이유를 알 수 없습니다.

_1554년(명종 9년).

어떻게 이해하느냐에 따라 재수 없을 내용이지만, 나는 이이 또한 아홉 번이나 장원 급제할 실력을 얻기까지 피나는 노력을 기울여 외우고, 또 외웠으리라고 생각한다. 그런 노력을 알아주지 않는 세상에 이이도 무척이나 답답했으리라. 아무리 구도장원공이라고 해도 공부는 힘들고 재미없었을 것이다. 이이 또한 뭇사람처럼 "하기 싫어!"라는 마음의 소리를 꾹꾹 눌러 담아가며 책을 펼치지 않앉을까.

사실 진정으로 암기의 천재라 할 만한 이는 따로 있었으니, 바로 '오성과 한음'의 한음 이덕형이다. 그는 자신의 비상한 기억력을 제대로 써먹었다. 선조 13년(1580년)에 치러진 과거에 2등으로 급제한 이덕형은 38세의 나이로 정승이 되었다. 초고속 승진이라 할 수 있는데, 그만큼 학문적으로나 업무적으로나 뛰어났다. 곧 임진왜란이 벌어지자 이덕형은 명나라 장수와 만나 의견을 조율하는 접반사接伴使로 활약했다. 그는 접반사 본연의 업무뿐 아니라, '특수작전'에도 능했는데, 아주 잠깐 흘깃 본 명나라의 각종 군사 서류를 그대로 외운 다음 조선 조정에 그 내용을 전달했다.

글씨가 예뻐야 팔자가 핀다

많이 읽고 많이 외워 공부가 어느 정도 무르익었다면 그다음 단계는 마침내 쓰기였다. 구슬이 서 말이라도 꿰어야 보배이지 않은가. 마찬가지로 과거를 준비하며 제아무리 지식을 많이 쌓았더라도, 글로 풀어내 쓰지 못한다면 말짱 헛것이었다. 예나 지금이나 자기 생각을 글로 풀어내는 것은 몹시 중요한 능력이다. 여기에 더해 글씨까지 반듯하고 예쁘다면 더욱 좋은 평가를 받는다.

무릇 글씨란 것은 마음의 깃발이다. 정성스러운 마음이 밖으로 드러남이 이처럼 분명한 것이 없다. 하물며 한 번 종이에 쓰고 나면

100년이 지나도 없어지지 않으니 두려워하지 않을 수 있겠는가.

_정약용, 《심경밀험心經密驗》.

　모든 것을 '0'과 '1'로 표현하는 디지털 세상인 오늘날에도 서술형 문제는 살아남았다. 물론 글씨가 예쁠수록 좀 더 좋은 평가를 받는 것 또한 마찬가지다. 글을 쓰는 행위에 사람의 마음을 끄는 무언가가 있는 것은 아닐까. 그런데 조선 시대에는 이 일이 꽤 까다로웠다. 일단 보드라운 짐승의 털을 모아 만든 붓을 먹물에 적셔서 그림 그리 듯이 글씨를 써야 했다. 당연히 연필이나 볼펜, 태블릿용 터치펜으로 필기하는 일과는 비교할 수 없을 정도로 불편하고 번거로운 과정이었다. 읽고 외우고 글을 짜내는 것도 힘든데, 글씨 쓰는 연습까지 해야 한다니! 선비로 산다는 것은 여간 쉬운 일이 아니었다.

　그렇다면 선비들은 무엇으로 글씨 쓰기를 연습했을까. 《천자문》으로 한자를 처음 익힌 그들은, 《구을사丘乙민》로 한자 쓰기를 처음 연습했다.

상上 대大 인人 구丘 을乙 사민 화化 삼三 천千 칠七 십十 이二 …

　보면 알겠지만 《구을사》는 획이 적어 쉽게 쓸 수 있는 한자들을 모은 책이다. 다만 《구을사》가 글씨 쓰기 교재로 각광받은 것은 더 많은 고민을 담아냈기 때문이다. 처음에는 선을 바르게 긋는 것을 먼저 익히게 하고, 다음으로 잘 쓴 한자를 베껴 쓰게 했다. 어떤 판본은 비치는 종이를 한자 위에 올려놓고, 그대로 베껴 쓰며 연습하게 했다. 이런 걸 흑책黑冊이라고 불렀는데, 오늘날의 초등학교 국어 교과서에도 글씨 쓰기 연습용 기름종이가 붙어 있다.

그러나 《구을사》가 아무리 좋은 글씨 쓰기 교재라고 하더라도, 가장 중요한 것은 역시 반복연습이었다. 문제가 있다면 산업혁명 이전인 조선 시대에는 종이와 먹, 붓이 모두 몹시 비싸, '고작' 글씨 쓰기 연습에 사용하기가 쉽지 않았다는 것이다. 이 때문에 당대를 대표하는 명필 한석봉은 강가로 나가 붓에 물을 묻힌 다음 넓적한 돌판 위에 글씨 쓰기를 연습했다고 한다. 비록 전설이지만, 먹과 종이를 모두 절약할 방법임은 틀림없다. 반대로 글씨 쓰기에 필요한 소모품이 넉넉한 곳도 있었다. 바로 왕실이었다. 그래서 임금들의 어릴 적 글씨가 남아 있기도 하다. 그중 정조가 4~5세 시절 쓴 비뚤비뚤한 글씨가 특히 유명하다. 재미있게도 손자를 뜻하는 '손孫' 자를 연습한 흔적이 많은데, 당시 정조는 세손이었으므로, 해당 한자를 쓸 일이 많았을 것이다. 이 한자는 획수가 많고 복잡해 여러 번 연습했던 것 아닐까.

선비부터 임금까지 글씨 쓰기 연습에 매진했던 것은, 그것만 잘해도 신세가 편했기 때문이다. 명필이라면 글쓴이의 성격이 모났거나 정치적으로 몰락했어도 글씨만큼은 여전히 보배로 남았다. 말썽을 부리다가 폐세자가 된 양녕대군讓寧大君도, 역모로 처형당한 안평대군安平大君도 그들의 글씨만큼은 보배로 여겨졌다. 반대로 글씨를 예쁘게 쓰지 못하면 평생 싫은 소리를 들어야 했다. 그러다 보니 조선의 부모들은 글씨를 예쁘게 쓰도록 연습하라는 잔소리를 입에 달고 살았다. 다음은 조선 후기의 문인으로 아주 강경한 남인이었던 윤휴尹鑴가 아들들에게 보낸 편지의 일부다.

글씨 솜씨가 전보다도 오히려 못해졌으니, 무슨 체를 써야 할 것인
지를 꼭 여쭈어보고 그대로 부지런히 익히도록 하라.
_연월일 미상.

내용이 중요하지 글씨가 중요하냐

그렇지만 세상에는 아무리 노력해도 잘 안되는 것이 있기 마련이
다. 특히 시험장에만 들어서면 평소 글씨를 잘 쓰던 사람이라도 마
음이 급해지고 손이 떨려 붓을 제대로 쥐지 못하는 일이 다반사였
다. 그래서 서수書手로 불린, 글씨를 잘 쓰는 사람을 고용해 답안지
를 대필시키는 경우도 있었다.

대필은 과거에만 국한하지 않았다. 마흔 살 이하의 관리들은 매
달 1일에 글씨 쓰기 시험을 봐야 했는데, 이를 삭서朔書라고 했다.
과거에 급제했는데도 시험을 또 봐야 했으니 몹시 괴로웠겠지만,
그래도 빼먹을 순 없었던지라 관리들은 대필을 적극적으로 활용했
다. 1777년(정조 1년) 막 임금이 된 젊은 '꼰대' 정조는 삭서에서 꼴
등을 한 안임권安任權에게 상을 주었다. 왜냐? 오직 안임권만이 글
씨가 형편없는데도 스스로 답안지를 썼기 때문이다. 물론 이 일 때
문에 대필 행각이 사라지진 않았다. 배울 만큼 배운 관리 중에서도
그만큼 악필이 많았다는 것인데, 내용이 중요하지 글씨가 중요하

냐는 반발이 그치지 않았던 이유다.

"만일 글은 잘하면서 글씨를 잘 쓰지 못하는 사람이 응시를 허락하지 않는 범주로 섞여 들어간다면 글을 가지고 선비를 뽑는 본의에 어긋남이 있습니다. 시험을 보일 때 그저 문장을 잘 하는지의 여부만을 보고 글씨의 좋고 나쁨은 따지지 말아야 될 것입니다."
_《정조실록》, 1794년(정조 18년) 2월 23일.

이는 과거를 담당하던 예조禮曹가 조흘강의 규정을 정하면서 정조에게 건의한 내용으로, 결국 받아들여졌다. 글씨를 못 써도 평가에 반영되지 않게 되었은즉, 어쩐지 당시 예조에는 악필이 많았을 것 같은 합리적인 의심이 든다. 그러든 말든 세상은 명필을 더 선호했다. 아니, 선호하는 정도가 아니라 급제와 낙방이 글씨만으로 결정되기도 했다. 실제로 정조는 몇 년 뒤에 이렇게 선포했다.

"필법이 뾰족하고 비뚤고 기울어지고 나부끼게 쓰는 자를 일체 엄금하라."
_《정조실록》, 1797년(정조 21년) 11월 20일.

정조는 정말로 못 쓴 글씨를 싫어했다. 같은 날의 기록에 그 이유가 나오는데, "문체는 갑자기 바꾸기 힘들지만 필체는 한 번 보면 그 사람이 진지한지 가벼운지 알 수 있으므로" 악필은 무조건 낙방이라는 것이었다. 실제로 필체를 중요하게 따졌던 그해의 과거에서 장원 급제한 김명육金命堉은 "자체字體가 기울고 비뚤어져서 글씨가 괴이"하다는 이유로 결국 낙방 처리되었다.

그렇다면 반대로 글씨를 잘 쓰는 사람의 삶은 편안했을 성싶지만, 사실 그것도 아니었다. 명필 소리를 듣는 순간부터 할 일이 많아졌다. 세종의 아들 중에서 안평대군이 명필로 유명하지만, 훗날 세조가 되는 수양대군首陽大君도 그에 못지않았는데, 세종 때 만들어진 활자인 갑인자甲寅字의 기본이 되는 자본字本을 바로 그가 썼다. 자기 글씨로 활자를 만들다니, 참으로 영광스러운 동시에 쉽지 않은 일이었다. 막중한 부담을 안고 팔이 떨어져나가라 글씨를 써야 했을 것이다. 끊임없이, 한 자 한 자 신경 써가면서 말이다.

이처럼 활자를 만들 때 외에도, 글씨를 잘 쓰면 중요한 문서나 비명을 쓸 때 어김없이 차출되었다. 그렇게 붓을 든 대표적인 인물로 당대의 명필인 강희안姜希顏과 한구韓構가 있다. 대부분의 경우 좋은 내용을 썼으나, 꼭 그렇지만도 않았다. 가령 청나라에 항복하며 청태종의 공덕을 높인 삼전도비 따위에 새겨질 글을 써야 한다면, 자신의 팔을 돌로 찍고 싶지 않았을까. (참고로 삼전도비에 새겨진 글은 지금의 서울 시장에 해당하는 한성부판윤漢城府判尹 오준吳竣이 썼다. 그는 자기 손을 돌로 찍지 않았다.)

쓰기의 끝판왕, 승지

❖

글씨 잘 쓰는 사람들의 종착역은 승지, 즉 임금의 비서였다. 승지

는 승정원承政院 소속으로, 임금의 바로 곁에서 왕명의 출납을 도맡
았다. 그만큼 위세를 부릴 수 있었지만, 동시에 끔찍할 정도로 많은
업무량에 시달려야 했다. 사람들은 《조선왕조실록》의 분량이 방대
하다고 하지만, 사실 이는 그나마 엄선되고 편집된 요약본이다. 좀
더 1차 자료에 가까운 《승정원일기》나 《일득록日得錄》을 보면, 《조
선왕조실록》의 몇 배, 몇십 배에 달하는 분량의 대화와 사건이 빼
곡히 기록되어 있다. 이를 실시간으로 적고 정리하며, 임금이 원할
때 언제든 답변하는 것이 바로 승지였다. 그래서 글 잘 쓰고 일머리
빠른 사람들이 대체로 승지가 되었다. 세종 때의 승지 안숭선安崇善
은 바람처럼 빠르게 일해 임금에게 사랑받았다고 전하며, 그만큼
대단한 위세를 떨쳤다. 영조 때의 승지 윤동승尹東昇도 일을 잘했지
만 개인적으로는 불행했다. 일이 너무나 많았기 때문이다.

> 승지 윤동승은 글씨를 빨리 쓰기 때문에 판부判付(임금의 허가)를 받
> 아썼는데, 이따금 눈물을 흘리기도 하였으니, 그것은 판부가 많아
> 받아쓰기가 어려웠기 때문이다.
> _《정조실록》, 1800년(정조 24년) 4월 30일.

얼마나 일이 많았으면 울기까지 했을까! 오늘날 법원이나 국회
의사당은 회의를 기록하기 위해 최고 실력의 속기사들을 두고 있
는데, 이들은 독특하게 고안된 타자기와 컴퓨터를 활용한다. 하물
며 승지는 그걸 붓과 종이, 손으로만 해냈으니, 몹시 힘들었을 것이
다. 울며 일했던 윤동승의 노동 강도에 애도를 표할 뿐이다. 정조는

그런 윤동승의 처지를 불쌍하게 여기면서도, 동시에 정약용까지 승지로 부려 먹었다. 특히 정약용은 시 짓는 모임에 불러 참석자들의 시를 모두 받아쓰게 하는 중노동까지 시켰다. 한마디로 글씨를 못 써도 문제, 잘 써도 문제였다.

2
장

조선 교육의
윗물과 아랫물

01

조선의 사교육 1번지, 경복궁

교육은 사람을 만든다. 그렇다면 좋은 교육은 좋은 사람을 만들 수 있지 않을까. 들판의 꽃이나 나무는 가꾸는 사람이 없어도 알아서 잘 자란다고 하지만, 무릇 사람이라면 좋은 스승과 교재, 많은 정성이 필요한 법이다. 그리고 교육은 백년의 대계이니, 국가의 앞날을 책임질 인재를 키우는 것은 시대를 불문하고 몹시 중요한 일이다. 비록 조선은 모든 백성을 가르치는 완전한 공교육 체제는 만들지 못했지만, 나랏일을 책임질 관리를 양성하는 데는 심혈을 기울였다. 그 결과물인 성균관은 초시에 급제한 검증된 인재들을 모아 나랏돈으로 먹이고 재우고 책도 주고 가끔은 술도 주는 국립학교였다. 이 외에도 한양에는 사학四學이 설치되었고, 지방에도 향교鄕

校가 세워지며 전국 곳곳의 어린 인재들을 가르쳤다. 물론 이런 학교에 입학하려면, 양반 가문에서 남자로 태어나야 했다. 다만 서얼은 조선 후기가 되어서야 성균관에 입학할 수 있었다. (어떠한 경우라도 여자는 문턱을 넘을 수 없었다.) 이들은 모두 과거에 급제하기를 꿈꾸었고, 또한 도전했다. 그런데 잠깐 생각해보자. 성균관은 결국 학교이고, 다수의 학생을 가르치는 곳이 아닌가. 따라서 학생 한 명한 명을 철저하게 관리하기보다는 뭉뚱그려 가르쳤다.

그런데 만약 어느 한 사람을 콕 집어 맞춤형 교육을 시킨다면 어떨까. 그에게만 특별한 선생과 특별한 교재를 허락한다면? 최고의 인재를 길러낼 수 있지 않을까. 이것이 요즘 학원가를 주름잡는 영재교육의 기본 콘셉트인데, 놀랍게도 조선 시대라고 예외가 아니었다. 500년 전의 사람들 또한 여력만 있다면 좋다는 선생은 다 부르고 좋다는 교재는 다 장만했다. 아직 어린 자식을 멀리 떨어진 학교로 보내기도 했다. 이처럼 '극성스러운' 교육에 가장 미쳐 있던 곳이 어디냐 하면, 바로 경복궁! 그러니까 조선의 왕실이었으며, 교육대상은 다음 임금이 될 세자였다.

세자의, 세자에 의한, 세자를 위한

흔히 대중매체에서 그려지는 세자는 임금 자리가 내정된, 그래서 권력을 온몸에 휘감고 위세를 떨치는 인물로 그려지곤 하지만 실상은 달랐다. 만약 왕비의 큰아들(또는 외아들)로 태어난다면? 우선 세상에 나온 순간부터 모든 신하와 백성의 시선을 한 몸에 받았다. 그 시선에는 나라를 잘 이끌어주리라는 기대뿐 아니라, 정적들의 시기가 모두 포함되니, 마냥 즐길 수만은 없었을 것이다. 이후 4~5세쯤 원자元子로 책봉되었고, 그다음 8~10세쯤 세자로 책봉되었다. 이때부터 본격적으로 단지 임금의 자식으로 태어났을 뿐인 평범한 사람을 다음 임금으로 빚어내기 위한 국가적인 프로젝트가 가동되었다. 거창하게 설명했지만, 쉽게 말해 교육, 정확히 말해 사교육을 퍼붓는 것이었다. 모든 국력을 끌어모아 단 한 사람에게 최고 수준의 사교육을 처덕처덕 발라대는 것, 그것이 세자 교육이었다. 약간의 과장이 포함되었을지언정 아주 틀린 말은 아니다.

그렇다면 조선의 세자는 어떤 교육과정을 거쳤는가. 누군가는 세자의 성균관 입학례入學禮를 떠올릴지 모르겠다. 세자가 공부할 수 있는 나이가 되면, 최고의 국립학교인 성균관에서 입학식을 치렀다. 남들은 초시를 통과해야만 입학할 수 있는 곳인데, 세자는 임금의 아들이란 이유만으로 '하이패스' 입학한 것이 불공평하다고 생각할 필요는 없다. 조선은 엄연히 신분제 사회였으니까. 심지어 세자는 성균관에서 공부하지도 않았다. 어찌 세자가 한낱 선비 나부랭이들과 함께 공부하겠는가! 입학식만 거하게 치른 다음에 세자는 경복궁으로 돌아가 최고 수준의 과외를 받았다. 선생들은 모두 손꼽히는 학자였고, 직접 집(경복궁)까지 찾아와 가르쳤으니, 말 그대로 공부만 잘하면 되었다.

아무리 세자라 해도 평범한 어린아이였을 뿐인데, 이 정도 대우는 너무 과하다 싶다면, 아직 시작도 안 했다고 답하겠다. 조선은 세자의 교육을 국가적인 주요 정책으로 추진했으니, 아예 그 교육만을 담당하는 기관이 있을 정도였다. 원자의 교육은 원자보양청元子輔養廳이, 세자의 교육은 세자시강원世子侍講院이 맡았다. 세자시강원에서 가장 직위가 높은 사람, 곧 세자의 선생을 '사師'라고 했는데, 보통 영의정과 좌·우의정이 담당했다. 나라에서 제일 높은 관리들이 세자의 선생이었던 셈인데, 사실 이들은 맡은 업무가 워낙 많았기 때문에 이름만 올렸고, 실제로 가르치는 것은 빈객賓客이었다. 빈객은 정2품의 좌·우 빈객과 종2품의 부빈객副賓客이 있었다. 그 아래로 정5품의 문학文學과 정6품의 사서司書도 있어 세자의 선생은 총 20명에 달했다.

이들뿐인가. 공부 외의 잡일을 도와주는 하급 관리들도 줄줄이 포진해 있었다. 책을 날라주는 책색서리冊色書吏, 세자에게 조보朝報(일종의 신문)를 날라주는 조보서리, 차를 끓여주는 안롱청직鞍籠廳直, 등불을 밝혀주는 구종丘從, 물을 길어 오는 수공水工 등 39명이 배치되었다. 그러니까 최소 59명의 사람이 세자 단 한 명의 교육을 위해 헌신했으니, 그야말로 '왕의 교육'이었다.

교육 목표 설정 및 컨설팅도 최고 수준이었다. 세자가 무엇을 얼마나 공부할지는 임금과 고관들이 함께 모여 의논할 정도로 중대한 국가 현안이었다. 임금도 사람이고 아버지인지라 종종 아들 자랑을 하기도 했지만, 그래도 세자의 교육 문제는 언제나 진지하게 논의되었다. 미래의 임금을 위한 교육이었으니까.

임금으로 향하는 외길

커리큘럼 또한 흠잡을 데 없었다. 세자의 교육은 엄마의 배 속에 있던 시절부터 시작되었다. 배 속의 아이가 잘 크려면 엄마는 좋은 것만 먹고 좋은 것만 보고 좋은 것만 들어야 한다는 게 일반의 상식인데, 세자라면 그런 태교가 현실적으로 가능했다. (배 속 아이의 성별을 알 수 없었으므로) 중전이든 후궁이든 일단 임신하면 똑같은 내용의 태교를 수행했다. 임부는 주로 유교 성현들의 명언집을 읽었고, 시중을 드는 내시와 나인들이 밤낮으로《천자문》《동몽선습》등을 읽어줬다. 임부와 태아에게 좋다는 음식이 차려졌고, 좋은 음악이 연주되었다.

그렇게 행복한 열 달을 채우고 세상에 나온 아이가 아들이라면, 게다가 첫째 아들이라면 원자 교육 프로그램이 시작되었다. 아직 갓난아이에게 무얼 어떻게 가르쳤을까. 답은 간단했으니, 바로 선행 학습이었다. 아주 어릴 때는 오늘날의 어린이집 교사라 할 수 있는 보양관輔養官이 원자를 안아 무릎 위에 앉힌 채로 어르고 달래며 가르쳤고, 좀 자라면 경연을 담당하던 시강관侍講官이 직접 가르쳤다. 물론 말이 좋아 가르치는 것이지, 그냥 일방적으로 글자를 보여주며 읽어주는 것에 가까웠다.

이때 가장 큰 문제는 낯가림이었던 것 같다. 현종은 원자(훗날의 숙종)를 가르치는 자리에 선생은 한 명만 들어가도록 했다. 원자가 수염 난 사람을 보기 싫어했기 때문이다. 당시 원자의 나이가 네 살에 불과했으니, 수염이 부숭부숭한 할아버지들을 무서워하는 것도

77

당연했다. 이처럼 어린아이에게 도대체 무얼 얼마나 가르칠 수 있었겠는가 하는 회의감이 든다.

어쨌든 원자가 좀 더 자라면, 또는 세자가 되면 선생과 한 길(대략 2~3미터)을 떨어져 바닥에 무릎을 꿇고 앉아 글을 읽었다. 책을 읽고, 뜻을 해석하고, 잘 모르는 게 있으면 물어보고, 마무리로 복습했다. 원자가 공부한 책들은 그리 특별하지 않았다. 여느 양반 가문의 아이들처럼 《천자문》《훈몽자회》《동몽선습》《격몽요결》《소학》 등을 뗀 다음, 좀 더 어려운 《대학》《중용》《사략史略》 등을 공부했다. 요즘처럼 '사고력 수학'이니 '기초 탄탄 영어'니 하는 것들을 배우지 않아도 되니까 어렵지 않았겠다고 생각하는가. 그렇다면 아직 왕실 사교육의 매운맛을 보지 못했기 때문이다. 중요한 것은 교재의 난도가 아니라, 말이 안 될 정도로 빡빡한 일정이었다.

잠시 세자의 일상을 살펴보자. 아침에 일어나면 가장 먼저 임금이나 대비 같은 왕실 어른들을 찾아가 문안 인사를 올렸다. 그리고 아침밥을 먹은 다음 곧바로 아침 수업을 들었다. 이것을 조강朝講이라고 했다. 조강이 끝나면 점심밥을 먹고 역시 곧바로 오후 수업을 들었다. 이것을 주강晝講이라고 했다. 주강이 끝나면 저녁 수업이라고 해 석강夕講을 들었는데, 실제로는 오후 두 시부터 시작되었다. 정말로 해가 져 어두워지면 촛불을 켜놓고 야대夜對나 소대召對 같은 야간 수업을 들었다. 세자라면 이처럼 '학대'에 가까운 일정을 겨우 옹알이나 하던 때부터 소화해야 했다. 오늘날 유명한 학원들은 '평일에는 네 시부터 아홉 시까지, 주말에는 한 시부터 열두 시까지' 공부시킨다는 것을 자랑스럽게 내세우는데, 조선의 세자 앞에서는 명함도 못 내밀 수준이다.

이처럼 세자는 물 한 잔 뜰 시간조차 없이 공부에 매진해야 했다 (물론 물을 남이 떠주기도 했고). 혹여나 세자가 게으름을 피울까 봐 감시하는 눈초리만 수십, 수백 개였다. 자기 꿈을 이루기 위해 공부 하는 것도 아니었다. 세자 앞에는 임금으로 향하는 외길만이 존재 했다. 임금이 될 사람이니까 이만큼 공부하는 게 당연하다는 격려 아닌 격려만이 가득했다.

게다가 세자가 상대해야 할 선생들의 수준이 높아도 너무 높았 다. (이름만 올린 영의정과 좌·우의정을 제외하고서도) 당대의 가장 뛰 어난 학자들이 세자의 선생으로 임명되었는데, 그중 성균관 대사 성大司成이 빠지지 않았다. 지금으로 치면 서울대학교 총장 정도이 니, 어린이집에 다녀야 할 어린아이가 대학교수에게 수업을 듣는 꼴이었다. 그 외에도 역사적으로 이름난 사람이라면 으레 세자 교 육에 참여했다. 태종의 사돈인 조말생趙末生, 사림의 거두 조광조, 조선의 공자라 불린 송시열, 〈어부사시사〉를 남긴 윤선도, 천문에 능한 실학자 홍대용 등이 대표적인데, 세자는 평범한 사람이라면 평생 한 번 보지도 못할 그들에게 일대일도 아닌 다대일로 수업을 들었다. 한번 상상해보라. 대학자들이 내 방 안까지 직접 찾아와 밀 착 과외를 해준다. 파스칼이 사칙연산을, 모차르트가 피아노를, 루 벤스가 그림을, 뉴턴이 미적분을 가르쳐준다! 세상에 이만큼 훌륭 하고 이만큼 부담스러운 과외가 또 있을까.

기록으로 남은 임금들의 성적표

처음부터 끝까지 최고급으로 채운 사교육의 결과가 다 좋았다면 조선의 임금들은 모두 성군이 되었을 것이다. 그러나 그렇지 않았다는 것을 우리는 너무나 잘 알고 있다. 관련해 기록의 나라 조선에는 무시무시한 책이 전해지니, 바로 역대 임금들의 성적표를 정리한 《열성조계강책자차제列聖朝繼講冊子次第》다. 여기에는 세자들이 무엇을 배웠고, 어떻게 진도를 나갔으며, 얼마나 어려운 책을 읽었는지 등이 꼼꼼하게 정리되어 있다. 왕실 사교육의 정수를 담아낸 것인데, 다만 효종 때부터 기록한지라 세종에 관한 기록이 빠져 있다. 우리에게는 아쉬운 일이지만, 후대 임금들에게는 다행스러운 일이었을 것이다. 세종과 비교당할 뻔했으니까. 하지만 세종과 비등한 지력을 뽐낸 정조에 관한 기록은 남아 있으므로, 완전히 마음 놓을 수는 없었다.

여하튼 《열성조계강책자차제》를 살펴보면, 누가 양녕대군만큼이나 공부로 속을 썩였는지, 또 누가 충녕대군만큼이나 공부로 감탄을 자아내게 했는지 알 수 있다. 그중 공부 실력이 꽤 형편없었던 인물로 소현세자를 꼽을 만하다. 세자는 회강會講이라 해 두 달에 한 번씩 선생과 신하들 앞에서 배운 것을 확인받아야 했는데, 1625년(인조 3년)의 한 회강에서 당시 열네 살이던 소현세자가 심하게 어버버거렸다. 사실 그 전부터 소현세자는 수업에 집중하지 못해 여러 번 주의를 받은 상태였다.

세자시강원에서 소현세자의 하루하루를 기록한 《소현동궁일기

昭顯東宮日記》를 보면, 그 자신도 공부에 재능이 없음을 알고 있었던 것 같다. 실제로 1629년(인조 7년)의 어느 날 조강 중에 "새로 공부한 것은 30번 읽고, 옛날에 배운 것은 20번 읽습니다"라며 폭탄 발언을 했다. 이 말이 왜 충격적이냐면, 당시 대부분의 선비가 그 곱절의 곱절은 공부했기 때문이다. 선생 중 한 명이었던 김류金鎏가 이런 소현세자를 꾸중했다. "평범한 선비들은 100번, 적어도 70번 읽습니다." 또 다른 선생 오윤겸吳允謙은 "엎드려 바라옵건대" 두 배는 더 읽어야 한다고 타일렀다. 정중하게 말했겠지만, 분명한 갈굼이었다. 심지어 왕실 어른들께 문안 인사를 드리는 것 말고는 별로 할 일도 없으면서 도대체 왜 책을 안 읽냐며 호통치거나, 색色만 밝히는 것 아니냐며 원색적인 비난을 퍼붓는 선생들도 있었다. 미래의 임금에게 이렇게 말해도 되는지는 차치하고, 소현세자가 정말 색을 밝혔냐면 절대 아니다. 단지 부인인 민회빈 강씨愍懷嬪 姜氏와의 금실이 너무 좋았을 뿐이다.

그런 소현세자에게 병자호란은 다행이었을까, 불행이었을까. 병자호란은 1636년(인조 14년)에 벌어졌는데, 당시 소현세자의 나이 25세로, 한창 공부하며 국정을 익힐 때였다. 하지만 조선이 패하며 인질로 끌려갔으니, 공부에 집중할 환경이 아니었다. 실제로 소현세자의 인질 생활기를 정리한 《심양일기瀋陽日記》를 보면, 선생들이 중국까지 따라갔으나, 공부에 영 진척이 없었다고 적혀 있다. 이는 아버지 인조와 갈등하는 이유가 되기도 했다. 안타깝게도 소현세자는 조선에 돌아온 후 얼마 안 가 죽었고, 그리하여 세자가 된 동생 봉림대군鳳林大君(효종)은 공부를 더 못했다. 가령 소현세자는 25

세에 하루 1400자를 능히 읽었는데, 봉림대군은 30세에 하루 800자를 겨우 읽었다. 비슷한 나이에 준비되지 않은 채로 갑자기 세제가 된 영조는 하루 1000자를 읽었다고 하니, 봉림대군은 확실히 열등생이었다.

임금이 된 개똥이

이런 봉림대군보다도 더 떨어졌던 이가 이원범李元範(철종)이었다. 이원범은 왕족이긴 하나, 사실 조선 초기였다면 궁궐 구경도 못 했을 방계 중의 방계였다. 심지어 삶도 그리 평탄하지 못했다. 어릴 때는 그럭저럭 별 탈 없이 살았으나, 열네 살이 되던 1844년(헌종 10년)에 그의 큰형 이명李明을 새 임금으로 추대하려는 역모가 발각되며 집안이 풍비박산되었다. 결국 유배되어 농사짓고 나무하며 살았는데, 1849년(헌종 15년) 헌종이 갑자기 승하하며 상황이 급반전되었다. 당시 남자 왕족의 씨가 마른 탓에, 이원범이 후계자로 지목된 것이었다. 개똥이가 임금이 되어버렸다는 어느 민담이 현실이 되는 순간이었다. 하지만 당연하게도 이원범은 임금이 될 준비가 전혀 안 된 상태였다. 실제로 철종의 글과 시를 보면, 학문적 소양이 '단 1도' 없었다는 것을 알 수 있다. 본인도 이를 알았는지 틈만 나면 신하들에게 검사받으려 해, 보는 이를 더욱 안타깝게 했다.

이런 철종만큼 갑자기 인생 역전에 성공하며 비루한 학식을 들킨 사람이 또 있었으니, 바로 그다음 임금이 될 개똥이었다. 농담이 아니라 진짜 개똥으로 불렸는데, 이름이 천할수록 오래 산다는 속설에 따라 그리 붙였다고 한다. 여하튼 철종이 후사를 남기지 못하고 승하한 것이 모든 일의 시작이었다. 정확히 말해 5남 6녀를 낳았지만, 넷째 딸인 영혜옹주永惠翁主를 제외하면 모두 열 살을 넘기지 못했고, 영혜옹주조차 결혼은 했으나 자식 없이 일찍 죽고 말았다. 이런 상황에서 철종이 승하한 것이니, 국난에 다름없었다. 이에 왕실 어른들과 고관들이 촌수와 혈통을 따져가며 다음 임금을 모색했는데, 개똥은 혈통상 철종의 17촌 조카로 원칙대로라면 절대 임금이 될 수 없었다. 하지만 복잡하게 얽히고설킨 정치적 역학 관계와 아버지의 로비로 이 어려운 일이 현실로 이루어졌다. 결국 열한 살의 나이에 개똥은 왕좌에 올랐으니, 그가 바로 조선의 마지막에서 두 번째 임금 고종이었다.

당연히 고종도 철종만큼이나 준비되지 못한 채 임금이 되었기에, 기본적인 학식이 부족했다. 어째서 흥선대원군이 그리 오래도록 국정에 영향을 미쳤는지 이제 이해할 수 있을 것이다. 실제로 즉위 직후부터 섭정이 시작되었고, 그 와중에 고종은 압축된 왕실 사교육 커리큘럼을 따라 온갖 지식을 머리에 욱여넣어야 했다. 그런 방식이 실제로 학식을 높이는 데 과연 효과가 있었을까. 오히려 탈출하고 싶은 마음만 키우지 않았을까. 다만 고종의 태도만큼은 꽤 진지했다.

"임금께서는 날마다 경연을 열고 강관講官에게 이르기를, '혹시 잘못 읽는 것이 있으면 서산書算에 계산하지 말라' 하였다. (…) 성학聖學이

날로 고명해졌다."

_《순종실록부록》, 1919년(순종 12년) 3월 4일.

이런 노력을 폄하하려는 것은 아니지만, 훨씬 객관적인 자료인
《열성조계강책자차제》를 보면, 고종은 겨우 사서삼경과 《동몽선
습》을 떼는 데 그쳤다. 재미난 이야기를 좋아했는지 역대 임금들의
치적을 모아놓은 《국조보감國朝寶鑑》까진 읽었지만, 유학자의 기본
소양이라 할 수 있는 《통감》까지는 끝내 이르지 못했다. 물론 세종
이나 정조 같은 임금들과 비교하기에는 고종의 사정이 딱했던 것
은 맞다. 하지만 그렇다고 하더라도 여름이나 겨울에는 강학을 아
예 안 했다고 하니, 점차 흥미를 잃어갔던 것도 분명해 보인다.

사실 개화와 제국주의의 파도가 몰아닥치는 상황에서 '공자 왈
맹자 왈'이 다 무슨 소용이었을까. 반대로 그런 것들을 열심히 익히
는 성실함이라도 있어야 뭐가 돼도 되지 않았겠나 싶기도 하다. 그
런 점에서 《열성조계강책자차제》는 단순히 왕실 사교육의 커리큘
럼을 정리하는 데서 한발 더 나아가, 나라를 이끄는 지도자로서 임
금들의 됨됨이를 정리해놓은 책이 아니었을까.

공부도 최고, 인성도 최고

연장선에서 공부도 잘하고 인성도 훌륭했던 임금을 꼽자면 인종이
있겠다. 사실 인종은 불우한 환경에서 자랐으니, 원자 시절을 궁궐

밖에서 보냈다. 어머니 장경왕후章敬王后가 그를 낳은 지 일주일도 안 되어 세상을 떠났기 때문이다. 그래서 세 살 때까지 신하들의 집을 이리저리 떠돌았다. 물론 신하들은 (교육 때문에라도) 원자를 궁궐에서 키워야 한다고 건의했지만, 아버지 중종은 이런저런 핑계를 대며 거절했다.

인종이 두세 살쯤에 머문 곳은 세조의 사위인 정현조鄭顯祖의 집이었다. 정현조는 세조의 첫째 딸인 의숙공주懿淑公主와 결혼했는데, 자식이 없었다. 그러던 중에 의숙공주가 일찍 죽자 정현조는 새장가를 갔다. 즉 인종과 정현조는 말이 좋아 친척이지, 사실상 남이었다. 뭐, 원자인 만큼 유모와 하인이 딸려 있었겠지만, 이런 환경에서 어린 인종이 그 나이 때에 필요한 올바른 애착 관계를 형성했을지 심히 걱정된다. 다만 기록을 살펴보면, 인종은 엄마 없는 하늘 아래서, 아빠마저 없는 궁궐 밖에서 잘 자랐던 것 같다. 무엇보다 인종은 '본 투 비' 천재였다.

1517년(중종 12년) 세 살이 된 인종이 잠깐 입궐해 중종에게 인사를 올린 일이 있었다. 그 자리에서 인종이 《천자문》과 《유합》을 줄줄 외우자 중종이 깜짝 놀랐다. 그러면서 본인도 뭔가 뜨끔했는지 "앞으로도 열심히 공부해라"라는 내용의 글을 친히 써주었다. 한편 원자의 천재성이 확인되자 신하들이 중종에게 더욱 난리를 치기 시작했다. 더 늦기 전에 이처럼 똑똑한 원자를 제대로 교육시켜야 한다는 것이었다. 하지만 성격이 무심했던 것인지, 의심이 많았던 것인지 중종은 여전히 느긋했다. 원자가 너무 어리지 않냐는 것이었다.

"내가 듣기로는 원자가 밖에서 문자를 배운다 하더니, 이제 친히 보니 여느 아이와 다름없다."

_《중종실록》, 1517년(중종 12년) 8월 26일.

그러면서 원자가 아직 옳고 그름도 가리지 못하는데, 무슨 공부냐며 신하들을 물리쳤다. 하지만 신하들도 물러서지 않았다. "아무리 어려도 배울 수 있습니다. 게다가 원자는 천재입니다!" 이 얼마나 신기한 장면인가. 정작 아버지는 별생각이 없는데, 주변 사람들이 아이의 자질을 알아보고 목소리를 높이다니.

다만 내 생각에 인종이 그토록 열심히 공부한 것은 자신의 불안한 처지 때문이지 않았을까 싶다. 여기저기 거처를 옮기는 통에 심란해진 마음을 책을 읽으며 가라앉힌 것 아니었을까. (다시 한번 '배드 파더'인 중종을 비난하고 싶어진다.) 아무튼 신하들의 등쌀에 중종은 세 명의 대신을 뽑아 원자를 가르치게 했다. 그렇게 원자의 선생이 된 김전金詮, 남곤南袞, 안당安瑭이 몇 번의 수업 후에 쪼르르 중종에게 달려왔다. "원자가 비범합니다! 벌써 《소학초략小學抄略》(《소학》을 간추린 책)을 다 읽었습니다!"

상황이 이러하자, 중종도 원자의 가능성을 인정할 수밖에 없었다. 결국 입궐을 허락하고, 선생도 정식으로 임명하니, 그 유명한 조광조와 남곤이었다. 천재와 조선 최고의 학자들이 만났으니, 그 시너지가 얼마나 대단했을까. 1년 정도 지나 원자가 다섯 살이 되던 1519년(중종 14년)에 중종이 《소학》을 읽어보라 하자, 어린아이가 읽기 힘든 책인데도 막힘이 없었다.

원자가 줄줄 읽어가며 훈고訓詁가 분명하고 성음이 웅장하면서도 맑아 글 뜻을 아는 듯하니, 상이 안상案上에 기대고 앉아 보기도 하다 웃기도 하다 하여 기쁜 마음을 억제하지 못하는 듯하였다.

_《중종실록》, 1519년(중종 14년) 8월 10일.

임금이 체통 없이 헤벌쭉했다는 것인데, 이제까지 아이를 방치한 아버지치고는 염치없다 하겠다. 아무튼 이후로도 인종은 열심히 공부해 일곱 살에 《소학》과 《대학》을 모두 읽었다. 이후에는 《소학》을 처음부터 읽되, 그 깊은 뜻을 하나하나 따져가며 파고들었다고 한다. 이처럼 왕실 사교육을 오롯이 흡수하며 잘 자란 인종이건만, 왕위에 오른 지 8개월 만에 31세의 나이로 요절하고 말았으니, 참으로 안타까울 따름이다.

그 선생에 그 제자

마지막으로 《열성조계강책자차제》에 이름을 남긴 임금 중 가장 공부를 잘했던 정조의 기록을 살펴보자. 정조는 아직 세손이던 1774년(영조 50년)에 새 선생을 만났는데, 바로 홍대용이다. 실학자인 그는 일찌감치 과거 공부를 때려치운 채 학문에 열중하며 이름을 높였고, 그 결과 정조의 선생으로 발탁되었다. 44세의 완숙한 선생이 24세의 혈기 넘치며 똑똑한 학생을 만나 느낀 첫인상은 '재수 없음'이었다.

홍대용이 300여 일간 정조를 가르치며 그 내용을 정리한 《계방일기桂坊日記》에 따르면, 첫 수업부터 장난이 아니었다. (여느 세자와 세손의 경우처럼 소규모 토론으로 진행된 수업에서) 정조는 은근히 새 선생의 실력을 시험하고, 어려운 경전을 보란 듯이 해석하고, 좌중을 휘어잡으며 자신의 뛰어난 머리를 마음껏 뽐냈다. 뭐, 그런 것이야 공부 잘하는 만큼 그럴 수 있다 치지만, 정조는 자기가 잘났다는 걸 너무나 잘 알았고 또 티 냈다. 가령 수업 시간에 과자를 먹거나, 숙제를 안 해놓고 다음에 하겠다며 뺀질거리거나, 《소학》 등은 어린 시절에 배워 기억이 안 나니 그냥 넘어가자고 이죽거리며 선생을 이겨 먹으려고 했다. 심지어 한번은 홍대용에게 왜 과거 공부를 그만뒀냐며 캐물었다. 물론 모두 예의에 어긋나는 행동이었다.

그런데도 이런 학생을 마냥 혼낼 수 없었던 것은, 워낙 출중했기 때문이다. 스스로 수업의 흐름을 주도하는 것은 물론이요, 때로는 송곳 같은 질문을 던져 천하의 홍대용을 당황케 했다. 또한 궁금한 것이 생기면 해소될 때까지 답을 구해 진을 빼놓았는데, 한 번도 가본 적 없고, 가볼 일 없을 중국의 풍경을 특히 집요하게 물었다. 그러면서도 조선이 제일이라며 '꼰대'의 기질을 뽐냈다.

이처럼 어려운 학생인 정조와 잘 지낸 인물로는 조선 최초의 세도정치가인 홍국영洪國榮이 있었다. 당시 홍국영은 세자의 선생 중가장 말단인 사서였는데, 정조와의 나이 차이가 네 살밖에 나지 않는 형이었다. 그래서인지 정조와 공부하는 동안 틈나는 대로 스스럼없이 너스레를 떨어댔다. 삶에는 농담과 여유가 필요한 법이지만, 그래도 정도라는 게 있다. 홍대용은 자신의 일기에 정조와 어울리는 홍국영의 행태를 제법 자세히 기록했는데, 그야말로 까불거리는 간신배 그 자체였다. 이를 살펴보면 정조의 어머니인 혜경궁 홍씨가 왜 그토록 홍국영을 싫어했는지도 이해되고, 동시에 정조가 왜 그토록 홍국영을 좋아했는지도 이해된다. 물론 그랬던 정조가 훗날 홍국영을 직접 쳐내 죽음으로 몰아넣었으니, 참으로 알다가도 모를 일이다. 다만 비극과 비극 사이에 한때나마 즐거웠던 일상이 버무려진 것이야말로 인간의 삶 아니겠는가 하고 생각할 뿐이다.

02

무엇이 양녕과 충녕의 운명을 갈랐을까

1분 1초도 낭비하지 않는 시간표에, 최고의 선생들을 붙여 공부시킨다. 이런 커리큘럼을 거친다면 서당 개도 장원급제를 할 수 있지 않을까. 하지만 《열성조계강책자차제》이 잘 보여주듯, 국력을 총동원한 사교육으로도 안 되는 건 여전히 안 되었다.

조선이 들어선 이래, 처음으로 제대로 된 세자 교육을 받은 인물은 태종의 큰아들이었다. (조선 최초의 세자는 태조의 여덟 번째 아들이자 태종의 이복동생인 이방석李芳碩이지만, 왕조 초기인 탓에 그가 어떤 교육을 받았는지는 잘 알려져 있지 않다. 무엇보다 이방석은 공부보다는 놀기를 좋아했다.) 그의 이름은 이제李禔로, '안 될 놈'의 표본이라 할 만하다.

태종은 왕자 이방원이던 시절에 훗날 원경왕후元敬王后가 되는 민씨와 결혼했다. 직후 아들을 세 명이나 낳았는데, 모두 연달아 죽어버렸다. 아무리 영아 사망률이 높던 시기라 해도, 핏덩이들이 셋이나 죽었으니 얼마나 슬펐을까. 다행히도 네 번째로 낳은 아들만은 살아남았는데, 그가 바로 이제다. 이로써 이방원의 '공식적인' 큰아들이 된 이제였지만, 당시 이방원은 여러 왕자 중 한 명이었고, 따라서 이제도 수십 명에 달하는 왕손 중 한 명에 불과했다.

하지만 역사는 이방원과 이제를 그냥 두지 않았다. 왕자의 난을 일으킨 이방원은 이방석과 또 한 명의 동생, 매부까지 죽이고 마침내 조선의 임금 태종이 되었다. 그러자 이제 또한 11세의 나이에 세자 양녕대군으로 책봉되었다. 하루아침에 '그중 한 명'에서 '단 한 명'이 되어버린 것! 그리고 이것이 모든 고통과 말썽의 시작이었다.

앞서 설명한 것처럼 세자를 가르치는 일은 당대 최고의 인물들만 할 수 있었다. 양녕대군에게는 고려 말부터 천재로 불린 성석린成石璘, 왕자의 난에서 결정적 역할을 한 하륜河崙, 《태조실록》을 편찬한 유관柳觀, 중국에까지 이름을 알린 권근 등이 붙었다. 이들 최고의 선생이 정성을 다해 양녕대군을 가르쳤으니, 그 결과는 이미 잘 알려져 있다. 14년 만인 1418년(태종 18년)에 양녕대군은 세자 자리에서 쫓겨나고 말았다.

이와 관련해 양녕대군이 일부러 미친 척해서 자신보다 똑똑한 셋째 동생 충녕대군(훗날의 세종)에게 세자 자리를 양보했다는 이야기가 몹시 유명하다. 지고의 왕좌를 동생에게 양보하다니! 사실이라면 정말 멋진 형이 아닐 수 없다. 하지만 양녕대군에게 두들겨 맞고, 심지어 목숨까지 잃었던 사람들이 아주 많았던 것을 생각하면, 사실 '쿨 가이 양녕대군'은 성립되기 어렵다. 뭐, 사실이 어떻든 간에 양녕대군은 '훌륭한 임금 되기'라는 목표를 달성하지 못했으니, 이는 왕실 사교육의 실패였다.

사실 양녕대군은 조선 최초로 세자에서 임금으로 이어지는 경로를 밟아 정통성 있게 즉위할 수 있었다. 조선 최초의 세자인 이방석은 왕자의 난 때 살해당했고, 이방원은 세자가 되긴 했지만 실제로는 임금(정종)의 동생, 즉 세제世弟였다. 한마디로 양녕대군은 조선의 실질적인 첫 번째 세자이자, 태종 개인에게는 가까스로 살려낸 소중한 아들이었다. 그만큼 굉장한 기대를 받았을 것이 분명한데, 하지만 양녕대군은 이 기대, 또는 기회를 철저하게 저버렸다.

마음대로 안 되는 게 자식

양녕대군은 노는 것을 참으로 좋아했다. 인간이라면 누구나 노는 것을 좋아하지만, 그래도 정도가 있다. 훌륭한 어른이 되려면 때로는 놀고 싶은 것을 참을 수 있어야 한다. 그런데 앞서 살펴본 대로 세자의 일상이란, 숨이나 쉴 수 있을까 싶을 만큼 공부로만 꽉 채워져 있었다. 이걸 참아낼 수 있는 사람도 있었겠지만, 그러지 못하고 엇나가는 사람도 있었다. 양녕대군은 후자였다. 그는 특히 사냥과 음주를 즐겼다. 여기에는 유전자 탓도 있었을 것이다. 아버지 태종도 사냥을 무척 좋아해 신하들이 잔소리할 정도였으니까. 그리고 젊어서 신나게 놀아본 부모일수록 공부로 자녀를 닦달하는 법이다. 하여 태종은 양녕대군에게 노는 것을 금지하고 오직 공부만을 허락했다. 그러자 양녕대군은 아버지가 할아버지에게 그랬던 것처럼 똑같이 불효자가 되었다.

어째서 양녕대군은 공부로 채워진 일상을 참아내지 못했을까. 세자로 책봉된 이상, 그는 (웬만하면) 임금이 될 수 있었다. 그런데 왜 (임금이 될 때까지) 숨죽이며 세자의 삶에 적응하는 대신, 말썽을 피우고 아버지에게 대들었을까. 그 속을 600년도 더 지난 오늘날의 우리가 알 순 없지만, 간단히 생각하자면 양녕대군은 '예체능과'가 아니었을까. 잠시 조선이 어떤 나라인지 생각해보자. 피와 무력만으로 세워지진 않았지만, 그렇다고 그것들 없이 세워지지도 않았다. 함경도의 일개 무장이었던 이성계가 고려의 수호신으로까지 불리게 된 것, 마침내 자신만의 왕조를 세운 것은 모두 그의 전설적인 활 솜씨와 빼어난 무술 실력 덕분이었다. 그런 사람의 후예가 얌전히 앉아 글공부만 한다는 것도 이상하지 않은가.

조금의 예외가 있다면 이방원이었으니, 그는 조선의 임금 중 유일한 과거 급제자였다(단 조선이 아니라 고려의 과거였다). 아버지 태조의 후광 덕분에 급제했다고 생각할 수 있지만, 열 명이 넘는 형제 중에 이방원 혼자만 과거에 급제했다면 분명 공부 머리가 있었다는 것이다. 사실 이방원은 팔방미인, 요즘 말로 무엇 하나 빠지는 게 없는 '육각형' 인물이었다. 사냥 실력도 좋았고, 임기응변도 잘했으며, 심지어 정치의 필수 덕목인 연기에도 능했다. 양녕대군이 그런 아버지를 반만 닮았더라면 본심을 숨긴 채 눈물의 '반성 쇼'를 벌여 무사히 임금이 되었으리라.

그러나 양녕대군에게는 안타깝게도, 반대로 조선이라는 나라에
는 다행스럽게도 그런 일은 벌어지지 않았다. 자신을 쪼아대는 아
버지에게 양녕대군은 반항문(반성문이 아니다)을 써서 보냈고, 이걸
본 태종은 신하들 앞에서 통곡했다.

"세자의 행동이 지극히 무도하여 종사를 이어받을 수 없다고 대소
신료가 청하였기 때문에 이미 폐하였다."
_《태종실록》, 1418년(태종 18년) 6월 3일.

그때 종묘에 있었을 태조의 영혼은 아들 태종을 보며 무슨 생각
을 했을까. '딱 너 같은 자식을 뒀구나' 하며 빙긋 미소를 지었을까,
아니면 안타까워했을까. 아무튼 폐세자를 죽여서 후환을 없애야
한다는 청이 끝없이 이어졌는데도, 양녕대군은 별 탈 없이 온갖 사
고를 쳐대며 천수를 누리다가 세상을 떴다. 그렇다면 양녕대군의
폐세자는 그에게도, 조선에도 모두 좋은 일이 아니었을까. 하여 이
제는 당당히 말할 수 있다. 양녕대군은 임금의 재목이 아니었다고,
안 될 놈에게 제아무리 사교육을 퍼부어봤자 안 된다고.

개입형 교육 대 방목형 교육

운명의 장난인지, 양녕대군에게는 조선 최고의 임금이 될 자질을

갖춘 동생이 한 명 있었다. 그가 바로 오늘날까지 존경받는 세종, 즉 충녕대군이다. 사실 양녕대군과 충녕대군은 시작점부터 달랐다. 양녕대군이 세자로서 온 나라의 기대를 받으며 왕실 사교육의 바다에 밀어 넣어졌다면, 충녕대군은 그냥 뭘 해도 귀여워서 방치된 셋째 아들이었다.

충녕대군의 이름은 이도李祹인데, 더 어릴 적에는 막동莫同, 즉 '막둥이'로 불렸다. 이방원은 어린 자식들을 많이 잃었던지라 이제(양녕대군)는 외가댁인 민씨 집안에, 그다음으로 얻은 아들인 이보李補(효령대군孝寧大君)는 아예 남의 손에 맡겼지만, 이도만큼은 직접 키웠다. 이방원 스스로 이도를 어릴 적부터 사랑으로 키웠다고 말했다. 이방원이 동복형 이방간李芳幹에게 공격당했을 때, 부인 민씨는 아직 갓난아이였던 이도가 아버지의 품에 안겨 있고 그 주위로 태양이 번쩍이는 꿈을 꿨다. 범상치 않은 꿈에 민씨가 점을 쳤는데, '이번 싸움에서 이긴다'는 이야기를 들었다고 한다. 하지만 꿈의 진짜 의미는 이도가 조선의 태양, 즉 임금이 된다는 것 아니었을까. 하지만 당시에 이는 상상조차 못 할 일이었다. 이도 앞에는 형이 두 명이나 있었고, 그중 첫째인 이제가 자연스레 세자가 되었으니까. 실제로 태종은 일찍이 충녕대군을 불러 이렇게 말했다.

"너는 할 일이 없으니, 평안하게 즐기기나 할 뿐이다."
_《태종실록》, 1413년(태종 13년) 12월 30일.

태종은 충녕대군에게 글과 그림, 꽃과 신기하게 생긴 돌, 가야금

등 온갖 놀잇감을 듬뿍 마련해주었다. 참으로 자상한 돌봄이었지만, 한편으로는 절대 다른 꿈을 꾸어서도 안 되고, 어떤 기대도 받으면 안 되는, 역모에 연루되지 않으려 숨죽인 채 살아야만 하는, 세자가 아닌 왕자의 잔인한 처지를 잘 보여주는 무언의 압박이었다.

게다가 조선 최고의 선생들이 줄줄이 붙은 양녕대군과 달리, 충녕대군에게는 단 한 명의 선생만이 배치되었다. 이마저 효령대군과 한 세트로 묶인 것이었다. 선생의 이름은 이수李隨로, 생원시에는 장원 급제했지만 문과에는 낙방해 백수로 지내던 이였다. 가르치는 실력이 아주 형편없지는 않았다던데, 술버릇이 끝내주게 나쁜 것으로 더욱 유명했다. 십중팔구 알코올의존증 환자였을 이수는 제자 충녕대군이 세종으로 즉위한 후에도 술을 끊지 못했다. 결국 취한 채로 말을 탔다가 낙마해 죽고 말았다. 이러니 수업 시간에도 술에 취해 있었을 것이라는 합리적인 의심이 든다. 과연 제대로 가르치기나 했을까.

그런데 바로 이 방치형 교육 현장에서 용이 솟아올랐다. 비유가 아니라 진짜로 용이었다! 충녕대군은 어마어마한 성취를 이뤄냈고, 양녕대군의 선생 변계량卞季良은 이를 몹시 부러워했다.

변계량이 매양 대군의 시관侍官에게 읽는 것이 무슨 글인가 하고 물어서, 아무 글을 읽는다고 대답하면 반드시 칭찬하고 탄미하였다.
_《태종실록》, 1416년(태종 16년) 9월 7일.

《태종실록》은 세종 때 정리된 만큼, 현재 임금을 높이는 말이 들어간 것으로 이해할 수 있지만, 세종이 규격 외의 우등생이었던 것은 역사로 증명된 사실이다. 어쩌면 양녕대군이 삐뚤어진 것도 뛰어난 동생 때문일지 모른다. 동생을 위해 바보인 척했다는 이야기가 무색하게, 1416년(태종 16년) 2월 9일 자 《태종실록》을 보면, 양녕대군이 아버지 태종에게 "충녕은 용맹하지 못합니다"라고 흉을 보는 장면이 적나라하게 기록되어 있다. 상대가 하필 충녕대군이었으니, 우리 같은 보통 사람인 양녕대군이 느꼈을 절망감을 이해하지 못하는 것은 아니다. 하지만 뒤에서 동생을 욕하는 꼴이 볼썽사납지 않다면 거짓이리라. 게다가 양녕대군은 툭하면 기생을 끼고 술을 퍼마시며 온갖 패악을 부렸은즉, 태종의 근심이 매우 컸다.

> "세자가 불의한 연고 때문에 죄를 받은 자가 하나둘이 아니니, 내가 실로 부끄럽다."
>
> _《태종실록》, 1418년(태종 18년) 3월 6일.

비교가 낳은 비극

양녕대군이 이토록 엇나간 데는 태종도 일정 부분 영향을 미쳤다. 남에게는 냉혹해도 자기 자식에게는 끝없이 상냥한 사람, 그게 바로 태종이었다. 그는 혼란한 시절을 보내면서 많은 피를 손에 묻혔지만, 자기 자식들에게는 참 좋은 아버지였다. 자식 문제로 눈물도 자주 흘렸는데, 1409년(태종 9년) 9월 4일 자 《태종실록》은 "인군人

君의 자식은 오직 맏아들만 남기고 그 나머지는 모두 죽여야 하는 가?"라며 통곡하는 태종의 모습을 전한다. 특히 태종은 양녕대군과 늦둥이 성녕대군誠寧大君을 끔찍이 아끼고 깊이 사랑했다. 그렇다고 해서 마냥 100점짜리 아버지는 아니었다. 충녕대군에게 모든 꿈과 야심을 버리고 "그냥 놀아라"라고 말한 것처럼, 자식의 마음에 큰 상처를 남기는 일도 서슴지 않았다. 무엇보다 자식들을 서로 비교했다.

1416년(태종 16년) 태종과 여러 종친이 모여 큰 연회를 열었을 때의 일이다. 한참 수다를 떨던 와중에 '나이 든 사람도 쓸 만하다'는 화두가 툭 튀어나왔다. 그러자 충녕대군이 《서경》의 구절을 인용해 자기 생각을 똑 부러지게 밝혔다. 친척들이 다 모인 자리에서 내 자식이 유식함을 자랑하다니! 당연히 태종은 몹시 기뻐했다. 그것까진 좋았는데, 갑자기 양녕대군을 꾸짖었다.

"너는 학문이 어째서 이만하지 못하냐."
_《태종실록》, 1416년(태종 16년) 7월 18일.

"아이고, 아버님! 그러시면 안 되죠. 자식끼리 비교하고, 무엇보다 일가친척이 잔뜩 있는 데서 망신을 주시다니요!"라는 말이 절로 나오는 행동이었다. 물론 태종은 양녕대군이 자극받아 말썽은 그만 부리고 공부하기를 바라는 마음이었을 것이다. 하지만 정작 양녕대군의 마음은 지옥이지 않았을까. 그날의 잔치는 밤늦게까지 계속되며 모두가 즐겼다고 하지만, 공개적으로 망신당한 양녕대군

조선, 시험지옥에 빠지다

의 심사가 편할 리 없었을 것이다.

실제로 이 일 이후 양녕대군은 마음잡고 공부하기는커녕, 본격적으로 한량의 삶에 발을 들였다. 책을 내팽개친 그는 술을 퍼마시고 불량배 패거리를 궁궐로 들이는 등 온갖 패악을 부렸다. 태종이 끓는 속을 다스리며 용서하기를 몇 번. 그러다가 양녕대군이 대형 사고를 치고 말았으니, 1418년(태종 18년) 1월경 평소 눈여겨보던 고관의 첩을 빼앗았던 것이다! 이는 조선 시대에도 중대 범죄에 해당하는 일이었다. 태종이 노발대발하자 양녕대군은 자기 장인의 집에 첩을 숨겨놓고는 내쫓았다고 거짓말까지 했다. 그걸 알면서도 모두가 쉬쉬할 수밖에 없었다. 다음 임금이 될 세자에게 괜히 밉보였다가는 후에 무슨 일을 당할지 몰랐으니까. 하지만 꼬리가 길면 밟히는 법. 5월이 되어 마침내 전모를 알게 된 태종이 화가 머리끝까지 난 채로 양녕대군을 불러다 앉혀놓고 마구 혼내기 시작했다. 《태종실록》의 기록을 참고해 당시 상황을 재구성해본다면, 대략 이렇게 소리 지르지 않았을까 싶다. "당장 집에서 나가!"

"세자에게 명하여 한경漢京으로 돌아가게 하였다."
_《태종실록》, 1418년(태종 18년) 5월 13일.

다음 임금이 될 귀중한 후계자에게 수행원 없이 혼자서 다른 도시로 가버리라고 일갈한 것인데, 대단히 위험천만한 결정이었다. 얼마나 꼴 보기 싫었으면 그랬을까 싶다. 그래도 조금 뒤 마음을 가라앉힌 태종이 신하를 보내 양녕대군을 불러들였는데, 그사이에도 양녕대군은 사고를 쳤다. 홀로 떠난 길에서 우연히 마주친 충녕대군에게 "네가 일러바쳤지!"라며 윽박질렀던 것이다. 사태가 이 지경에 이르렀는데도 자기반성 대신 남 탓을 하는 게 과연 장래의 폐세자다웠다. (충녕대군은 아버지에게 다시 따지러 가겠다는 형 양녕대군을 뜯어말렸다고 한다. 이런 일이 한두 번이 아니었다고 하는데, 정말로 그랬을 듯싶다.)

자신의 모자란 부분을 자식을 통해 이루려는 심보

그로부터 보름 정도 지난 후에 양녕대군은 일생일대 최고의 사고를 쳤다. 마음을 고쳐먹는 대신 태종에게 반항문을 올렸으니, 첫 문장부터 대단했다.

> "전하의 시녀는 다 궁중에 들이는데, 어찌 다 중하게 생각하여 이를 받아들입니까?"
>
> _《태종실록》, 1418년(태종 18년) 5월 30일.

풀이하면, "아버지도 여자들을 많이 거느리셨는데, 나는 왜 그러면 안 되나요?"라는 뜻이다. 당연히 조정이 발칵 뒤집혔다. 태종이 특단의 결정을 내리기까지는 그리 오래 걸리지 않았다. 6월 3일 태종은 양녕대군을 세자에서 폐했다. 그럼 이제 누구를 세자로 책봉할 것인가. 당시 양녕대군에게는 아들이 두 명 있었는데, 첫째 아들이 다섯 살에 불과했다. 그래도 폐세자의 첫째 아들을 후계자로 세워야 한다는 목소리가 높아지는 와중에 영의정 유정현柳廷顯이 "어진(현명한) 사람을 고르는 것이 마땅합니다"라고 직언했다. 모두가 내심 '한 사람'을 마음에 품고 있었는지, 논의는 급물살을 타 충녕대군이 세자로 결정되었다. 상황을 보아하니 이 모든 것은 이미 조율된 일이었던 듯싶다. 즉 태종이 다음 세자는 충녕대군임을 미리 유정현에게 귀띔해주었고, 다른 신하들도 이를 눈치챘으리라.

《국조보감》에는 이와 관련해 흥미로운 일화가 기록되어 있다. 태종이 (본심과 다르게) 양녕대군의 첫째 아들을 다음 세자로 세우려고 하자, 신하들의 반응이 볼만했다.

> "전하께서 세자를 교육시키면서 갖은 노력을 하셨는데도 오히려 이러한데, 지금 어린 손자를 세우신다면 어찌 다른 날을 보장할 수 있겠습니까."
> _《국조보감》5권.

풀이하면, 아들 교육도 망쳤는데, 손자 교육이라고 잘하겠냐는 일침이다.《태종실록》에는 이 내용이 아예 없고,《국조보감》은 세조 때 만들어졌으므로, 꾸며지거나 과장된 기록이 아닐까 싶은데, 어쨌든 꽤 그럴싸한 말이기는 하다. 태종은 누가 보아도 자식을 사랑하는 아버지였다. 다만 공들이면 엇나갔고, 방치하면 잘 자랐다는 게 역설적일 뿐이다.

이런 우여곡절 끝에 충녕대군이 임금의 자리에 올랐으니, 바로 세종이다. 공부하라는 잔소리는 고사하고, 그냥 놀라고 놓아기른 자식이 알아서 척척 공부한 끝에 용이 되어 승천하다니! 어쩜 이런 대박이 있을까. 솔직히 부러워 죽겠다. 세종은 용 중에서도 차원이 다른 용이었다. 권위와 권력이 아니라 학식으로 당대의 내로라하는 신하들을 압살하는 임금은 그 전에는 단 한 명도 없었고, 그 후로는 단 한 명(정조)만이 있었다. 세종은 관심 분야도 많았고 잘하는 것도 많았다. 음운학을 연구해 한글을 창제하고, 음악에 대한 관심을 발전시켜 기보법인 정간보井間譜를 정립했다. 다만 운동은 못했다고 하는데, 솔직히 말을 타거나 활을 쏘고 칼을 휘두르는 세종은 잘 상상이 안 된다.

아울러 세종은 지독한 편식쟁이였다. 태종의 유언이 무엇인지 아는가? 1422년(세종 4년) 11월 1일 자《세종실록》에 따르면, "주상은 고기가 아니면 진지를 들지 못하니, 내가 죽은 후 권도權道를 좇아 상제를 마치라"였다. 자신이 죽어 상을 치를 때에도 세종에게는 고기를 먹이라는 것이었으니, 참으로 자상하지 않은가. 여하튼 그만큼 세종은 고칼로리 음식만을 고집했고, 따라서 실제 그의 풍채는 광화문광장의 날씬한 좌상과는 크게 달랐으리라. 재미있는 점은 이런 세종이 자기 아들(훗날의 문종)에게는 비만이 걱정된다며 운동을 시키려들었다는 것이다. 자신의 모자란 부분을 자식을 통해 이루려는 것은 어느 부모나 다 마찬가지일지 모르겠다.

입시의 한양 집중 현상

말은 나면 제주도로 보내고, 사람은 나면 서울로 보내라. 이미 조선 후기에도 널리 쓰였을 정도로 오래된 속담이다. 얼핏 들으면 서울에서도 좋은 학군이나 학원이 있는 곳에 살아야 한다는 요즘 세태와 통하는 듯하지만, 저 속담의 원래 뜻은 좀 달랐다.

일단 이 속담은 '오성과 한음'의 오성 이항복이 한 말에서 비롯되었다. 이항복은 "말과 소의 새끼는 시골로 내려가야 하고, 사람의 자식은 서울로 올라가야 한다牛馬之子宜下鄉人之子宜上京"라고 말했는데, 조선 후기의 실학자 이익李瀷은 그 뜻을 이렇게 풀었다. 우선 한양에는 임금이 있는 궁궐을 비롯해 온갖 관청과 뼈대 굵은 가문들의 저택이 빼곡하게 들어차 있다. 당연히 이름 높은 사람들이 많이 살고, 오며 가며 그들과 마주치게 되니, 자연스레 그리고 좀 더 확실하게 예의를 배울 수 있다. 또 그렇게 예의를 익혀야 훗날 벼슬길에 올랐을 때도 제대로 처신하고, 적절하게 대접받을 수 있다. 다시 말해 공부가 아니라, 기본적인 예의범절을 배우기 위해 한양으로 올려 보내야 한다는 것이었다.

한편 현실적으로 한양은 과거를 치르고 급제하기에 지방보다 유리한 곳이기도 했다. 오늘날에도 서울과 지방의 경제적·사회적·문화적 격차가 엄연히 존재하지만, 조선 시대에는 그 수준이 어마어마했다. 라디오도 텔레비전도 인터넷도 없던 그 시절, 모든 정보는 사람들의 이동과 소통을 통해서만 퍼져나갔다. 당연히 한양에서 결정된 나라의 중요한 일들이 지방까지 가닿는 데는 시간이 꽤 걸릴 수밖에 없었다. 봉수와 파발 같은 비상 연락망이 존재했으나, 이는 전쟁 같은 유사시에나 사용했고, 설사 사용한다고 한들 팔도 구석구석까지 소식이 닿는 데는 또 시간이 걸렸다. 이런 이유로 정약용은 아들들에게 "조선은 문명이 뒤떨어져서 서울에서 몇십 리만 떨어져도 원시사회가 되어버린다"라고 경고했다. 이러한 실상은 과거 공부와 관련해서도 크게 다르지 않았다.

책은 없고, 갈 길은 멀고

❖

우리나라에서 문헌의 고을이라면 안동, 상주 등을 따를 곳이 없는

데, 내가 일찍이 안동 가까운 곳을 왕래하며 들어보니, 사실은 그곳 사대부 집에 서책과 문헌들이 거의 없다고 한다. 안동이 이와 같으니, 다른 곳은 짐작할 만한 것이다.

_유수원柳壽垣,《우서迂書》2권.

유수원은 영조 때 문벌제도의 폐단을 비판하고 과거제도의 개혁을 부르짖었던 인물이다. 그가 안동을 콕 집어 말한 것은, 그곳이 한양으로 올라가는 온갖 물품과 재화가 모이는 기점이었기 때문이다. 즉 사람들이 붐비고 돈이 모이는 부유한 곳이었는데, 이런 곳조차 책이 없으니 지방에서 공부를 어떻게 하냐는 것이었다. 유수원의 주장에 따르면 지방의 선비들은 가장 기본적인 중국 역사서를 읽는 정도에서 공부가 멈췄다. 한마디로 무식했다.

사람들의 사상이 고루하고 의기가 나약하며, 행동이 거칠고 야비하며, 언어가 오활迂闊하고 졸렬하며, 헤아리는 바가 짧고 얕으니, 하는 일의 어그러짐이 실로 어쩔 수 없는 형세이다.

_유수원,《우서》2권.

유수원의 표현이 대단히 거칠긴 하지만, 당시 지방의 사정이 열악했던 것은 사실이다. 지금으로 치면 지방거점국립대학교라 할 만한 향교는 제대로 운영되지 않았고, 따라서 몇몇 마을은 자체적으로 서당을 꾸려 유망한 젊은이들을 모아 가르쳤다. 하지만 정작 책이 거의 없어서 공부하고 싶어도 공부할 수 없는 경우가 많았다.

또 함께 토론하거나 경쟁할 사람도 부족해 능률이 오르지 않았다.

　이처럼 환경이 열악한 지방에 살면서도 불굴의 의지로 열심히 공부해 마침내 과거를 보려고 한다면, 그때는 또 다른 문제가 발목을 잡았다. 한양까지 가는 여정이 너무나 고달팠던 것이다. 과거의 관문인 초시는 지방에서도 치러졌지만, 생원시와 진사시는 대체로 한양에서 치러졌다. 과거의 최대 관문인 문과는 말할 나위도 없었다. 한양에 사는 사람이라면 과거를 치르는 날에도 평소처럼 아침 일찍 일어나 세수하고 머리를 빗은 다음 조금만 걸으면 시험장에 도착할 수 있었다. 하지만 저 멀리 지방에 사는 사람, 가령 함경도나 제주도에 사는 사람 앞에는 어마어마한 고행길이 펼쳐졌다. 좋은 예로 1770년(영조 48년)에 과거를 보러 한양으로 향한 제주도 선비 장한철張漢喆의 경우가 있다. 그는 제주도에서 열린 향시(초시)에 장원 급제해 그다음 단계인 복시(생원시나 진사시)를 치르러 동료 선비들과 함께 한양으로 향했다. 그런데 장한철이 탄 배가 태풍에 힙쓸렸다가 해적을 만나 표류한 끝에 류쿠(오키나와) 근처까지 떠내려가고 말았다. 이런 생고생 끝에 과거 급제라는 큰 꿈을 품고 배에 오른 선비 29명 중 겨우 여덟 명만 살아남았다. 이야기의 주인공 장한철도 구사일생해 결국 한양에 도착, 과거를 보았는데 낙방하고 말았다. 그는 자신의 고생담을 《표해록漂海錄》이라는 책으로 정리했다. 장한철의 경우처럼 스펙터클하진 않아도, 과거를 보러 한양으로 가는 중에 범과 산적에게 습격당하거나 중병을 얻어 차질을 빚는 일은 다반사였을 것이다.

과거 공부의 끝, 파산

사실 험난한 여정보다 더 지방의 선비들을 괴롭힌 것은 과거 일정이었다. 요즘의 국가고시와 달리, 과거는 수시로 일정이 바뀌었다. 기본적으로 과거는 3년마다 치러졌지만(식년시), 갖가지 이유로 특별 과거, 즉 별시別試가 열렸다. 가령 왕손이 태어났다든지, 왕비가 건강을 회복했다든지, 심지어 임금이 그냥 원해서 별시가 열리기도 했다. 당연히 별시는 사전에 고지되지 않았고, 설사 된다고 한들 지방의 선비들이 급히 한양으로 올라가기란 불가능에 가까웠다.

이런 우여곡절을 모두 이겨내고 한양의 시험장 앞까지 다다랐다고 해서 방심할 순 없었다. 그 외에도 온갖 변수가 선비들을 노리고 있었으니까. 조선 후기의 유학자 황윤석黃胤錫은 전라도 고창 출신으로, 공부도 하고 과거도 치를 겸 한양으로 올라왔다. 그런데 입성하고는 거의 곧바로 노잣돈을 도둑맞았다. 과거 보러 난생처음 한양에 온 순진한 시골 선비들은 소매치기들에게 아주 좋은 먹잇감이었다. 자는 곳도 문제였다. 황윤석은 성균관에 딸린 기숙사에 짐을 풀었다가 영 불편해 근처에서 하숙했는데, 방은 무척 좁았고, 제공되는 식사는 형편없었다. 그래서 많은 경우 한양에 사는 친척이나 심지어 그 친척의 노비가 사는 집에 신세를 졌고, 당연히 눈칫밥을 먹어야 했다.

그래도 거처를 구한 사람은 나은 축에 속했다. 한 몸 뉠 곳을 찾지 못해 처마 밑에서 웅크린 채 뜬눈으로 밤을 새운 불행한 사람들도 분명 많았을 것이다. 그들을 버티게 한 것은 과거 급제라는 희망이었다. 그런즉 최악의 상황은 과거가 갑자기 취소되거나 미뤄지는 것이었다. 그 이유 또한 다양했다. 임금이 아프다거나, 시험관이 부족하다거나 등등. 원래 한양에 사는 사람이라면 '재수가 없구먼. 다음에 오지 뭐' 하고 가볍게 생각하고 말겠지만, 지방에서 먼 길을 달려와 계속해서 돈을 써가며 한양에 머무는 사람이라면 그 소식에 피가 바짝 말랐으리라.

그런데 이보다 더 최악의 경우가 있었으니, 바로 파방罷榜이었다. 과거를 진행하고 급제자까지 발표했는데, 이를 몽땅 취소해 없던 일로 만드는 것이었다. 그 대표적인 피해자가 경상도 예천의 시골 선비 이동표李東標였다. 1675년(숙종 1년) 진사시에 급제하고 이듬해 바로 문과(초시)에 급제한 이동표는 기세를 이어 문과(복시)에 도전하고자 1677년(숙종 3년) 상경했다. 그는 너무나 가난했던 탓에 몸종은커녕 말 한 마리조차 없어 책과 짐을 직접 지고 터벅터벅 걸어 한양에 도착했다. 다행히 장원 급제했으니, 가난의 설움이 싹 잊힐 순간에 비보가 날아들었다. 부정을 저지른 사람들이 대거 발각되며 해당 문과의 복시뿐 아니라 초시까지 파방되어버린 것이었다. 장원급제의 영광이 눈앞에서 날아갔으니, 이동표의 속이 오죽했을까. 그는 오랫동안 충격에 빠져 헤어나지 못하다가, 7년 뒤인 1683년(숙종 9년)에야 다시 과거에 도전해 급제했다.

사실 급제한 과거에서도 이동표는 우여곡절을 겪었는데, 바로 천연두 때문이었다.

주상께서 역질疫疾(천연두)을 시작하여 열흘이 지났으니 (…) 전시 초하룻날로 결단하여 못 될 듯하되 아직 알지 못하니 사나흘 기다려 전시를 안 할 것 같으면 급히 내려갈 테니 아무쪼록 기운이나 조심하시고 이 기별 가면 어머님 마음을 위로할 것이니 다행입니다.

_1683년(숙종 9년).

당시 이동표가 어머니에게 쓴 편지를 보면, 과거를 앞두고 숙종이 앓아누웠음을 알 수 있다. 임금의 건강이 좋아지다가 나빠지기를 반복하며 과거가 언제 열릴지, 열리기는 하는지 등이 모두 알 수 없게 되자, 이동표는 이러지도 저러지도 못한 채 발만 동동 굴렀다. 하지만 다행히도 숙종은 곧 건강을 되찾았고, 미뤄졌던 과거가 열리며 이동표는 급제의 영광을 안을 수 있었다.

비슷한 일이 정조 때의 무신 노상추盧尙樞에게도 벌어졌다. 사실 노상추는 상황이 더 안 좋았다. 그는 영조 때 과거에 도전했는데, 가뜩이나 여든 살이 넘어 노쇠한 임금이 얼마간 피가 나오도록 거칠게 기침하다가 덜컥 승하했다. 국상이 시작되는 마당에 과거가 치러질 리 없었다. 한마디로 기약이 없어진 것이었다. 그간 논밭을 판 돈으로 생활비를 충당하며 과거를 준비하고, 또 기다렸는데, 이제는 모두 무의미해졌으니, 노상추는 결국 눈물을 삼키며 고향으로 내려갔다. 이렇게 별별 일이 다 벌어지다 보니, 과거에 급제하기까지 10년 이상 걸리는 경우가 흔했고, 당연히 그동안 재산을 까먹은 선비들은 대개 가난해졌다. 이런 이유로 더 과거 급제에 매달릴 수밖에 없었다. 저 매몰 비용을 한 방에 상쇄하려면 그 수 말고는 답이 없었다. 그렇다고 선비 체면이 있지, 장사를 할 순 없지 않은가(장사로 무조건 돈을 번다는 보장도 없고 말이다).

참고로 노상추의 경우 한 번 한양까지 가는 데 30~40냥을 썼다. 당시 웬만한 가족의 1년 치 생활비에 맞먹는 돈이었다. 노상추는 10년을 도전해 간신히 무과에 급제했는데, 이후 그동안 쓴 돈을 계산해보니 500냥에 달한다는 것을 알고 굉장히 허탈해했다. 몇몇 급제자는 수중에 남은 돈이 한 푼도 없어 도문연到門宴(축하 잔치)을 벌이기 위해 친척이나 이웃에게 돈을 꾸기도 했다.

노골적인 지방 차별

조정은 이런 문제를 알고 있었을까. 알았다면 어떻게 해결하려 했을까. 놀랍게도 전혀 신경 쓰지 않았다. 오히려 대놓고 지방 출신들을 차별했다. 일단 초시부터 한양에 배정된 급제자 수가 다른 곳보다 많았고, 장원은 일부러 한양 출신을 뽑기도 했다.

> "서울에 사는 (…) 자를 장원으로 삼는 것이 좋겠다."
> _《태종실록》, 1402년(태종 2년) 4월 3일.

원문을 보면 '서울'에 해당하는 한자가 '경京'임을 알 수 있는데, 당시 조선의 수도는 한양이 아니라 개경(개성)이었다(그리고 사실 '서울'은 '수도'를 뜻하는 순우리말이다). 나라의 중심인 수도 출신을 콕 집어 장원으로 삼자는 것이었는데, 태종의 고향이 함경도 함흥인

점을 생각하면 '내로남불'이라 하겠다. 자기는 과거에도 급제했고 임금까지 되었으니, 남들 사정이야 알 바 아니라는 것이었을까.

태종의 어명에 이응李膺이라는 신하가 반대했다. "글로써 재능을 취하는 것인데 서울과 외방을 어찌 분별하겠습니까." 참으로 맞는 말이지만, 태종은 고집을 부렸다. 만약 글의 수준이 똑같다면 서울에 살거나, 글씨 잘 쓰는 사람을 장원으로 삼자고 말이다. 하지만 이응은 오직 글의 수준으로만 판단해야 한다며 끝까지 반대했다. 참으로 올곧은 사람이 아닐 수 없는데, 사실 이응은 경상도 영천 출신이었다. 원래도 바른말을 잘하기로 유명했지만, 이번 경우에는 자신의 출신 때문에라도 더더욱 뜻을 굽히지 않았을 것이다.

물론 이런 '대놓고 벌어지는 차별'에도 굴하지 않고 당당히 장원급제를 차지한 지방 출신도 많았으니, 대표적인 인물이 정몽주다. 그의 고향은 경상도 영천(또는 포항)이었는데, 무려 세 번이나 장원급제했다. 이후 중국과 일본을 오가며 나라를 위해 애쓰다가, 일편단심의 충신으로서 선죽교에서 생을 마감했다. 정몽주는 그야말로 지방 출신들의 롤 모델이었고, 태종도 그를 아련하게 추억했다.

> "정몽주는 향생鄕生으로서 장원이 되어 호방함이 비길 데 없었다."
> _《태종실록》, 1402년(태종 2년) 4월 3일.

'향생'이란 곧 '시골 선비'를 뜻한다. 여하튼 태종의 말을 정몽주가 들었다면, "그런 내 머리를 네가 깼잖아"라고 일갈하지 않았을까. 물론 그렇다 하더라도 태종은 눈 하나 깜빡하지 않았을 것이다.

(그런 뻔뻔함이 태종의 매력이다.)

아무튼 임금마저 나서서 대놓고 지방 차별을 해댔는데, 여기에는 그 나름의 이유가 있었다. 사실 조선 초기만 하더라도 지방에 뿌리내린 토착 세력이 여전히 강력했으므로 일부러 한양 출신들에게 힘을 실어줄 필요가 있었다. 하지만 조선 후기로 갈수록 상황은 역전되어 한양 출신들의 힘이 너무나 강성해졌다. 특히 한양에 대대로 살면서 세력을 키워온 경화사족京華士族의 위세가 대단했다. 훗날 세도정치를 이끈 안동김씨安東金氏, 반남박씨潘南朴氏, 풍양조씨豊壤趙氏 등이 대표적이다. 이들은 한양에 오래 살았기 때문에 세상의 동향을 빨리 파악했고, 중국이나 일본에서 온 최신 문물에도 밝았다. 똑똑한 사람과 교류하거나 과거에 응시할 기회도 많았다. 자연스레 누구보다 과거에 유리한 위치를 점하게 되었다.

무엇보다 한양에는 최고의 국립학교인 성균관이 있었다. 물론 조선은 공교육 체제를 제대로 갖추지 못했기 때문에 성균관조차 완벽한 교육기관은 아니었다. 하지만 그 영향력만큼은 무시하지 못했으니, 여론의 큰 축으로서 현실 정치를 좌우할 정도였다. 세종의 불교 옹호 정책에 반대하며 수많은 유생이 성균관을 떠나 집으로 돌아가버린 일이 바로 그러했다. 일종의 동맹 휴학이자, 수업 거부 시위였던 셈이다. 유생들이 이런 일을 벌일 수 있었던 것은 자신감이 넘쳤기 때문이다. 그 배경에는 선비로서 세상에 옳은 말을 한다는 대의명분 외에, 조정의 높고 낮은 관리들이 대부분 성균관 선배이고, 그들의 뒤를 이어 미래의 관리가 되리라는 계산이 깔려 있었다. 한마디로 학연으로 이미 권력과 연결된 상태였다. 선배들은 곧잘 후배들을 찾아가 공부와 정치에 관한 이런저런 '꿀팁'을 전수했으니, 성균관에 입학한다는 것 자체가 어마어마한 특혜였다.

그런데 성균관에 입학하기 위해서는 오랫동안 공부해 초시와 복시에 급제해야 했고, 그 뒤에도 몇 년간 하숙 생활을 견뎌야 했다. 이 모든 것이 돈이었다. 지방의 가난한 선비들은 그럴 시간적·경제적 여유가 없었다. 그래서 복시까지 급제하고도 성균관에 가지 않고 독학으로 다음 과거를 준비하는 경우가 많았다. 물론 그렇게 해서 최종적으로 관리가 된다면 다행이겠지만, 그때도 성균관 출신과는 출발선이 다를 수밖에 없었다.

실제로 통계를 내보면 한양과 경기도(지금의 강북 일대와 강남 일부) 출신이 전체 문과 급제자 중 65.1퍼센트를 차지했다. 절반을 훌쩍 넘었던 것으로, 한양 우대가 얼마나 심각했는지 알 수 있다. 게다가 지방 간에도 차별이 만연했는데, 남쪽 지역(충청도, 경상도, 전라도) 출신이 30퍼센트 정도를 차지했다. 즉 북쪽 지역 출신은 완전히 찬밥 신세였다. 태조와 태종 모두 함경도 출신인데, 어째서 이런 기조가 생겼는지 알 수 없다. 가장 크게 차별받은 지역은 평안도로, 그러한 불만이 쌓이고 쌓여 홍경래의 난이 일어났다는 분석도 있다.

정조의 탄식

이유야 무엇이든, 출신 지역으로 차별당해 기분 좋을 사람은 없다. 인재를 제대로 등용하지 못하니 국가에도 손해다. 조선의 22대 임금인 정조는 이 문제를 심각하게 여겼다. 조선이라는 나라의 다양한 문제를 해결하는 데 한양 출신만 뽑아서는 도움이 되지 않는다! 팔도 곳곳의 사정을 잘 알고 국정에 반영하려면, 역시 팔도 곳곳에서 인재를 뽑아야 한다는 게 정조의 생각이었다. 그것이 조선을 올바르게 다스리는 길이라고 믿었다.

"우리나라에서 인재를 등용하는 방법은 오로지 과거에서만 뽑기 때문에 벼슬에 나아가는 길이 더욱 좁아졌다. 예전에 먼 지방 사람들에게까지 두루 미치게 한 것은 더할 수 없는 제도였는데, 근래에는 경기와 호서湖西에도 미치지 못함은 물론 한강 안쪽과 도성 밖사이에도 미치지 못하며 요행수로 급제를 차지하는 사람들은 모두 남산과 북악 사이에 사는 집안들뿐이다. 이처럼 구차해서야 인재를 등용하는 기회를 넓히려고 한들 될 수가 있겠는가."
_《정조실록》, 1794년(정조 18년) 2월 20일.

정조는 공평한 인재 선발에 확고한 의지를 품고 있었다. 정조의 일기인 《일득록日得錄》에는 "도성에서 태어나고 자란 사람이라 해서 반드시 다 어진 것은 아닐 터이고, 먼 시골에서 태어나고 자란 사람이라 하여 모두 불초한 자는 아닐 것이다. 이런 것은 현자를 등용하는 데 출신을 따지지 않는다는 도리에 어긋난다"라고 적혀 있다. 하지만 안타깝게도 조선에는 정조 같은 임금이 그리 많지 않았고, 지방 차별은 쉬이 사라지지 않았다. 이는 과거에만 국한하지 않고, '지방 출신은 모두 어리석고 모자라다'는 일반의 인식으로 널리 퍼져나갔다. 《조선왕조실록》의 다음 기록들을 살펴보자.

(과거에서) 뽑힌 자는 외방의 우둔한 자가 많으므로 (…) 서찰도 읽지 못하는 자가 있다.

_《인조실록》, 1649년(인조 27년) 3월 18일.

"식년 문과는 3년마다 33명을 뽑는데, 단지 입으로만 외우게 하니, 글의 뜻은 전혀 해득하지 못합니다. 그래서 외딴 시골의 거친 사람은 어릴 때부터 언문諺文(한글)으로만 글을 읽다가 과거에 오르게 되면, 서찰도 쓰고 읽지 못하기 때문에, 바야흐로 지금 문관이 사람의 수는 비록 많다고 하더라도 삼사三司(세금을 징수하던 관아)의 관직에는 매양 사람이 없음을 근심하고 있으며, 시험장의 시험관도 간혹 구차스럽게 채우니, 개혁이 필요합니다."

_《숙종실록》, 1684년(숙종 10년) 9월 11일.

전자는 사관의 의견이고, 후자는 숙종 때 영의정을 지낸 남구만南九萬의 말이다. 그런데 남구만 본인도 충청도 출신이었다. 이처럼 차별당하는 사람도 차별할 수 있다는 게 차별의 무서운 점이다.

"선비와 서민의 구별이 어찌 있겠는가"

이러한 차별의 기저에는 한정된 관직 수를 놓고 벌어지는 '밥그릇

싸움'이 깔려 있었다. 한양 출신은 자신들의 유리한 입지를 포기하지 않으려 했고, 지방 출신은 끊임없이 과거 급제에 도전했다. 그 사이에서 갈등이 심화했으니, 유수원의 《우서》에는 지방 출신을 노골적으로 차별하는 당시 발언들이 기록되어 있다.

시골에서는 인물이 드물지만 서울의 세주世胄들만으로도 국사를 담당시킬 수 있다.
_유수원, 《우서》 1권.

우리나라의 양반은 서울과 시골이 아주 다르니, 이제 만일 시골 사람들로 하여금 일대의 공론을 주장하게 한다면 능히 할 수 있겠는가, 없겠는가.
_유수원, 《우서》 2권.

유수원은 이러한 주장들이 모두 무식한 소리라며 하나하나 반박했다. 한양 출신이 똑똑하고 잘나 보이는 것은, 깊은 공부 없이 주워들은 단편적인 지식들을 그럴싸하게 이어 붙였기 때문이고, 지방 출신이 못나 보이는 것은, 환경이 열악하기 때문이라는 것이었다.

서울 대가 자제들에게서 볼 만한 것은 언어와 행동이 민첩하다는 것뿐이다. 문장이 단졸短拙하기는 해도 제한된 시간에 과문을 지을 수 있으며, 식견이 없기는 해도 사령辭令(문장을 꾸미는 말)을 수식할

조선, 시험지옥에 빠지다

줄 안다. 부형과 친구들 사이에서 듣고 본 것이 넓기 때문에 자그마한 재능과 남에게 잘 보이는 언행으로써도 자질구레한 일을 능히 처리하는 사람이 간혹 있는 것이다. 그러면 이들을 재국才局이라 부르며 빨리 승진시켜 군국의 기무를 주관하게 하니, 나랏일이 날로 잘못되고 인재가 날로 줄어드는 까닭이 이에 있는 것이다. 하늘이 인재를 내는 데 서울과 시골의 차이가 어찌 있을 것이며, 선비와 서민의 구별이 어찌 있겠는가.

_유수원, 《우서》 2권.

유수원의 결론은 명확했으니, 한미한 가문에도 마음이 빙옥氷玉 같은 사람이 반드시 있으리라는 것이었다.

당연한 말이지만 한양 출신이라고 모두 과거에 급제했던 것은 아니다. 앞서 언급한 모든 이점을 가지고도 초시조차 급제하지 못한 한양 출신도 허다했다. 그러다 보니 몇몇 한양 출신은 지방 출신인 척 신분을 세탁해 과거를 보기도 했다. 뒤에서 자세히 소개하겠지만, 숙종 때 그런 일이 있었다. 한동안 폭우가 내린 탓에 지방에서 올라오던 선비들이 과거가 열리는 날에 맞춰 한양에 도착하지 못했다. 이례적인 일이라 조정은 지방 출신들만을 대상으로 별시를 진행했다. 지금으로 치면 지역 인재 전형이랄까. 그때의 급제자가 아홉 명이었는데, 1~3등 중 두 명이 한양 출신이었다. 즉 지방 (경기도) 출신이라고 속였던 것이다. 평소에 하대하던 지방 출신인 척하다니, 정말 얌체 같은 짓이었다.

공정한 과거라면 출신이 아니라 실력을 따져야 했다. 그런데도 출신을 문제 삼아 흠을 잡았던 것은 그만큼 입신양명의 욕망이 들 끓었기 때문이리라. 이토록 폐해가 많았건만, 그래도 수많은 사람이 과거 급제의 꿈을 놓지 못했으니, 과거밖에 답이 없었기 때문이다. 앞서 설명한 것처럼 대부분의 선비가 과거 급제를 위해 평생을 바쳤다. 즉 막대한 시간과 돈이 들어갔다. 게다가 과거는 개인의 성공을 넘어 가문의 명예를 높이는 일과도 연결되었다. 과거를 준비하는 선비라면 일가친척의 기대에 부응해야 한다는 부담감을 피할수 없었다. 물론 그 결과가 늘 좋지만은 않았다.

조선, 시험지옥에 빠지다

3
장

가정교육과
자식 농사

01

무서운 엄마들

동청주童淸周가 "그(자기) 어미의 성질이 악하다"라고 말했다.

_《예종실록》, 1468년(예종 즉위년) 11월 25일.

자기 어머니를 대놓고 욕하다니, 이게 당최 무슨 일인가. 동청주
는 조선에 귀화한 여진족이었는데, 그의 어머니 성품이 기마민족
답게 억셌나 보다. 그런데 동청주의 하소연을 듣던 조선 사람 홍이
로洪利老의 반응이 가관이었다. "네 어머니만이 아니다. 조선 어머니
들의 성질이 더 악하다." 동청주는 여진족이라 그렇다고 치더라도,
홍이로는 동방예의지국이자 유교의 나라 조선에서 나고 자랐다.
도대체 무슨 일이 있었길래 저런 패륜적 발언을 거리낌 없이 내뱉

었던 것일까.

조선에서 육아는 대부분의 전근대 사회와 마찬가지로 여성의 일이었다. 왕가나 양반 가문이라면 유모를 들이기도 했지만, 어떤 경우라도 자식에게 미치는 어머니의 영향력은 컸다. 특히 교육에 관해서는 양보가 없었다. 일단 아들을 낳아 열심히 가르쳐 과거에 급제시키고 높은 관직에 오르게 하리라! 이는 모든 조선 어머니의 소망이었다.

오늘날 아이들을 효과적으로 가르치려면 정보력이 중요하다고 한다. 어떤 학원에 보내야 하는지, 몇 살에 어떤 과목을 가르쳐야 하는지 등을 정확히 알고 적용해야 실수 없이 아이를 가르칠 수 있다는 것이다. 이처럼 귀중한 정보를 수집하려면 학부모 모임이든 입시 설명회든 열심히 뛰어다녀야 한다. 뭇 어머니의 그런 노력을 '치맛바람'이라고 부르는데, 1960년대부터 널리 사용된 근본 있는 용어다. 시대는 다르지만 조선의 어머니들도 치맛바람을 휘날리는 데 절대 뒤지지 않았다.

다만 조선 어머니들의 '코치'는 뜨거운 교육열에 비해 아쉽게도 피상적인 수준을 벗어나지 못했다. 대부분의 여성이 어깨너머로 한자와 한문을 익히고 몇몇 경전을 읽는 수준에서 더 나아가지 못했기 때문이다. 따라서 아들을 옆에 끼고 직접 가르치기엔 역부족이었다. 대신 아들을 위해 세 번이나 이사한 맹자의 어머니처럼, 공부에 열중할 환경을 조성하는 데 노력을 기울였다. 그런 식으로 아들을 공부시키는 일에서 손을 놓지 않았다. 조선의 아들들도 그런 '모정'을 잘 알고 있었다.

잔소리라는 지대한 관심

앞서 소개한 숙종 때의 문인 이동표는 과거를 치르며 틈날 때마다 고향의 어머니에게 편지를 썼다. 그러면서 한양으로 가는 길에 만난 친척들 안부와 더불어 어머니가 가장 궁금해할 과거 이야기를 주로 전했다.

> 자식은 연하여 무사하며 어제 과거 들어 아무 일 없이 글 지어 바치고 나왔사오니 내일 또 들어갑니다. 과거(에 급제)하기야 하늘만 믿지 어이 기다리겠습니까. 부디 마음 태연히 하시고 조금도 기다리지 마십시오.
>
> _1676년(숙종 2년) 2월 22일.

이동표의 편지는 35통이 남아 있는데, 어머니에게 보낸 것도 있고 여동생에게 보낸 것도 있다. 그 내용은 대부분 과거에 관한 것으로, 특히 어머니에게 관련 일정을 자세히 설명하는데, 이것이 본인의 불안감을 달래기 위해서인지, 아니면 어머니가 꼬치꼬치 물었기 때문인지는 알 수 없다. 다행히 이동표는 (온갖 고생 끝에) 급제했기에 훈훈하게 마무리된다.

> 지난번 네 편지 못 보니 섭섭하였는데 석길이와 적은 것 보고 반가워하며 내 급제를 하니 네가 즐거워하는 모습을 보는 듯하다.
>
> _1683년(숙종 9년) 11월 19일.

이동표가 과거를 보았을 때 그의 여동생은 이미 결혼해 따로 살고 있었다. 시집가면 출가외인이 되어 친정의 일에는 전혀 신경 쓰지 않았을 듯하지만, 과거라는 게 원체 큰일이었으므로 여동생도 오빠의 편지를 오매불망 기다렸을 것이다. 이처럼 주변 여성들이 과거와 자신의 급제 여부에 지대한 관심을 보인 탓에 이동표는 계속해서 소식을 전했던 것으로 보인다.

조선에서 여성들의 교육 참여는 이처럼 간접적이지만 도저히 무시할 수 없는 형태, 즉 '지대한 관심'으로 나타났다. 공부하라고 잔소리를 퍼붓는다거나, 회초리를 치는 일은 공부를 모르고 과거를 몰라도 할 수 있었다. 어머니에게 꼬박꼬박 편지를 쓴 이동표도 원래 과거에는 큰 관심이 없었다고 한다. 하지만 자식들을 연달아 잃어 상심한 어머니를 위로하기 위해, 또 (파방의 충격으로 방황할 때는) 어머니의 명령에 순종하기 위해 어쩔 수 없이 과거에 도전했다. 어째서 이토록 여성이 과거에 관심을 품었느냐 하면 그야 당연히 가문의 영광을 위해서였다. 그 가장 좋은 방법이란 아들을 낳아 잘 키우고 공부시켜 과거에 급제하도록 이끄는 것이었다. 그래서 많은 어머니가 아들을 출세의 길로 무섭게 몰아세웠다. 오직 가문의 영광을 위해!

보통 어머니의 관심은 잔소리로 시작했다. 그중 아주 매서운 잔소리는 아들의 뇌리에 깊이 새겨져 기록으로 남았다. 숙종 때의 유학자이자 수찬修撰으로 역사서를 편찬했던 권두경權斗經의 행장에는 어렸을 적 어머니에게 혼난 일화가 자세히 기록되어 있다.

아버지가 외출하신 동안 나와 사촌 형이 놀고 있었는데, 어머니가 "너는 책을 읽으라는 명을 받았느냐, 놀라는 명을 받았느냐?" 하셔서 감히 대답하지 못했다. 어머니가 화내시며 말씀하시길 "책을 읽으라는 명을 받고서 장난을 치니 공부를 폐한 죄는 작지만 명을 어긴 죄는 크다. 사람의 아들이 어찌 이럴 수 있느냐! (…) 너희는 장차 공부를 열심히 해야 하는데 노는 것만 일삼고 있으니, 지금부터 같이 상종하지 말아라"라고 하셨다. 자식들을 꾸짖음에 옛 가르침에 의거하였으며 목소리가 정돈되어 감히 올려보지 못하게 하셨다.

_권두경, 《창설재집蒼雪齋集》 16권.

고작 좀 놀았다고 해서 사람이 아니라고 말하다니, 너무하다! 그래도 여기는 말로 끝났지, 체벌이 뒤따를 때도 많았다.

피가 마르지 않는 종아리

앞서 짧게 언급한 남구만의 경우를 살펴보자. 원래 남구만에게는 형제가 많았으나, 어렸을 적에 모두 죽고 여동생과 단둘이 남았다. 어머니 안동권씨安東權氏는 혼자 남은 아들을 엄하게 공부시켰으니, 밤낮 없이 함께 책을 읽으며 그 횟수를 셌다. 만약 아들이 게으름을 피우거나 서툴러서 잘 외우지 못하면 피가 흐를 때까지 종아리를 때렸다.

이처럼 안동권씨는 무서운 엄마였지만, 그렇다고 딱히 출세에 환장한 것도 아니었다. 정작 남편의 과거 급제에는 욕심을 내지 않았다고 하니까. 하여 남편에겐 관대하면서 아들에겐 가차 없는 이유를 주변 사람들이 묻자 안동권씨는 이처럼 품격 있게 답했다. "학문을 귀하게 여기기 때문입니다." 글쎄, 이해가 갈 것 같기도 하고, 안 갈 것 같기도 하다. 사실 남구만의 집안은 조선의 개국공신을 배출한 명문 중의 명문이었으나, 이후 몇 대 동안 과거에 급제한 사람이 없어 몰락해버렸다. 그러니 안동권씨로서는 상당히 큰 위기의식을 품었을 것이고, 따라서 아들의 교육에 특히 신경 썼다는 게 설득력 있는 설명 아닐까. 그 덕분에 남구만은 영의정의 자리에까지 올랐으니, 결과적으로 성공했다고 하겠다.

한편 같은 의령남씨인 남공철南公轍 또한 순조 때 영의정을 지냈다. 남공철의 아버지는 남유용南有容이었는데, 무려 62세에 아들을 얻었다. 하여 남공철이 13세 때 남유용은 세상을 떴고, 이후 가세가 기울었다. 이때 남유용의 아내이자 남공철의 어머니인 안동김씨는 아들 교육을 손에서 놓지 않았다. 안동김씨는 패물까지 팔아가며 아들을 가르칠 좋은 선생을 구했다. 그러면서도 '뛰어난 재주를 갖춘 사람보다는 성실하고 인품이 좋은 사람'을 조건으로 내걸었다. 이 조건이 특별하게 느껴지는 것은, 보통 '인품은 개떡 같아도 글 잘 쓰고, 잘 가르쳐주는 사람'을 선생으로 구했기 때문이다. (사실 그쪽이 과거 급제의 가능성을 좀 더 키워주기도 했고 말이다.)

정말 궁한 경우에는 어머니가 직접 자식을 가르치기도 했다. 사실 안동김씨도 처음에는 직접 남공철을 가르쳤다. 일가친척 중에 세상을 떠난 남편 대신 아들에게 경전을 가르쳐줄 만한 남자 어른이 없었던 모양이다.

어머니께서는 《시경》《논어》《맹자》 등을 언문(한글)으로 가르쳐주셨다.

_남공철, 《금릉집金陵集》 17권.

안동김씨도 여느 조선의 여인처럼 제대로 교육받지 못했을 텐데, 아들을 가르치기 위해 피나는 노력을 기울였을 것이다. 이처럼 아들이 과거에 급제할 수 있도록 잘 키우는 것은 조선 어머니들의 가장 중요한 임무 중 하나였다.

하지만 이런 노력이 방해받는 경우도 많았다. 조선 후기의 문인 김진화金鎭華가 아내 여주이씨驪州李氏에게 받은 편지를 보면, 친척 어른이 자기 아들에게 과거를 보지 말라고 권했다며 분통을 터뜨리고 있다.

당신(아주버님)은 동당東堂(식년시)을 이미 했으니, 차돌이는 동당을 보지 말라고 하였다 하니, 괴이하고 괴이합니다. 일생 차돌이를 도회道會(소과)도 못 보게 날뛰더니 이제는 과거에 들어 당신에게 방해된다고 차돌이를 아주 (과거를) 보지도 못하게 하신 심술이 통악하고 통악하며 절통하고 절통합니다.

_1850년(철종 1년).

집안에서 원조할 수 있는 돈에는 당연히 한계가 있을 테고, 따라서 친척 어른 본인이 먼저 과거를 보겠다며 '선택과 집중'을 제안한 것인데, 사실상 강요와 다름없었다. 여주이씨로서는 자기 아들 앞 길을 막은 꼴이었으니, 어찌 분통 터지지 않을 수 있었겠는가.

조선을 떨게 한 악모

여기까지는 그래도 자식을 사랑하는 마음이 넘쳤던 어머니 정도로 이해할 수 있다. 하지만 본인의 욕심을 위해 자식을 혹사시키는 '무서운' 어머니들도 존재했다. 보통 이런 어머니 앞에서 아들은 반항하거나, 아니면 꼬부라졌다. 조선 전기에 여진족 토벌의 공을 세운 남이는 후자의 경우였다. 이번 꼭지의 앞부분에서 소개한 여진족과 조선 사람의 '어머니 흉'을 기억하는가. 그때 조선 사람이 예로든 나쁜 어머니가 바로 남이의 어머니였다. 남이의 어머니는 성인인 아들이 어두워질 때까지 술을 마시며 친구들과 놀고 있자, 가마를 타고 찾아가 온 동네 사람들이 보는 앞에서 크게 꾸짖었다.

> "네가 친구에게 술을 먹이고자 하면, 마땅히 너의 집에서 할 것이지 어찌 여기에서 술을 찾는가. 너는 비록 지위가 높지만 모두 성상聖上의 덕이지, 네가 무슨 재덕才德이 있느냐. 방종하기가 이와 같으니, 술 세 병을 다 기울인다면 반드시 한밤중이 될 것인데, 사람들이 너더러 밤중에 술을 마신다고 하지 않겠는가."
> _《예종실록》, 1468년(예종 즉위년) 11월 25일.

다 맞는 말이요, 올바른 말이긴 하지만, 굳이 늦은 시각에 여러 사람이 지켜보는 앞에서 그렇게 아들을 혼내야만 했을까. 보다 못한 주변 사람들, 특히 술판이 벌어지던 집의 주인까지 나서서 말렸지만, 남이의 어머니는 그들마저 혼내고는 아들을 끌고 집으로 돌아갔다. 그 모습을 뒤에 남아 지켜봤을 사람들의 황당한 표정이 눈에 선하다. 이처럼 무서운 어머니에게 꼼짝 못 하는 모습을 보니, '억울하게 살해당한 훌륭한 장군'이라는 남이의 인상이 와르르 무너진다.

남이 어머니의 행보를 좀 더 깊이 들여다보면 아들을 잘 키우기보다는, 자기 마음대로 휘두르는 데 집착했던 것처럼 보인다. 《조선왕조실록》에는 '역적 남이'의 수상하기 짝이 없는 집안 사정이 드문드문 기록되어 있는데, 어머니와 관련된 일화들이 참으로 파격적이다. 그에 따르면 며느리를 질투하고 쫓아냈다든지, 국상 중인데도 아들에게 쇠고기를 먹이려고 준비했다든지, 심지어 아들과 근친상간했다는 소문이 돌았다고 한다. 사실인지 아닌지는 알 수 없지만, 남이 어머니의 무서움은 당대의 아들들 사이에서 늘 화젯거리였다. 1468년(세조 14년) 5월 25일 자 《세조실록》에도 "남이의 어미는 성품이 악독하다"라고 기록되어 있으니, 이 정도면 공인된 무서움이라고 할 만하다.

사실 남이 어머니의 무서움이 '실토'된 곳은, 역모 여부를 밝히고자 남이와 연루자들을 심문하는 자리였다. 여진족과 신나게 어머니 흉을 본 홍이로가 남이와 친하다는 이유로 끌려와 고문받던 중에 그리 진술했다. 그 이야기를 들은 예종은 홍이로의 족쇄를 풀어주고 무죄한 것을 알고 있었다며 달랬다. 도대체 얼마나 무서운 이야기였길래 임금조차 한발 물러섰던 것일까. 임금이기 전에 아들이었던 예종도 어머니에게 꾸중 듣던 일이 생각났던 것일까. 정말 그런 이유였다면, 그 자리의 모든 아들 또한 벌벌 떨었을 것이다.

남이는 예종이 즉위하자마자 역적으로 몰려 처형당했다. 한때 남이가 아꼈던 부관인 유자광柳子光에게 모함을 당했다느니, 예종이 왕권을 강화하기 위해 숙청했다느니 하는 의견이 있는데, 여기서 중요한 사실은 그의 어머니도 함께 처형당했다는 것이다. 그냥 처형이 아니라, 온몸을 찢는 거열형이었고, 그 머리는 저잣거리에 사흘간 내걸렸다. 이는 매우 이례적인 일이었다. 아무리 역적의 가족이라도 여성이라면 보통 죽이지 않고 노비로 삼는 게 보통이었다. 그런데도 남이의 어머니가 참혹하게 처형당한 것은 용납할 수 없는 죄를 지었다는 이유 때문이었다. 그 죄란 아들 남이와의 근친 상간이었는데, 사실 근거가 매우 빈약했다. 남이의 장인(쫓겨난 아내의 아버지)이 죽기 전에 남긴 증언뿐이었다. 뭐, 그 죄의 사실 여부를 떠나 남이의 어머니는 좀, 아니 몹시 유난했다. 그녀는 자신의 유난스러움을 아들을 향한 진정한 사랑이라고 생각했을지 모른다. 남이는 그 사랑에서 벗어나지 못했고, 모자가 함께 죽는 결과를 맞았다.

아내를 무서워하는 남편을 공처가라고 부른다. 그렇다면 어머니를 무서워하는 아들은 뭐라고 불러야 할까. 이미 다 큰 어른이 되어서 어머니에게 쩔쩔맨다면 이미 그것부터 한심하다. 똑같이 아들에게 사랑을 주었는데, 누구는 영의정으로 출세했고, 누구는 역

적으로 몰려 죽었다. 그 차이는 대체 어디에서 비롯되는 것일까. 사
랑의 크고 작음일까, 아니면 이성의 많고 적음일까.

02

더 무서운 아빠들

언젠가부터 "아이가 성공하려면 엄마의 정보력만큼이나 아빠의 무관심이 필요하다"라는 말이 유행 중이다. 하지만 조선에서는 상황이 달랐다. 교육, 과거 급제, 관직 진출 등 출세의 모든 단계가 오직 남성의 영역이었기 때문이다. 그러니까 아버지가 아들의 교육에 아예 무관심할 수 없었다. 아니, 오히려 적극적으로 관여해 교육의 주체가 되어야 했다.

결론적으로 어머니와 아버지가 모두 교육에 신경 썼던 것이니, 사실 나쁘지 않다. 큰 틀에서 공동 양육이라고 할 수 있으니까. 하지만 아버지의 참여가 좋지 못한 결과를 낳는 경우가 있었다. 자식을 가르칠 때 언제나 조심해야 하는 것, 즉 '조급함'의 함정에 빠졌기 때문이다. 남의 자식은 잘나고 훌륭해 보이는데, 내 자식은 그것만 못해 보여 걱정하는 것은 시대 불문 모든 부모의 마음이다. 어느 집 아들은 네 살에 《천자문》을 다 떼고 시까지 짓는다더라, 하나를 가르치면 열까지 안다더라 하는 소문이 들리는데, 정작 내 아들은 공부에 별 뜻이 없고 빈둥거리기만 한다면, 속이 어떠했겠는가. 그럴 때 주 교육자인 아버지의 마음은 조급해질 수밖에 없었으리라. 마음이 조급해지면 아들을 들들 볶게 되고, 볶으면 싸우게 되니, 그 끝이 결코 좋지 못했다. 먼 옛날 중국의 성현 공자도 서두르는 것을 경계하고 또 경계하지 않았던가.

> 빨리 이루려 하지 말라. 빨리하려고 하면 도달하지 못한다無欲速欲速則不達.
> _공자, 《논어》.

물론 저리 점잖게 말한 공자조차 자기 아들 공리孔鯉에게 "너 《시경》은 공부했니? 《예기禮記》는 읽었고?" 하며 꼼꼼히 잔소리했다. 그런데 정작 훌륭한 학자가 된 것은 손자 공급孔級(자사子思)이었으니, 아무리 공자라도 자기 자식만큼은 마음대로 되지 않았던 듯싶다.

나만큼? 나보다!

물론 그토록 어려운 일이라 하더라도, 조선의 아버지들은 자기 공부만큼이나 아들 공부에 무척 신경 썼다. 선비들의 일과를 기록한 《사부일과》에는 그들이 아들을 어떻게 가르쳤는지가 시간대별로 꼼꼼하게 정리되어 있다.

5~7시 그날 배울 것을 가르친다.

7~9시 글을 쓰게 한다.

9~11시 책을 읽게 한다.

15~17시 읽은 것을 외우게 한다.

17~19시 질문을 받는다.

19~21시 복습하게 한다.

이처럼 조선의 아버지들은 새벽부터 밤늦게까지 아들의 공부를 관리, 감독했다. 요즘의 살벌한 학원 시간표와 비교해도 손색없다. 물론 《사부일과》는 실제보다는 이상적인 일과를 기록한 책이고, 따라서 어른이라도 저 일과대로 공부하는 것은 어렵다. 그래도 몇몇 극성스러운 아버지는 정말 저 일과대로 아들을 쪼아댔을 것이다. 물론 알아서 스스로 공부하는 경우가 아예 없지는 않았겠지만, 놀기 좋아하는 평범한 사내아이들에게는 일과 하나하나가 고통 그 자체였을 테다.

선비의 일생을 기록한 행장을 보면 대개 "어렸을 때 놀지 않고 성숙했다"라는 구절이 들어가 있다. 떡잎 시절부터 될성불렀다는 뜻인데, 놀지 않았다는 게 칭찬으로 쓰일 만큼 그때나 지금이나 아이들은 노는 걸 좋아한다. 그런데 500년 전 조선에서 '아동의 권리'

나 '아동복지' 같은 것은 당연히 고려되지 않았고, 특히 아들은 한 명의 인간으로 존중받는 대신 가문의 대를 잇고 명예를 빛낼 수단으로 취급받았다. 그러다 보니 공부의 강도가 계속해서 높아졌는데, 이걸 온전히 받아들이지 못하고 힘들어하는 사내아이들이 부지기수였다.

이를 오해하면 안 되는 것이, 아들을 둔 아버지라고 해서 모두 괴물은 아니었다. 그들도 아들을 몹시 사랑했다. 지금까지 전해지는 수많은 편지와 기록을 살펴보면, 아들이 한 별거 아닌 일에도 크게 기뻐하고 눈물 흘린 자상한 아버지들이 많았다. 그런데 그럴수록 기대도 커졌다. '나처럼' 잘하기를, 아니 '나보다' 잘하기를 바랐다. 자기가 그랬던 것처럼 자기 아들도 가문의 명예를 위해 과거에 급제하고 출세하기를 바라 마지않았다. 정약용이 갓 태어난 큰아들을 보며 빨리 과거에 급제하길 바란다는 시를 짓고, 유배지에서 육아 일기를 쓴 이문건李文楗이 글 읽는 흉내를 내는 손자를 보며 조기교육을 계획한 것도 모두 그런 이유 때문이었다.

알묘 잔혹사

하지만 아이들은 기본적으로 놀기 좋아하고, 공부하기를 싫어한다. 조선의 아이들도 마찬가지였다. 당연히 수많은 아들이 아버지의 욕심에 부응하지 못했다. 한평생 책을 읽고 글을 쓰며 학문을 벼려온 아버지가 보기에 이제 갓 한글이나 한자를 뗀 아들의 실력이 눈에 찰 리 없었다. 그리고 교육이란, 하나를 배우면 열을 아는 게 아니라, 100번 넘어져야 겨우 한 번 일어서는 걸음마 떼기와 비슷하다. 그만큼 무수한 시행착오와 실패가 선행된다. 아울러 성취 자체가 매우 늦은 대기만성의 경우도 있다. 그런데 조선의 몇몇 아버지는 아들의 성장을 기다리기엔 마음이 너무나 조급했다. 조급함은 곧 화가 되어 아들에게 쏟아졌다.

조선 후기의 문인 윤기尹愭는 《무명자집無名子集》에서 〈교소아敎小兒〉, 즉 어린아이 가르치는 법을 설명했는데, 그가 꼽은 양육자의 가장 큰 잘못이 바로 조급함이었다.

소아의 성품은 혼돈이 열리지 않은 상태와 같아서 본래 분명치 않다. 총명영오하여 또래보다 빼어난 사람이 아니라면 대체로 모두 몽매하고 어리석다. 비록 세심하게 내 마음을 기울여 깨우쳐주거나, 소아의 지각에 따라 타이르더라도 능히 사물에 접촉하여 환히 깨우치는 경우가 드물다. 이 때문에 가르치는 방법은 빨리 이루려는 생각을 품지 말고, 조장하지 말라는 경계를 범하지 말아야 한다. 힘써 노력하되 미리 기대하거나 마음에 잊지도 말아서 여유롭게 대하여 저절로 터득하게 하고, 무르익도록 권하여 제 발로 들어오게 하여 순리대로 지도하고 이끌며 격려하고 권장하여야 한다.
_윤기, 《무명자집》 10책.

윤기는 조급한 부모들을 일컬어 '알묘揠苗'라고 했는데, 싹을 뽑는 사람이라는 뜻이다. 그가 예로 든 알묘들의 모습은 어쩐지 매우 익숙하다. 그들은 어제 가르쳐준 하나를 왜 기억하지 못하냐고 화내고, 오늘 왜 열을 깨우치지 못하냐고 화낸다. 평범한 아이에게 천재 수준의 총명함을 기대하며 또 화낸다. 그러다가 화를 못 참고 결국 매를 든다. 이래서야 무슨 성취를 바랄 수 있겠는가. 그런 부모 밑의 아이는 오히려 공부를 멀리하게 된다.

알묘들의 이야기에 가슴이 답답해지는 이유는, 오늘날에도 그런 부모가 적지 않기 때문이리라. 그들은 밝고 화목해야 할 가정을 폭력과 위압이 가득한 공포의 공간으로 만든다. 이런 상황에서 걱정해야 할 것은 아이의 공부가 아니라 정서적·육체적 건강이다. 사실 윤기는 더욱더 무시무시한 이야기도 전했다. 자식을 가르치다가 조금만 못마땅하면 송곳으로 찔러대는 사람이 있다고 했다. 결국 그 집 아이는 수시로 몸을 벌벌 떨어대는 미친병에 걸려버렸다. 이는 윤기가 들은 소문이기에 사실인지는 알 수 없다. 다만 왠지 있을 법한 이야기인 데다가, 오늘날에도 치열한 사교육 현장에서 흘러나오는 괴담과 닮아 소름이 돋는다.

다시 한번 말하지만 조선의 아버지들도 자식을 사랑했다. 동시에 잘 키우고 싶어 했다. 그런데 그것이 아버지의 성취욕인지, 아들을 위한 참사랑인지 분명하지 않을 때 비극이 벌어졌다. 더군다나 유교의 나라인 조선에서 아버지의 영향력은 절대적이었다. 실제로 공부를 강요한 끝에 아들의 정신을 망가뜨리고 죽음에 이르게 한 아버지가 있었다. 그것도 여러 명이….

아들과 손자를 학대한 이문건

조선 중기의 문인 이문건은 본래 고려 때부터 이어진 명문가 출신으로 조광조의 제자였다. 그런데 조광조가 사화로 목숨을 잃고, 그 사건에 본인과 둘째 형 이충건李忠楗이 휘말리면서 인생이 꼬이기 시작했다. 결국 형은 유배지에서 사사賜死되고, 자신 또한 벼슬을 잃고 말았다. 이렇게 집안이 풍비박산하자 이문건은 모종의 책임감을 느꼈다. 어떻게든 집안의 명예를 되살려야 한다!

그러려면 집안의 누군가가 과거에 급제해 높은 벼슬을 얻어야 했다. 이 때문에 이문건은 자식 교육에 죽을힘을 쏟았다. 사화의 폭풍이 그치고 이문건의 집안에 남은 다음 세대의 남자는 총 세 명이었는데, 큰형 이홍건李弘楗의 아들 이휘李煇, 죽은 형 이충건의 아들 이염李爓 그리고 자신의 아들 이온李熅이었다. 이문건 본인이 과거의 최고봉인 문과에 급제한 실력 있는 선비였으므로, 두 조카와 아들을 직접 가르쳤으니, 이것이 비극의 시작이었다.

일단 이문건의 아들 이온은 지적장애를 가졌던 것으로 보인다. 이문건의 일기를 보면 "(6~7세까지는 자못 영리했지만) 열병을 심하게 앓다가 겨우 소생되었으나, 이로부터 점점 멍청해졌다. 성장하여 다시 풍風에 걸려 놀라는 증상이 있더니 심신이 점차 바보 같아졌다"라고 적혀 있다. 반면에 이문건의 조카들은 총명했고 자신이 해야 할 일(공부와 출세)이 무엇인지 잘 알고 있었다. 어른들의 기대에 적절히 부응하며 사랑받는 데도 능숙했다. 그러나 이온은 그러지 못했다.

이문건의 일기를 계속해서 살펴보자. 1536년(중종 31년) 6월 9일, 이휘가 벼루를 만드는 동안 이온은 송충이를 잡고 나비를 쫓아다녔다. 6월 13일, 이염은 글공부에 여념이 없고, 글을 써달라고 조르는데, 이온은 책을 읽어도 이해는커녕 1각刻(15분)이 지나면 잊어버렸다. 결국 폭발한 이문건은 이온을 체벌했다. 공부를 피하는 게 쥐 같다며 회초리가 부러질 정도로 때렸다. 어느 날은 뺨을 발로 밟아 짓이기다가 머리카락을 한 움큼 잡아 뽑았고, 다른 날은 등짝을 수십 대 때렸다.

하지만 그렇게 패도 소용없었다. 솔직히 말해 설사 이온이 지적 장애를 가지지 않았더라도, 이문건의 높은 기대에 부응하기란 어려웠을 것이다. 가뜩이나 이온은 이문건의 친아들인 만큼, 조카들보다 더 큰 기대를 받았으리라. 그런 이유로 아주 오랫동안 이온을 향한 가정 폭력이 계속되었다. 아내가 말려도 이문건은 멈추지 않았다. 그 정도가 나날이 심해졌지만 이온은 제대로 저항 한번 해보지 못했다.

8월 21일, 견디다 못해 한양으로 도망갔던 이온이 붙잡혀 왔다. 이문건은 아들의 종아리를 80대나 때린 것으로도 모자라, 코에 물을 들이부었다. 그것도 무려 세 사발이나! 이는 훈육이나 체벌이 아니라 고문이었다. 이틀 뒤 이온은 다시 도주를 시도했으나, 붙잡혀 머리를 절반이나 깎였다. 이에 대해 이문건은 자신도 괴롭고 마음이 아프다고 기록했다. 하지만 그의 말과 행동은 표리부동했으니, 계속해서 아들을 두들겨 팼다. 이후로도 이온은 수시로 도망갔고, 그럴 때마다 붙잡혀 점점 더 많이 매를 맞았다. 이런 상황에서 아무리 책을 읽게 한들, 공부가 되겠는가.

이러한 가정 폭력은 이문건이 아들 교육을 포기하면서 끝났다. 9월 19일, 이문건은 이온에게 "너는 사람이 아니다"라고 소리치며 집에서 쫓아냈다. 그러면서 이휘에게 이온을 가르치라고 했는데, 그 뒤의 일은 알 수 없다. 어쨌든 아버지의 폭력에서 벗어났으니, 이온에게는 잘된 일이었다.

이온은 40세의 나이로 세상을 떠났는데, 그 묘지명을 이문건이 직접 지었다. "성품이 유순하고 효행을 알지만, 보호하는 데 실패하여 질풍疾風이 발생하여 영광을 보지 못하고 다만 40세를 누렸다. 비록 효도를 다하지 못했더라도 대를 이을 후손을 얻었으니 어찌 유감이 있겠는가. 세상에 진실로 너에게 복이 미치지 못했다"라는 담담한 서술 뒤로, 아들을 먼저 떠나보낸 아버지의 피눈물 나는 곡소리가 이어졌다. 아들을 죽도록 학대하다가 정말 죽고 말자 슬퍼하는 꼴이 참으로 가증스럽지만, 실제로 이문건은 큰 충격을 받았던 것으로 보인다. 단 하루도 쉬지 않고 쓰던 일기를 한 달 넘게 쓰지 않았으니 말이다.

이후 이문건은 죽은 아들이 남긴 하나뿐인 손자 이숙길李淑吉에게 모든 희망을 걸었다. 사실 정말 총명했던 것은 큰손녀인 이숙희李淑禧로, 공부할 의지 또한 강했다. 이문건도 이 사실을 알았지만, 조선에서 출세는 남자만이 할 수 있는 일이었기에, 오직 이숙길에게 관심을 쏟았다. 그러면서 손자의 성장을 하나하나 세심하게 기록한 현존 최고最古의 육아 일기인《양아록養兒錄》을 썼다. 그만큼 이문건은 절실했다. 하지만 이는 또 다른 불행의 시작이었으니, 이문건은 아들을 가르치며 저질렀던 실수를 반복하고 말았다. 처음에는 마냥 귀여워했지만, 손자가 자라자 공부를 강요하기 시작했다. 손자가 기대에 부응하지 못하면 화내고 야단치며 매를 들었다. 심지어 기둥에 묶어놓고 때리기도 했으며, 할머니와 누나들에게도 매를 들라고 지시하는 막장 행각을 저질렀다. 그러나 이숙길은 지적장애를 가졌던 자기 아버지와 달랐다. 그는 늙어 힘이 빠진 할아버지에게 저항했다. 이런 일이 반복될수록 사랑이 넘쳤던 할아버지와 손자의 관계가 조금씩 어긋났다.

문제는 공부만이 아니었다. 이문건은 뭐든 조기교육을 시켰기에 열 살이 겨우 넘은 손자에게 술을 가르쳤다. 그렇게 술맛을 알게 된 이숙길은 이후 음주가무의 바다에 빠져 살았다. 하라는 공부는 쳐다도 안 보고, 할아버지에게 바락바락 대들고, 늘 술에 취해 있으니, 패륜아가 따로 없었다. 이를 바로잡기에 이문건은 너무 나이를 먹었다. 결국 좌절한 이문건은 《양아록》 쓰기를 그만두었다. 그동안의 노력이 얼마나 허망하게 느껴졌을까. 이문건이 손자의 엇나감을 한탄하며 "늙은이의 포악함은 경계해야 한다"라고 적은 것을 보면 자신이 너무했다는 자각은 있었던 것 같다.

영조의 콤플렉스

그래도 이문건은 그나마 나은 편이었다. 최소한 아들이나 손자를 죽이지는 않았으니까. 이 분야의 '끝판왕'은 역시 영조라고 하겠다.

《영조실록》과 사도세자의 정실인 혜경궁 홍씨惠慶宮 洪氏가 쓴 《한중록》은 끔찍할 정도로 집요한 가정 폭력의 기록이다. 이미 드라마나 영화로 종종 소개된 덕분에 많은 사람이 알고 있지만, 영조는 사도세자를 아주 오랫동안 괴롭혔다. 사실 영조에게는 사도세자보다 먼저 얻은 아들 효장세자孝章世子가 있었는데, 아홉 살의 나이로 요절하고 말았다. 그로부터 7년이 지나 사도세자가 태어났으니, 후사에 대한 영조의 초조함은 기쁨으로 바뀌었다. 하여 그토록 아끼고 사랑했거늘, 사도세자의 나이 네 살쯤부터 슬슬 꾸중하기 시작하더니, 아홉 살이 넘자 무서울 정도로 야단쳤고, 성인이 된 후에는 미치도록 괴롭혔다.

도대체 왜 그렇게까지 가혹했을까. 핑계 없는 무덤은 없다고, 영조에게도 그 나름의 이유는 있었다. 영조는 사실 어린 시절의 대부분을 그냥 왕자 연잉군延礽君으로 지냈다. 그는 아버지 숙종이 무수리 출신의 후궁 숙빈 최씨淑嬪 崔氏에게서 얻은 아들로, 그 후궁의 장남도 아니고 차남이었다. 사실상 전혀 임금이 될 팔자가 아니었고, 실제로 이복형이 임금(경종)이 되었다. 원래라면 그냥 왕자로 살다 갔을 테지만, 경종이 자식을 낳지 못하며 상황이 달라지기 시작했다. (잘 알 수 없지만 경종에게 자식을 만들 능력이 없었던 것 같다.)

당시 노론은 경종에게 이복동생인 연잉군을 세제로 삼아야 한다고 강력하게 주장했다. 그런데 장희빈을 어머니로 둔 경종은 남인의 지지를 받았다. 아버지(숙종)는 같으나, 손잡은 세력이 달랐으니, 이게 참 문제였다. 그런 와중에 노론이 대거 숙청되며 연잉군의 목숨 또한 왔다 갔다 하는 등 고생길이 시작되었다. 그런데 경종이

재위한 지 4년 만에 덜컥 승하하며 반전이 벌어졌다. 숙종의 아들 중 그때까지 유일하게 살아 있던 연잉군이 다음 임금(영조)이 된 것이었다. 아무런 준비 없이 임금이 되었고, 어머니가 무수리였고, 역모에 휘말려본 적이 있었고, 선왕이 갑작스럽게 죽었고 등등. 이런 이력을 아는 사람들은 영조를 삐딱하게 바라보았고, 영조 또한 콤플렉스를 가지지 않을 수 없었다.

그렇기에 영조는 마음먹었을 것이다. 자기 다음 임금은, 그러니까 자기 아들은 절대로 이러한 서러움을 겪지 않게 하겠다고. 사실 모든 조선의 임금은 아들 교육을 크게 신경 썼다. 아버지로서 자식이 잘되기를 바라는 마음에 더해, 자기 다음으로 조선을 책임질 후계자를 길러낸다는 책임감 때문이었다. 그런데 영조는 선을 넘어도 한참 넘었다.

실제로 영조는 갓 돌이 된 둘째 아들을 세자로 책봉하고, 어머니와 떨어져 창경궁 저승전儲承殿에서 혼자 지내게 했다. 그뿐 아니라 조선 최고의 학자들을 선생으로 붙여 각종 선행 학습과 영재 학습을 강행했다. 영조가 사도세자 교육에 얼마나 열성적이었는지는 성균관 입학례만 보아도 알 수 있다. 세자가 성균관에 입학하는 '척' 만 하는 예식이었지만, 영조는 모든 절차에 관여하며 공을 들였다. 예식에 참여하는 유생들의 의복 색상까지 확인할 정도로 난리였고, 세자가 선생들에게 바치는 공물도 전국을 뒤져 가장 좋은 것들로 준비했다. 입학례 자체가 흐지부지하게 대충 치러지던 시기였는데도 말이다. 예식이 이 정도였으니, 공부의 짜임과 수준은 또 어떠했겠는가.

사실 어릴 때의 사도세자는 꽤 똑똑했다. 한자도 빨리 뗐고, 어른들이 무얼 좋아하는지 금방 알아차렸다. 한번은 다식茶食을 주자 뜻이 좋은 글씨가 새겨진 것만 골라 먹었다. 깐깐하기 그지없는 영조가 "(세 살밖에 안 된) 동궁의 성품이 서책을 좋아하고 자못 글자의 뜻을 아는 능력이 있다"라고 자랑할 정도였다. 사도세자는 분명 훌륭한 임금이 될 수 있었다. 하지만 앞서 설명한 것처럼 미성숙한 어린아이를 지나치게 갈구는 것은 그런 싹을 뽑는 행위에 지나지 않는다. 그리고 안타깝게도 영조는 조선에서 둘째가라면 서러워할 알묘였다. 그는 사도세자가 자기 눈에 차지 못할 때마다 벌컥 화부터 냈다. 곧 부자지간의 지극한 관심과 사랑은 집요한 미움과 괴롭힘으로 바뀌었다.

영조는 해도 해도 너무했다. 너무나 집요하고, 징그럽고, 끈덕지게 사도세자를 괴롭혔다. 심지어 숨을 크게 쉬면 크게 쉰다고, 작게 쉬면 작게 쉰다고 야단쳤다. 마치 존재 자체가 용납되지 않는 것처럼 이리 야단치고 저리 야단치며 달달 볶았다. 대리청정이 시작되자 지켜만 보겠다고 공언해놓고는 정작 사도세자가 무언가를 결정하면 심기가 불편해져 신하들 앞에서 대놓고 면박을 주었다. 보다 못한 신하들이 제발 그만하라고 청할 정도였다. 어떤 날은 대뜸 술을 마신 것 아니냐고 집요하게 추궁했는데, 그러자 사도세자를 어릴 때부터 돌봐온 상궁이 나서서 술 냄새가 나는지 맡아보라며 쏘아붙였다. 일개 궁녀 따위가 임금에게 맞서다니, 상상도 하기 어려운 일이었지만, 오죽했으면 그러랴. 그만큼 영조의 사도세자 괴롭히기는 상식적인 수준을 넘어섰다. 덧붙이자면 상궁이 영조에게 따지자 사도세자가 나무랐는데, 그걸 지켜보던 영조의 반응이 가관이었다. 감히 자기 앞에서 누굴 야단치냐며 사도세자를 더 심하게 갈궜다.

어디 이뿐이랴. 사도세자의 생일만 되면 축하하는커녕 신하들과 궁인들이 다 보는 앞에 세워놓고 부족한 점, 잘못한 점을 열거하며 쪼아댔다. 심지어 영조가 묻는 말에 사도세자가 대답을 잘해도 화내며 꾸짖었다. 진짜 생각은 다른데, 혼나기 싫어 거짓말했다는 식이었다. 그런 아버지 밑에서 누가 미치지 않고 버틸 수 있을까.

"억울해서 죽고 싶소"

곧 사도세자는 극심한 불안증과 옷을 갈가리 찢는 의대증衣帶症에 시달렸다. 왜 하필 수많은 증상 중에 의대증이었을까. 문안 인사나 대리청정 등 이런저런 이유로 아버지를 만나려면 옷을 갖춰 입어야 하고, 그 결과는 언제나 야단맞는 것이니, 결국 옷을 싫어하게 된 것 아니었을까.

이런 사도세자에게도 기댈 언덕이 있었다. 그는 후궁인 영빈 이씨暎嬪 李氏의 소생이었지만, 세자인 만큼 법적인 어머니는 중전인 정성왕후貞聖王后였다. 정성왕후는 정실이지만 평생 영조에게 구박받았는데, 그 때문인지 사도세자를 몹시 사랑해주었고, 사도세자도 그런 정성왕후에게 크게 의지했다. 하지만 하늘도 무심하게 사도세자가 스물세 살이 되던 1757년(영조 33년)에 정성왕후가 죽고 말았다. 정성왕후가 시름시름 앓자 사도세자가 애써 간호했는데, 한번은 영조가 찾아왔다. 그러자 약탕 그릇을 들고 있던 사도세자가 덜덜 떨었다고 하니, 정상적인 부자지간으로, 아니 정상적인 가족으로 볼 수 없었다. 또 다른 날에는 영조가 지극히 편애하던 화완옹주和緩翁主와 사도세자가 우연히 한방에 있었는데, 이를 목격한 영조가 불같이 화내자 사도세자가 창밖으로 뛰어 달아난 일도 있었다. 혹시 둘의 어머니가 달라서 누구는 편애하고 누구는 싫어했나 하면, 꼭 그런 것도 아니었다. 사랑받은 화완옹주도, 미움받은 사도세자와 또 다른 딸인 화협옹주和協翁主도 모두 영빈 이씨와 낳은 자식이었다.

사도세자는 아무런 잘못도 저지르지 않았는데, 이런 대우를 받는 게 억울하다고, 차라리 죽고 싶다고 하소연했다. 장인인 홍봉한洪鳳漢에게 자신의 울증(우울증)이 심하니 약을 지어 보내달라고 호소하기도 했다. 실제로 죽고자 우물에 뛰어들었지만, 주변의 궁인들이 구해낸 일도 있었다. 죽지도 못하고, 그렇다고 제대로 살지도 못하니, 사도세자는 점점 미쳐갔다. 포악해진 그는 부인 혜경궁 홍씨를 때리기도 하고 자식들을 만나지 않기도 했다. 심지어 궁인들을 해쳤으니, 이런 행위들은 크나큰 잘못이었지만, 그래도 참작할 구석이 있었다. 다시 한번 말하지만, 영조 같은 아버지 밑에서 제정신을 유지한다는 것 자체가 애초에 불가능했다. 가장 큰 문제는 사도세자가 세자였다는 것이다. 평범한 집안이라면 "이놈의 집구석!" 하면서 가출하거나 분가했겠지만, 사도세자는 세자이기 때문에 그럴 수 없었다. 그러니까 사도세자는 어떤 식으로든 죽을 팔자였다.

이쯤 되면 폐세자가 영조에게나 사도세자에게나 행복한 선택지였을 텐데, 왜 그 방안을 고려하지 않았나 궁금해할 사람도 있을 것이다. 그러고 싶어도 그럴 수 없었다. 영조에게 살아 있는 아들은 사도세자뿐이었다. 그런데 사도세자가 혜경궁 홍씨와 결혼해 정조를 낳으며 상황이 달라졌다. 정조가 누구인가. 세종에 비견될 만한 천재이지 않은가! 정조는 영조가 바라 마지않았던 뛰어난 싹이었다. 물론 정조가 처음부터 영조의 눈에 띈 것은 아니었다. 정조는 사실 사도세자의 차남이었다. 그런데 그가 태어날 때쯤 2년 앞서 태어난 장남 의소세손懿昭世孫이 요절해 궁궐 분위기가 썩 좋지 못했다. 영조도 슬픔이 컸는지, 정조의 탄생에 크게 기뻐하지 않았다. 사람들이 정조를 원손元孫이라고 부르자 아직 너무 이르다며 불편해할 정도였다. 최소한 사도세자 때처럼 호들갑을 떨지 않았던 것은 분명하다. 바로 이 무관심이 정조가 건강히 자라는 데 긍정적인 영향을 미치지 않았을까.

실제로 정조는 무럭무럭 잘 자랐다. 네 살 때 한자를 떼고, 다섯 살 때 "노는 것보다는 공부하는 게 좋아요"라고 말할 정도의 눈치까지 갖췄다. 그리고 고작 여덟 살 때 천하의 이치와 도덕에 관해 물으면 자기 나름의 답을 내놓는 놀라운 수준에 이르렀으니, 당연히 영조의 사랑을 듬뿍 받았다. 그 사랑이 어찌나 컸는지, 영조가 사도세자를 뒤주에 가둬 끝내 죽인 것은 손자에게 서둘러 왕위를 물려주고 싶었기 때문이라는 의견이 있을 정도다.

그렇다면 만약 사도세자와 정조의 태어나는 순서가 바뀌었다면, 역사가 좀 달라졌을까. 나는 아니라고 본다. 설사 정조가 아들로 태어났다고 한들, 영조는 만족하지 못했을 것이다. 더 열심히 공부하라고 채근했을 것이 분명하다. 그것의 영조의 됨됨이었다. 무언가에 쫓기듯 자식을 괴롭히는 사람.

자식은 스스로 자라나기를 기다려야 하지, 잡아 뽑으면 안 된다는 것을 그 옛날의 사람들도 잘 알고 있었다. 하지만 지금의 우리처럼 생각만큼 잘 안되었던 모양이다. 처음엔 사랑이었으나, 마침내는 미움만 남았으니, 이를 어찌하면 좋을 것인가. 다시 한번 윤기의 《무명자집》을 인용해보겠다.

하루 이틀 끊임없이 (공부가) 누적되면 황홀하게 마음속에 기쁘고, 또렷하게 묵묵한 가운데 알게 되어, 그 깊은 이치를 포착하여 그 의문처를 따지게 된다면, 어찌 노둔駑鈍함을 근심할 것이며, 갑자기 성을 낼 일이 무엇이겠는가.

_윤기,《무명자집》 10책.

풀이하면, 서두르지 말고 꾸준하게 가르쳐야 아이가 배우는 기쁨을 깨닫게 될 것이라는 뜻이다. 영조가 《무명자집》을 읽고 반성했더라면, 사도세자의 운명이 조금은 달라졌을까.

03

과거는 선비의 길이 아니라지만

지나친 교육열은 대개 좋은 결말로 이어지지 못하고 처참한 잿더미만 남기곤 했다. 앞 꼭지에서 예로 든 이문건과 영조는 가장 극단적인 경우였는데, 이보다 덜한 경우에도 문제가 생겼다. 바로 가문의 영광을 책임진 아들이 진이 빠질 대로 빠져 공부 자체에 의욕을 잃어버리는 것이었다. 그러한 포기와 좌절의 원인이 꼭 부모만은 아니었다. 과열된 사회 분위기, 과거제도의 병폐, 입시 비리 등이 모두 영향을 미쳤다.

특히 과거제도 자체가 엉망진창이 되어버린 것이 결정적으로 작용했다. 과거란 원래 나라를 위해 일할 인재를 선발하는 영광스러운 제도였지만 시간이 흐르면서 색이 바랬다. 그래서 많은 선비가 꿈과 희망을 품고 시험장에 발을 들였다가 시궁창 같은 현실을 목격하고 좌절했다. 당시 시험장은 응시자 외에도 부정행위 도우미부터 술과 간식을 파는 상인까지 온갖 사람이 들락날락해 북새통을 이뤘다. 이는 《백범일지》에 기록된 엄연한 사실이다. 가난에서 벗어나고 싶었던 어린 김구는 열심히 글공부해 조선 최후의 과거에 응시했다. 워낙 가난했던지라 약간의 좁쌀만을 챙겨 풍찬노숙하며 간신히 도착한 시험장은 난장판 그 자체였다(실제로 당시에는 '난장(판)'이란 말의 뜻이 '소란스러운 과거 시험장'이었다).

과거 날이 왔다. 선화당宣化堂 옆에 있는 관풍각觀風閣 주위에는 새끼줄을 둘러 늘였다. 정각에 부문赴門(시험장 문을 엶)을 한다는데, 선비들이 접接을 따라서 제 이름을 쓴 백포기白布旗를 장대 끝에 높이 들고 모여들었다. 산동접山洞接, 석담접石潭接 이 모양이었다. 선비들은 검은 베로 만든 유건을 머리에 쓰고 도포를 입고 접기를 따라 꾸역꾸역 밀려들어, 좋은 자리를 먼저 잡으려고 앞장선 용사패들이 아우성을 하는 것도 볼만하였다. 원래 과장科場(시험장)에는 노소도 없고, 귀천도 없이 무질서한 것이 유풍이라 한다.

또 가관인 것은 늙은 선비들의 걸과乞科라는 것이다. 둘러 늘인 새끼 그물 구멍으로 모가지를 쑥 들이밀고 이런 소리를 외치는 것이다.

"소생의 성명은 아무이옵는데, 먼 시골에 거생乞科하면서 과거마다 참예하였사옵는데 금년이 일흔 몇 살이올시다. 요 다음은 다시 참가 못 하겠사오니 이번에 초시라도 한 번 합격이 되오면 죽어도 한이 없겠습니다." 이 모양으로 혹은 큰 소리로 부르짖고, 혹은 방성대

곡도 하니 한편 비루도 하거니와 또 한편 가련도 하였다.

_김구, 《백범일지》.

과거라는 욕망의 구렁텅이

시험장의 이런 모습에 몹시 실망한 김구는 글공부로 출세할 생각을 아예 접어버렸다. 물론 그가 과거를 보았을 때는 조선이 망하기 직전으로 모든 분야가 문란했다. 하지만 다른 사료를 찾아봐도 시험장의 풍경은 조선 시대 내내 난장판이었다. 시험장이 이러한데, 어떻게 자기 실력을 제대로 발휘할 수 있었겠는가. 돈 좀 있는 사람들은 좋은 자리 잡아주는 사람, 대신 답을 써주는 사람 등을 고용해 버젓이 부정행위를 저질렀고, 설사 이런 기울어진 운동장에서 급제한다고 해도 가문이나 당파의 배경이 없으면 모종의 이유로 등수가 밀리기까지 했다.

물론 아주 가끔은 모든 악조건을 물리치고 뛰어난 인재가 튀어나왔다. 하지만 그런 사람이 한두 명 있다고 해서, 나머지 수백, 수천 명의 희생을 정당화할 순 없다. 그 수많은 사람의 시간과 노력이 낭비되는 것은 국가적 차원의 문제다. 그래서 당대의 뜻있는 사람들은 과거제도의 병폐를 지적하고, 한발 더 나아가 과거 보기를 거부하기까지 했다. 그 대표적인 인물이 바로 도산서원의 건립자이자 1000원짜리 지폐의 주인공, 이황이다.

세상에 허다한 영재들이 세속의 학문에 허덕이고 있으니, 다시 어떤 사람이 이 과거라는 구덩이에서 벗어날 수 있겠는가.

_이황,《퇴계선생언행록》5권.

'과거'를 '입시'로 바꿔 다시 읽어보자. 이질감이 전혀 느껴지지 않는다. 인간의 삶이란 수백 년이 지나도 크게 변하지 않는 것일까. 과거(입시)가 나라를 망친다! 젊은이들이 전부 과거(입시)에 목매느라 제대로 기를 못 펴고 있다! 수백 년 전의 말이라기에는 우리의 마음을 너무나 아프게 찌른다. 성리학의 대가이자 큰 선생이요, 본인도 과거에 급제해봤던 이황이지만, 그는 그런 방식의 출세가 유儒, 즉 선비의 길이 아니라고 보았다. 어째서인가. 일단 과거에 도전하려면 오랫동안 매달려야 했다. 그러다 보면 생활비와 과거를 보러 왔다 갔다 하며 쓰는 교통비, 체류비 때문에 결국 가난을 면치 못했다. 급제라도 하면 다행이지만, 꿈을 이루지 못한 채 스러져가는 사람들이 무수히 많았다.

물론 그렇다고 해서 과거를 금지할 순 없었다. 유일한 국가고시를 없앤다는 것이 현실적으로 말이 안 되었고, 수많은 사람의 꿈이기도 했기 때문이다. 이와 관련해 정약용은 제자들에게 보낸 편지에서 '재주가 있으면 하고, 아니면 말고' 식의 대단히 현실적인 해결책을 내놓았다.

시골에 사는 사람이, 그 자제가 혹 총명하고 민첩한 지혜를 가져서 남보다 몇 등 뛰어난 말을 하여 사람을 경탄하게 하는 자가 있으면,

곧 그에게 과거를 준비하게 할 것이다. 그렇지 않은 자는 일찌감치 학문의 길로 돌아가게 하거나 아니면 농사짓는 일에 돌아가게 하는 것이 옳을 것이다. 비록 총명하고 지혜가 있는 자라도 나이가 30이 넘도록 이룬 것이 없으면, 즉시 마땅히 학문에 전념해야 한다. 이렇게 하면 아마 낭패하는 데는 이르지 않을 것이다.

_연월일 미상.

지금의 국가고시처럼 과거 또한 급제자 숫자가 한정되어 있었고, 관직의 수는 그보다 훨씬 적었다. 그런즉 자기 재능이 훌륭하다고 판단되면 과거에 도전하고, 아니다 싶으면 빨리 다른 일을 찾아보라는 것이 정약용의 조언이었다. 물론 정약용 본인과 그 형제들은 모두 뛰어난 사람들이라, 그의 조언이 꽤 배알 꼴리게 들리지만, 세상 사람들이 모두 인재일 수는 없지 않은가. 허황된 꿈을 좇는 사람에게는 이처럼 현실적인 일침이 필요하다. 하지만 과거 급제가 모든 선비의 인생 목표이자 존재 이유였던 시대에, 자신의 소질 없음을 인정하고 다른 길을 찾는 데는 엄청난 용기가 필요했다.

이황의 제자 김성일金誠一은 바로 그런 용기가 있는 인물이었다. 학문에 전념하기 위해 과거를 포기하기로 결심한 그는 마지막으로 이황에게 상담을 요청했다.

과거 공부에 진전이 없으니 성균관에 있어도 도움이 안 됩니다. 여기에 머물며 공부하겠습니다.

_이황,《퇴계선생언행록》6권.

그러자 웬걸, 과거제도를 강하게 비판했던 이황이 김성일을 나무랐다. "그런 중요한 일을 어떻게 혼자 결정하며, 부모님과 형님들의 의견은 왜 듣지 않느냐?" 이처럼 과거 공부는 개인 혼자의 영달을 위한 것이 아니었다. 가문의 명예가 달린 중대사였다. 질타의 요지를 눈치챈 김성일이 이미 가족들에게 허락을 구했다고 하자, 이황은 그제야 비로소 축하를 건넸다.

공부는 많이들 하지 않고 요행으로 한 가지만 얻기를 바라기 때문에, 내 마음에 매우 불만스러웠는데, 이미 과거 공부를 그만두었고 또 독서에 전념하겠다고 하니 그대가 어른께 청하여 허락받은 것을 깊이 축하하네.
_이황, 《퇴계선생언행록》 6권.

제자의 경우와 아들의 경우

이처럼 굳건한 의지로 스스로 과거를 포기하는 선비도 있었지만, 그들조차 마음이 산들바람 앞의 풀잎처럼 팍삭 눕는 순간이 있었다. 바로 자기 아들을 가르칠 때였다. 목에 칼이 들어와도 바른말을 하고, 권력을 헌신짝처럼 버린 고고한 선비라 하더라도 아들의 과거와 관련해서는 대개 이성을 잃었다. 뭐, 어쩔 수 없는 일이었다. 당연한 것이 조선에서 선비로 태어나 사람 대접받으려면 과거에 급제해야만 했다. 그래야 자신은 높은 관직에 오르고, 가문의 이름

도 높일 수 있었다. 특히 문과에 급제해야 했다. 고관대작의 아들이
라면 음보蔭補, 즉 음서를 통해 과거에 급제하지 않고도 관직을 얻
을 수 있었지만, 사실 미관말직에 불과했다. 그러니 누구나 무조건
문과에 급제해야 했다. 그래야 선비다운 선비, 양반다운 양반으로
인정받았다. 이때 나는 대접받지 못했더라도 아들만큼은 대접받기
를 바라는 것이 부모 마음 아니겠는가.

하지만 애절한 부모의 마음과는 별개로 현실은 매서웠으니, 문
과 급제는 낙타가 바늘귀를 통과하는 것보다 훨씬 어려웠다. 여기
서 잠깐 오래된 편지 한 장을 살펴보자.

네가 비록 별시 때는 제때에 와서 시험을 보겠다고 하지만, 진실로
가망이 없을 것이야 알지만 함께 시험 준비한 친구들과 함께 와서
시험 봐라. 여러 곳의 사람들이 구름처럼 모여드는데 너만 혼자 시
골에 눌러앉아 감정에 분발하는 마음이 없는 것이 맞겠느냐? 이전
편지에 친구와 같이 와 서울 구경을 한 뒤 그대로 머물며 겨울을 보
내기 바란다고 했으니, 지금 너의 편지를 보니 그것이 무익하다는
걸 알고 시험을 보지 않으려 하는 게 바로 네가 평소에 뜻이 없어서
그렇다. 다른 선비들이 용기를 북돋우는 때인데 너는 분발하지 않
으니 나는 대단히 실망하고 실망이 된다.

_1540년(중종 35년) 8월.

풀이하면, "가망 없는 것은 알겠지만 그래도 과거는 봐라. 친구
들과 놀 생각 말고 과거는 봐라. 다른 사람들은 열심히 공부하고 있

는데, 네 행태를 보니 매우 실망스럽다"라는 내용이다. 단어 하나하나에 끓어오르는 분노가 담겨 있는 듯하다. 과연 누가 이토록 신랄한 편지를 썼을까. 바로 과거를 포기한 제자에게 따스한 격려의 말을 전했던 이황이었다. 제자에게는 그처럼 예의 바르고 우아했지만, 자기 큰아들인 이준李寯에게는 엄하기 그지없었다. 첫째 아들이자 외아들(둘째 아들은 일찍 죽었다) 이준은 아버지가 바라는 만큼의 성과를 내지 못했고, 그럴 때면 이황은 "(과거 보러) 왜 올라오느냐? 그냥 농사나 짓거라"라며 타박했다. "아침저녁으로 공부하길 바라는데, 왜 그러지를 않느냐?", "친척 아무개는 과거에 급제했는데, 너는 무얼 하느냐?" 같은 내용도 잔소리의 단골 레퍼토리였다.

조윤구曺允懼(이황 삼촌의 외손자)는 삼하三下(과거 성적을 나타내는 12등급 중 아홉 번째 등급)로 우수하게 급제하였고, 이숙량李叔樑(이황의 제자)도 급제하였으니 대단히 기쁘고 기쁘구나! 항상 네가 학업에 힘쓰지 않는 것이 안타깝구나. 다른 사람들의 자제들이 급제하는 것을 보는 것은 경사스러운 일이다만, 그럴수록 한탄스러운 마음이 더욱더 깊어지는구나. 너만이 홀로 분발하여 스스로 힘써 공부하려는 마음이 없느냐?
_ 1543년(중종 38년).

물론 이준에게도 변명할 거리는 있었다. 아버지는 한양에서 임금을 모시느라 고향에 잘 내려오질 못했고, 어머니는 돌아가셨으니(또는 계모가 있었지만, 병을 앓았던 것으로 보인다), 이준이 농사를 포함해 모든 집안일을 책임져야 했다. 게다가 이준은 처가살이를 하느라 마음이 편치 않았던 모양이다(다만 조선 중기에는 처가살이가 딱히 이상한 일은 아니었다). 이 정도면 누구라도 이준을 갈구는 이황이 참으로 너무하다 할 텐데, 문제는 이황 또한 굉장히 어려운 환경, 즉 일찍 아버지를 여의고 가난한 환경에서 공부해 문과에 급제했다는 것이었다. 즉 이준으로서는 어려움을 토로하면 할수록 오히려 아버지와 비교될 뿐이었으니, 그 속이 얼마나 답답했을까.

이황은 이런 사정을 뻔히 알고 있었는데도, 잔소리를 멈추지 않았다. 오히려 대를 넘어 이어갔으니, 다음 표적은 손자 이안도李安道였다. 한번은 이안도가 "이황의 손자라는데, 별거 없다"라고 욕먹은 사실을 이황이 알게 되었다. 이때 이황은 손자를 위로하는 대신 오히려 꾸짖었다.

이안도가 아무개의 손자라서 견문이 있는 괜찮은 사람일 것으로 생각했는데, 이제 보니 사리 분별도 할 줄 모르는 사람이라는 소리가 들리는구나. 너는 무엇 때문에 이런 비방을 듣는 것이냐?
_1569년(선조 2년) 10월 28일.

조선 최고의 유학자에게 잔소리 듣는 부자의 처지가 참으로 딱하다. 이황은 이준에게 계속 편지를 보내 과거 소식을 알렸다. 언제 어디에서 과거를 치른다더라, 누가 장원 급제했다더라 같은 묻지도 않은 이야기를 하며, 자신의 기대를 저버리지 말라는 말을 꼭 덧붙였다.

내년 별시 진사는 3월 초 7일이고 생원시는 초 9일로 시험 일자는 이미 정해졌는데 학업을 그만두고 분주히 다닌 것이 올가을과 겨울에는 유난히 심하였으니 이보다 더 큰 걱정이 없구나. 너는 마땅히 마음을 단단히 먹고 보다 열심히 공부에 전념하여야 할 것이다. 나의 기대에 어긋나고 어긋나는 탄식을 가슴에 남기지 않도록 하는 것이 옳을 것이다.

1545년(명종 즉위년) 11(12)월.

생판 남인 데다가 수백 년의 세월을 사이에 둔 내가 보아도 스트레스받는데, 이준 본인의 속은 얼마나 타들었을까. 이런 편지가 남은 것만 수십 통이니, 직접 얼굴을 보고 쏟아낸 잔소리는 더 대단했을 것이다.

조선의 경우와 중국의 경우

이황의 잔소리 폭탄 편지를 보면, 과거제도를 비판하고, 한술 더 떠 과거를 포기한 제자에게 축하를 건넨 사람이 쓴 게 맞나 싶다. 하지만 이를 이황이라는 개인의 흠결로 보지 않기를 바란다. 꼭 이황이 아니더라도, 조선의 아버지치고 아들에게 공부하라고 갈구는 편지를 보내지 않은 사람은 없었다. 유성룡도 자식들에게 "너희가 10년 동안이나 제대로 공부를 못하고, 여러 가지 걱정 때문에 이리저리 쫓기다 보니 한없이 세월만 흘렀구나"라고 시작하는 편지를 보냈다. 연잉군의 세제 책봉을 강력히 주장하다가 숙청된 노론의 수장 김창집金昌集은 자신뿐 아니라 큰아들과 장손까지 처형당하는 재앙을 눈앞에 두고서도 다른 아들들에게 편지를 보내 "너희가 화변禍變을 가지고 스스로 자포자기하지 말고, 더욱 학업을 부지런히 하여 반드시 독서하는 종자가 끊어지는 근심이 없게끔 해야만 한다"라고 당부했다. 정약용은 오히려 과거를 볼 수 없는 폐족이기 때문에 더욱더 공부해야 한다고 아들들을 쪼아댔다.

어째서 이들은 아들들을 과거 공부의 구렁텅이로 밀어 넣었을까. 그것이 진을 쪽 빨아 먹는다는 것을 알면서도 말이다. 이유는 당연하지 않은가. 그때나 지금이나 자식 잘되기를 마다하는 부모는 없다. 그리고 조선에서 잘되는 길이란 결국 과거에 급제하는 것이었다. 하여 당시 사람들은 과거제도의 폐단을 지적하면서도, 거기에 무수한 시간과 돈, 노력을 쏟는 이중적이고도 모순적인 태도를 취할 수밖에 없었다. 이처럼 사회적인 자아와 개인적인 자아가 다르고, 이상과 현실이 끊임없이 괴리하는 것은 그때나 지금이나 변함없다.

안타깝게도 이황의 큰아들 이준은 끝내 과거에 급제하지 못했다. 그러자 이황은 손자 이안도로 관심을 돌렸다. 손자에게 편지를 보내 공부하는 법을 알려주고, 무슨 책을 읽는지 물어보며, 열심히 공부하라고 독려했다. 이안도는 1561년(명종 16년) 생원시에 24세의 나이로 급제했다. 다행히 이황은 살아서 이 소식을 들을 수 있었다. 하지만 딱 거기까지였다. 이안도는 끝내 문과에 급제하지 못하고, 다만 할아버지 덕분에 음서로 관직을 지내다가 44세의 젊은 나이로 세상을 떠났다.

그래도 이안도는 생원시에라도 붙었으니 다행이었다. 정약용은 큰아들 정학연에게 기대를 걸고 어릴 때부터 과거 공부를 시켰다. 주변 사람들이 아버지의 욕심이 너무 과하다고 나무랄 정도였다. 신유박해로 폐족당해 과거를 치지 못하게 된 후에도 정약용의 뜻은 꺾이지 않았다. 그는 아들들에게 계속해서 편지를 보냈다. 공부해라. 폐족이라도 공부할 수 있다. 요즘 무슨 책을 읽는지 알려다오. 설마 내 편지를 무시하는 것은 아니겠지? 심지어 정약용은 장남과 차남의 공부를 비교하는 일도 서슴지 않았다.

네 형이 멀리서 왔으니 반갑기는 하다만 며칠간에 함께 이야기해보니, 옛날에 가르쳐준 경학經學의 이론을 하나도 대답하지 못하고 좌우만 돌아보며 두리번거리더구나. 아! 이는 무슨 까닭인가? 아마도 어린 나이에 화를 만나 혈기가 상하여 정신을 바로 밝히지 않아 그런 것일 테다. 그러나 만약 때때로 점검해서 안으로 수습하였던들 어찌 이 지경까지야 이르렀겠느냐. 한심스럽고 한심스럽다. 네 형이 이와 같을진대 너도 어떠한지를 알겠다. 네 형은 문사文史에 대하여 다소나마 취미를 알고 있는데도 이와 같은데, 전혀 손도 대지 않은 너야 오죽하겠느냐.
_연월일 미상.

아들들이 어릴 때 귀양 가서 아버지 노릇을 제대로 못했던 사람이 이러쿵저러쿵 잔소리한다는 게 좀 가당치 않다. 어쩌면 아버지의 팔자란 아들에게 잔소리하는 것일지 모르겠다.

사실 이는 조선뿐 아니라 국제적인 현상이었다. 제갈공명은 자기 아들을 훈계하고자 〈아들에게 분부하는 글誡子書〉을 남겼는데, 너무나 유명해지며 조선에까지 전해졌다.

나이는 시간과 함께 달려가고
의지는 세월에 따라 약해지니
고목이 말라 시드는 것처럼
두루 세상에서 버림받을 것이다
가난한 초가집에서 탄식하며 후회한들
무슨 소용이 있겠는가

年與時馳 意與歲去

遂成枯落 多不接世

悲守窮廬 將復何及

_제갈량, 〈아들에게 분부하는 글〉.

한마디로 농땡이 치지 말고 부지런히 공부하라는 것인데, 제갈공명이 등장하는 《삼국지연의》는 그때도 인기가 많아 조선의 아버지들은 〈아들에게 분부하는 글〉을 인용해 아들을 꾸짖었다. 그래도 제갈공명은 아들에게 과거 공부는 시키지 않았다. 그의 생전에는 과거가 없었기 때문이다. 다만 이 글을 받았을 때 제갈공명의 아들 제갈첨諸葛瞻은 고작 여덟 살에 불과했으니, 과거의 유무나 나이의 많고 적음 따위는 중요한 것이 아니었다. 잔소리란 일단 하고 보는 것이니까.

아니, 그러면 이황에게 과거 안 보겠다고 선언한 제자는 뭐가 되는 것이냐 하고 걱정하는 사람이 있을 듯해 밝혀두자면, 김성일은 다시 생각을 바꿔 1564년(명종 19년)에는 진사시에, 1567년(선조 즉위년)에는 문과에 도전해 급제했다. 특히 진사시의 경우 셋째 형 김명일金明一, 동생 김복일金復一과 함께 급제하며 그야말로 가문의 영광을 드높였다. 본격적으로 관직 생활을 시작한 뒤에도 승승장구했으니, 통신사로 일본에 다녀오고, 임진왜란이 발발하자 대활약했다. 그 결과 김성일은 유성룡과 더불어 이황의 가장 유명한 제자가 되었다. 이런 미래를 미리 볼 수 있었다면, 과연 김성일이 과거를 포기하겠다고 다짐할 수 있었을까. 결국 누구든 과거 앞에서는 '쿨'해질 수 없었다.

조선, 시험지옥에 빠지다

04

체벌, 그 지도편달의 명과 암

모든 사람이 공부를 잘할 필요는 없다. 다만 사람답게 행세하기 위해, 또 사회가 제대로 굴러가기 위해 정한 기초학력 정도는 쌓을 필요가 있다. 그런데 조선의 선비들을 위한 기초학력은 그 수준이 전혀 기초적이지 않았다. 한자와 한문을 익히고, 시를 짓고, 글을 쓴다는 게 어디 쉬웠겠는가. 그래서인지 꽤 적극적으로 공부를 때려치우려 한 사람들이 있었다. 물론 그들의 부모는 포기를 몰랐다. 타일러도 보고 잔소리도 하고, 그러다가 정 안 되면 결국 때렸다. 그 현장에 전인교육 같은 것은 찾아볼 수 없었다.

조선 시대의 체벌이라고 하면 가장 먼저 김홍도가 그린 〈서당〉이 떠오를 테다. 그림 설명을 짧게 해보자면, 머리 땋은 아이들이 빙 둘러앉았는데, 훈장 앞에 앉은 녀석은 방금 회초리를 맞은 듯 다리를 문지르며 울상을 짓고 있다. 당시 서당에서 하는 공부란 매우 간단했다. 경전을 달달 외우면 끝이었다(가끔 그 뜻풀이를 하기도 했다). 잘 외우면 통通이고, 못 외우면 불통不通으로 회초리를 맞았다.

요즘도 엄한 교육을 신봉하는 사람들은 "매를 아끼면 아이를 망친다"라든가 "아이의 교육은 너무하다 싶을 만큼 해야 후회가 없다"라고 말한다. 별로 놀랍지는 않지만, 500년 전에도 이런 선생들이 많았다. 그들이 애용한 회초리인 초달楚撻은 보통 가시나무로 만들었다. 이름만 들으면 날카로운 가시가 잔뜩 돋은 무시무시한 모습이 절로 떠오르지만, 사실 가시나무에는 가시가 없다. '도토리'를 뜻하는 제주도 방언 '가시'에서 유래했다는 설, 한자어 '가서목歌舒木'에서 유래했다는 설 등이 있는데, 어쨌든 매끈하게 생겼다. 이 가시나무로 회초리를 만드는 이유가 있었는데, 한의韓醫에 따르면 멍을 잘 풀어주고 기력을 북돋는 식물이어서, 이것에 맞아도 상처가 나지 않는다고 생각했기 때문이다. 그 나름대로 아이들을 위한 배려였던 것이다.

아프지 않은 매는 없다

물론 가시나무로 때린다고 해서 안 아픈 것은 아니다. 하물며 조선 시대에는 어른이 아이를, 주인이 하인을 때리는 일이 숨 쉬듯 벌어졌다. 맞아야 일이든 공부든 잘한다는 생각이 일반적이었기 때문이다. 가령 지금까지 남아 있는 '지도편달指導鞭撻'이란 말에서 '편달'의 뜻이 바로 '회초리질'이다. 특히 어려운 글을 잘 쓰려면 몇 대 정도는 맞으며 공부해야 한다는 게 당시의 상식이었다. 그래서인지 공부 좀 한다는 아이들은 회초리 맞는 일을 꺼리지 않았다. 이황의 제자인 김성일의 일화다. 한번은 그가 아버지와 공부하는 중에 무언가를 실수했다. 그러자 아버지가 "네가 맞을 회초리를 가져와라"라고 명했다. 보통의 아이였다면 가장 가늘고 부드러운 회초리를 가져왔을 테지만, 김성일은 제일 굵고 단단한 회초리를 가져왔다. 이유를 묻는 아버지에게 그는 "회초리가 아프지 않으면 징계가 되지 않습니다"라고 답했다. 그만큼 아프게 맞아야 잘못을 바로잡고 공부를 잘하게 된다는 생각이 만연했던 것이다.

그렇다면 과연 얼마나 맞았을까. 조선 전기의 학자 정극인丁克仁은 전라도 정읍에 서당을 열었는데, 그러면서 회초리질의 기준을 마련했다.

일과를 외우지 못하는 사람은 50대, 앞서 배운 것을 외우지 못하는 사람은 60대, 바둑이나 장기 등 잡기 놀이하는 사람은 70대, 규계規戒와 책려責勵를 따르지 않는 사람은 80대, 시간을 틈타서 활쏘기를 배우는 사람은 90대, 여색을 탐하여 따르는 사람은 100대를 치는데, 모두 댓가지로 만든 회초리로 벌한다.

_정극인,《불우헌집不憂軒集》2권.

최소 50대에 최대 100대라, 과연 정극인 밑에서 배우며 종아리를 제대로 간수한 아이가 있었을까 싶다. 시험을 잘 보면 맞을 일이 없다지만, 매일 봐야 하는 데다가, 그 난도가 쉬울 리 없었다. 게다가 시대 불문 공부를 제쳐놓고 놀면서 매를 버는 아이들이 있다. 정극인의 서당에도 그런 아이들이 선생의 속을 썩였을 것이다. 과연 이 조선의 '불량아'들은 어떻게 놀아댔을까. 교육과 관련해 많은 글을 남긴 윤기는 게으른 아이들의 모습을 이렇게 묘사했다.

놀기 좋아하여 독서를 그만두고 동서로 달려가며
내일 아침 강송講誦에 불통 맞을 것 생각지 않네
회초리를 친들 어찌 게으름을 뉘우치겠는가
타일러도 완악과 몽매함은 변화시키기 어렵네
억지로 책을 보아도 글씨를 제대로 알아보지 못하고
글의 뜻을 듣는 척해도 화살로 사냥할 생각뿐
부모가 일이 있는 날이 가장 중요하니
희희낙락하며 뛰어나가 또래 무리를 따르네

耽遊廢讀走西東　度外明朝誦不通
楚撻那能回惰慢　誘撕難可化頑蒙
強對冊書魚變魯　佯聽文義鵠彎弓
最是主人有事日　欣欣躍出逐群童
_윤기, 〈무료하게 지내다가 다섯 가지 게으름이 떠오르다獨居無聊偶思五懶有吟〉.

이 시를 읽노라면 오늘날에도 어렵지 않게 볼 수 있는 '글러 먹은 아이들'의 모습이 절로 그려진다. 조선 시대에 엇나간 아이들을 바로 잡을 방법은 회초리질뿐이었다. 그래서 갓 공부를 시작한 아이들뿐 아니라, 성균관이나 사학四學의 학생들, 때로는 7품 이하의 관리들도 강연에서 불통하면 회초리를 맞았다. 과거에 급제했는데도 또 시험을 치고 심지어 혼나는 것, 이것이 바로 가공할 만한 유교의 나라 조선이었다. 물론 모든 학생이 더 아프게 맞으려 했던 김성일 같지는 않았다. 성종 때의 대사성 이륙李陸은 성균관의 유생들이 공부하지 않는다며 회초리를 들었는데, 그러자 유생들이 집단으로 반발하며 공부를 때려치우고 집으로 돌아갔다. 그렇다면 이런 질문을 던지지 않을 수 없다. 과연 체벌이 효과를 거두었을까. 정말 때리면 성적이 오르고 부지런해졌을까. 한번 역사에서 답을 찾아보자.

맞아 죽다

지금도 마찬가지지만, 조선 시대에도 체벌은 가정에서 가장 먼저 시작되었다. 사실 어린아이는 미숙하기에 숨 쉬듯이 말썽을 저지른다. 그리고 이를 바로잡는 것이 부모의 역할이다. 이때 조선의 부모들은 회초리를 애용했다.

앞서 소개한 것처럼 분을 못 참고 일방적으로 폭력을 행사한 부모도 있었지만, 간절한 마음에 정신 차릴 정도로만 체벌을 가한 부모가 더 많았다. 조선에서 가장 서러운 사람은 사별 등의 이유로 홀로 자식을 키우는 어머니들이었다. 아버지 없이 자란 자식은 잘 배우지 못해 버릇이 없다는 게 당시의 상식이었으니, 이 때문에 흠잡히지 않으려면 무던한 노력이 필요했다. 그러다 보니 홀어머니들은 회초리를 자주 썼고, 실제로 입신양명에 성공한 아들들은 어머니가 들었던 '사랑의 매'를 자주 추억했다. 실학자로 〈동국지도東國地圖〉를 제작한 정상기鄭尚驥는 일곱 살에 아버지를 여의었는데, 그때부터 어머니 덕수이씨德水李氏의 '불꽃 훈육'이 시작되었다.

어린 아들이 배울 시기를 놓칠까 봐 염려하여 책을 끼고 스승께 나아가 배우게 하고 돌아오면 몸소 읽는 횟수를 계산하여 게으름을 피우면 반드시 회초리를 쳤는데, 때로는 피가 흐르도록 회초리를 치고서 방구석에 가서 목메어 울었다.

_이익, 《성호전집星湖全集》 63권.

위의 글은 정상기 부모의 묘지명 중에서 덕수이씨에 관한 부분이다. 이 묘지명은 정상기의 친구 이익이 지었는데, 물론 자세한 내용은 정상기 본인이 알려주었을 터라, 구구절절 애틋하기 그지없다. 한 번만 읽어보아도 알 정도로, 정상기는 자기 종아리를 피가 흐르도록 때린 어머니를 매우 사랑하고 그리워했다. 정상기는 비록 과거에 급제하지 못했지만, 정밀한 조선 지도인 〈동국지도〉를 만들어 임금에게 바쳤고, 이는 현재 보물로 지정되어 있다.

물론 극단적인 반례도 존재했으니, 너무 심한 체벌로 사람이 죽기도 했다. 성종 때 지금의 강원도 철원 부근인 삭녕朔寧에서 벌어졌던 일로, 군수로 부임한 김화金化가 해당 지역의 향교에서 시험을 주관했다. 그런데 학생 중 세 명이 불통, 즉 낙제점을 받았다. 그 러자 뽕나무를 깎아 만든 매로 25대씩 때렸는데, 그중 한 명이 덜컥 죽어버렸다. 김화는 이 일을 상부에 보고하며 자기가 때렸다는 사 실을 숨겼다가 이후 들통나 크게 처벌받았다. 그 처벌이란 평생 과 거를 보지 못하는 것이었는데, 김화는 음서의 혜택을 받아 관리가 된 인물이었으므로, 꽤 치명적인 처벌이라 하겠다.

　김화의 이력을 보면 공부를 이유로 다른 사람들을 때렸다는 게 어이없을 정도다. 김화는 장원급제를 하고 높은 벼슬에 오른 김수 온金守溫의 아들로, 원래 공부를 싫어했다. 다만 아들 사랑이 지극했 던 김수온이 임금에게까지 사정해 겨우 관직을 얻어 주었던 것이 다. 제대로 공부해본 적 없이 아버지의 후광에만 의지하던 김화의 삶을 생각하면, 그의 체벌에 교육적인 효과가 있었으리라고 전혀 기대되지 않는다.

꽃으로도 때리지 말라

한편 회초리를 아껴 오히려 교육 효과를 극대화한 경우도 있었다. 조선 전기의 문인 박시형朴時衡은 어릴 때 어머니를 여의고 아버지 박홍朴鴻의 손에서 자랐다. 너무나 가난한 집안이었기에, 박홍의 남 은 희망은 박시형의 출세뿐이었다. 그래서 박시형은 고작 다섯 살 때 한자를 떼고, 일곱 살 때부터 《소학》을 공부해야 했다. 다만 박 홍은 무자비한 아버지가 아니었다. 한번은 회초리를 든 박홍이 왈

칵 눈물을 쏟았다. "내가 지금 널 공부시키는 것은 넉넉히 먹고살게 하기 위함인데, 어머니를 잃은 널 어찌 때리겠느냐." 본인의 모질지 못함이 혹여나 아들의 공부를 망칠까 봐 걱정했던 박홍은 결국 박시형을 절로 보냈다. 그곳에서 좋은 선생들과 공부하라는 뜻이었다. 하지만 박시형은 향수병을 이기지 못하고 5년 만에 집으로 돌아왔다. 박홍은 오랜만에 만난 아들이 반가우면서도, 공부를 그만뒀다는 데 괘씸해했다. 그런 박홍에게 박시형이 자기 뜻을 밝혔다. "집도 가난하고 어머니도 없는데, 그냥 출가해 승려가 되겠습니다." 이때 박시형의 나이는 고작 열다섯 살이었다.

그러자 불같이 화낼 줄 알았던 박홍이 차분히 박시형을 달래기 시작했다. "네 말이 그럴듯하다"라고 운을 뗀 박홍은 집안 사정을 자세히 설명하며 "공부해 과거에 급제하고 효도하는 것이 좋지 않겠느냐"라고 아들을 설득했다. 아버지의 자상한 훈계에 마음을 고쳐먹은 박시형은 이후 낮에는 농사짓고 밤에는 책을 읽으며 공부에 매진했다.

천만다행으로 박시형은 천재였다. 문과에 무려 두 번 급제했는데, 한 번은 2등, 한 번은 3등이었다. 그의 이후 이력을 살펴보건대 딱히 청렴하거나 능력이 출중했다고는 하기 어렵지만, 시험장에서 글 짓는 솜씨 하나만큼은 기가 막혔던 모양이다. 다른 누구도 아닌 세조와 신숙주가 모두 감탄해 마지않을 정도였다. 어쨌든 지독한 가난 속에서도 자식을 무작정 때리는 대신 사랑으로 이끈 박홍은 지금 봐도 참으로 좋은 아버지였다.

조선 후기의 문인 이경직李景稷도 박홍만큼 마음이 여렸다. 그의 행장에 따르면, 막냇동생이 경전을 제대로 읽지 못하자 회초리를 들었는데, 때리기는커녕 눈물만 터뜨렸다.

> 배송을 하다가 더러 머뭇거리자 회초리로 때리면서 경책警責을 가
> 하였는데, 즉시 부둥켜안고 눈물을 흘리면서 말하기를, "어린아이
> 가 대가의 글을 제대로 외우고 있는데, 어쩌다 구두句讀를 잘못 떼
> 었다고 해서 벌을 주다니 내가 지나쳤다"라고 하기도 하였다.
> _이식,《택당별집》10권.

이경직이 막냇동생을 '어린아이'라고 부른 이유는 자기보다 열여덟 살이나 어렸기 때문이다. 이처럼 어린 동생을 칭찬하고 자신의 지나침을 뉘우쳤다니, 정말 훌륭한 형이라 하겠다. 이러한 형의 사랑으로 학식을 높인 인물은 이경석李景奭으로, 훗날 영의정이 되었다. 그리고 당연하게도 이들 형제지간은 몹시 돈독했는데,《조선왕조실록》에 따르면 이경석은 큰형 이경직을 마치 아버지처럼 따랐다고 한다.

그러나 이는 몹시 특수한 경우였다. 체벌이 당연했던 시절인지라, 누가 매를 더 많이 맞았다느니, 누가 더 호되게 때렸다느니 하는 것이 오히려 자랑처럼 이야기되었다. 그래서 과연 체벌은 효과가 있었을까. 답은 중종이 신하들에게 했던 말로 갈음할 수 있을 듯하다.

"스승이 비록 가르쳐주고 싶어도 유생이 스스로 즐겨 배우지 않는

다면, 이는 종아리를 때리고 겁을 주어서 될 일도 아니다."

_《중종실록》, 1535년(중종 30년) 12월 11일.

이항복의 짐승 같은 삶

물론 나라님께서 무어라 하시든, 아무리 머리가 나빠도, 아무리 엇
나가려 해도 일단 때리면 공부한다는 게 조선 시대의 상식이었다.
그렇다면 정반대의 경우, 즉 머리는 좋은데 게을러서 공부를 안 하
는 경우에는 어찌했을까. "우리 애는 머리는 좋은데, 공부를 안 해
요"라는, 오늘날에도 흔히 들을 수 있는 하소연을 조선의 부모들도
내뱉었을까. 도대체 이 머리 좋은 '우리 애'는 어째서 공부를 안 할
까. 공부로 얻는 출세와 부귀영화가 허무하다는 진리를 깨우쳤기
때문일까. 아니면 그냥 노는 것이 좋아서? 좋은 머리를 안 쓰고 놀
리는 그 마음을 어찌 알겠냐마는, 역사 속 자발적 대기만성형 인재
들의 사례를 살펴보면, 그 비밀을 알 수 있지 않을까.

　가장 눈여겨 볼 인물로 이항복을 꼽을 수 있다. 그는 농담과 장
난의 천재였다. 아니, 원래 천재인데, 그 재능을 농담과 장난에 주
로 써먹었다. 이항복의 아버지 이몽량李夢亮은 지금의 국회 사무총
장 정도 되는 정2품 관직인 참찬參贊을 지낼 정도로 꽤 잘나갔다. 하
지만 그런 아버지를 아홉 살 때 여읜 이항복은 열네 살 때 어머니마
저 떠나보냈으니, 이후로 가세가 급격하게 기울었다. 가족들이 뿔
뿔이 흩어졌을 정도인데, 그래도 막내 이항복은 이복형제였던 큰

형과 사이좋게 놀러 다니기도 하고, 역시 이복자매였던 큰누나에게 돌봄받기도 하며 좋은 관계를 이어나갔다. 다만 공부는 하지 않았다. 열심히 공부하는지 감시하고 갈굴 사람(아버지)이 없었기 때문으로, 다른 누구도 아닌 이항복 본인이 그렇게 회상했다.

부끄러운 과거였을 텐데 이렇게 거침없이 까발린 것이 참으로 이항복답다 하겠다. 이항복은 정말 솔직한 사람이었다. 임진왜란이 막 발발했을 때의 일이다. 수많은 신하가 임금을 버린 채 도망갔고, 남아 있는 이들도 동인과 서인으로 갈라져 상대의 책임을 추궁하기에 바빴다. 이처럼 한심한 광경 앞에서 이항복은 분개하거나 슬퍼하는 대신 "동인이 동쪽을 맡아 싸우고 서인이 서쪽을 맡아 싸우면 일본과 아주 잘 싸우겠네!"라는, 뼈 때리는 농담을 날렸다. 그렇다고 실없는 사람도 아니었으니, 임진왜란 당시 이항복은 지금의 국방부 장관에 해당하는 병조판서를 맡아 활약했다. 특히 판세를 읽는 능력이 무척 뛰어나 전쟁의 향방과 국제 정세를 정확하게 읽어냈다.

이렇듯 능력 있는 인물이라 후대의 임금인 영조는 이항복을 콕 집어 "왜 나에겐 이런 인재가 없는 것인가" 하고 한탄했다. 하지만 이항복이라고 해서 떡잎부터 남달랐던 것은 아니다. 아니, 남다르긴 남달랐다. 파릇하기보다는 싯누렇다는 게 문제였지. 그는 어린 시절에 여느 아이들과 마찬가지로 장난질을 좋아했는데, 특히 전쟁놀이에 환장했다. 서로 패를 갈라 자못 진지하게 치고받았는데, 어른들은 이 놀이를 매우 싫어했다. 누가 다치는 것은 일쑤였고, 툭하면 길목을 막거나 이런저런 시설을 망가뜨렸기 때문이다. (이 놀이를 유독 좋아해 동네의 문제아 취급받았던 인물 중 하나가 바로 이순신이다.) 하여 이항복은 어릴 적의 즐거웠던 전쟁놀이를 회상하며, 자기 자신을 '짐승'이라 일컬었다.

혈혈단신으로 혼자서 외짝 그림자를 이끌고 의지할 곳이 없어, 남으로부터 급여를 받아먹고 지냈었다. 그리하여 어려서는 문정門庭의 교훈을 받지 못했고, 자라서는 사우師友들의 도움도 받지 못한 채, 미친 듯이 제멋대로 분주하면서 짐승처럼 절로 자랐다.

_이항복,《백사집》1권.

도와주는 사람이나 친구 하나 없었다는 대목이 눈에 띈다. 다른 사람들이 남긴 기록에도 "(이항복이) 늦게 공부를 시작했다"라는 구절이 있는 것을 보면, 꽤 정확한 자평인 듯싶다.

그나마 이항복이 어렸을 적에는 엇나가려 할 때마다 어머니가 눈물로 붙들었다. 하지만 그런 어머니를 감수성이 한창 예민할 청소년기에 여의고 말았으니, 가난한 고아 이항복의 삶은 이후 어떻게 되었는가. 놀랍게도 과거에 급제했다! 1580년(선조 13년) 열린 과거에서 병과 4등을 차지한 것인데, 당시 그의 나이 25세였다.

사위와 장인이 나라를 구하다

❖

어떻게 그럴 수 있었을까. 계기는 결혼이었다. 이항복은 열아홉 살 때 권율의 외동딸과 결혼했다. 권율은 명종 때 영의정을 지낸 권철權轍의 막내아들이었다. 이것만 보아서는 권세가끼리의 결혼이라 할 만한데, 사실 양쪽 모두 흠이 있었다. 우선 이항복은 천애 고아였던 데다가, 집 한 채 없을 정도로 가난했다. 권율은 그 나이가 되도록 과거에 급제하지 못했다. 본인은 세상을 유람하느라 과거에 뜻을 두지 않았다고 했지만, 사실상 날백수에 가까웠다. 또한 대를 이을 아들이 없고 딸만 하나 있었다.

어릴 때 부모를 모두 잃은 이항복과 슬하에 아들이 없는 권율. 명문가 출신이지만, 젊을 때 공부와 담을 쌓고 살았던 두 사람이 만나 가족이 되었으니, 처음에는 사이가 좋지 못했다. 자존심 강한 이항복과 권율은 사사건건 티격태격 다투었던 모양인데, 그렇게 조선 민담계의 새로운 지평을 열었다. 이 둘의 만남으로 장인舅과 사위壻가 서로 지혜를 겨루는 구서담舅壻談이 크게 유행했으니 말이다. 말이 좋아 지혜 겨루기지 서로 골탕 먹이는 것인데, 당시 사람들이 보기에 이항복과 권율만큼 적절한 모델이 없었던 듯하다. 물론 이항복과 권율이 서로 으르렁거리기만 한 것은 아니었다. 권율은 이항복에게 한양에 있는 집을 주었고, 임진왜란 때 그가 잠시 방문하자 "헤어진 지 오래라서 몹시 그리웠으니, 하룻밤이라도 자고 가라"라고 권하기도 했다.

장인의 챙김 덕분이었는지, 이항복은 25세의 나이로 과거에 급제한 뒤 승승장구했다. 당시 젊은 인재의 대표 주자로 꼽히며 사가독서賜暇讀書의 혜택도 누렸다. 사가독서란 일하지 않고 공부만 할 수 있도록 휴가를 주는 제도로, 여기에 선발되면 국가가 인증한 인재로 대우받았다. 놀라운 점은 사위의 활약에 자극받았는지 권율도 46세의 늦은 나이로 과거에 도전해 급제했다는 것이다.

사위에 이어 장인까지 정신 차리고 과거에 급제했으니, 별일이 또 있었겠나 싶지만, 10여 년이 지나 임진왜란이 발발했다. 이 거대한 시련에 맞서 사위는 병조판서로, 장인은 도원수都元帥로 맹활약했다. (임진왜란 당시 도원수는 지금의 참모총장이나 합참의장 정도에 해당하는데, 따라서 병조판서 바로 아래다. 즉 장인이 사위에게 지휘받은 것으로, 그만큼 과거 급제가 늦었기 때문이다.) 특히 권율은 병사들을 이끌고 직접 전투에 참여했다. 원래 문관 출신인 데다가 환갑에 가까운 나이를 고려하면 놀라운 일이었다. 주변의 병사들은 그가 칼을 휘두르는 모습을 보며 "선비가 어떻게 저럴 수 있는가?" 하며 감탄했다고 한다. 개인적으로는 젊어서 대체 무슨 짓을 하며 살았기에, 나이 들어서도 묵직한 날붙이를 휘두를 만큼의 체력을 얻었는가 싶다. 물론 권율은 전략과 전술에도 능했다. 그는 이치梨峙(지금의 전라북도 완주군 근처)에 진을 치고 일본군이 전라도로 넘어오지 못하게 막아냈다. 또한 달랑 2000명의 병사를 이끌고 한양으로 진격, 바로 옆 행주산성에서 일본군을 상대로 대승을 거두며 전쟁의 흐름을 바꾸었다.

당시 권율이 쓴 수를 보면 매우 놀랍다. 병법을 고집하기보다는 순간의 임기응변으로 위기를 모면하고 기회를 만들었다. 가령 깃발을 꽂아 병력이 많은 척하거나, 군마들에 쌀을 끼얹어 물이 남아도는 척했다. 정식 코스를 밟아 무관이 된 장수였다면 생각해내지 못했을 꾀였다. 그러면서 화차나 비격진천뢰 같은 첨단 무기들도

적절히 활용했다. 이처럼 권율은 이기기 위해서라면 새로운 수단
도 적극적으로 받아들였다. 반면에 당시 권율과 맞붙었던 일본군
의 수장은 전국시대를 주름잡았지만, 앞뒤로 꽉 막혔던 이시다 미
쓰나리石田三成였다. 이시다로서는 권율의 전략과 전술이 너무나 생
소했으리라. 성실함으로 유명했던 이시다의 머리로는 제 멋대로
살았던 권율의 머리를 도저히 이해할 수도, 따라갈 수도 없었다. 임
진왜란이 벌어지기 수십 년 전 동네 아이들과 패싸움을 벌이던 불
량소년 이항복이나, 여기저기 싸돌아다니던 한량 권율을 보면서
훗날 전쟁 영웅이 될 것이라고 누가 상상이나 했겠는가. 시대의 때
와 사람의 때가 맞은 것이니, 참으로 절묘한 운명이라 하겠다.

"이것은 귀신의 경지다"

젊었을 때 크게 엇나갔다가 나이 들며 바로잡는 이런 운명은 아무
나 누릴 수 없다. 원인손元仁孫이 대표적인 예다. 원인손은 효종의 외
증손으로, 음서로 관직에 진출했다가 나중에 문과에 급제했다. 왕
족의 혈통치고는 우여곡절을 많이 겪었지만, 어쨌든 이후 우의정
의 자리에까지 올랐다.

그런데 야사에 따르면 원인손은 투전鬪牋에 푹 빠져 살았다고 한
다. 아버지가 막아도 소용없이 별당에 왈패들을 모아놓고 온종일
투전을 즐겼는데, 그 패를 뒤집지 않아도 무엇인지 읽어낼 경지에
이르렀다. 아마 트럼프에서 남은 카드의 수를 세어 다음 카드를 예

177

측하는 카드 카운팅 기술을 터득했던 것이 아닐까 싶다. 물론 트럼프 카드는 21장이고 투전의 패는 대략 80장이니, 후자의 경우 훨씬 더 많은 상황과 변수를 계산해야 한다. 한마디로 원인손은 이름난 '타짜'였다. 그의 아버지조차 "이것은 귀신의 경지다"라며 아들 혼내기를 포기했다. 실제로 투전은 게임의 흐름, 참가자들의 패, 정확한 타이밍 등을 빠르게 읽고 판단해야 하는 어려운 도박이었다. 바꿔 말해 머리가 나쁘면 규칙조차 제대로 익히지 못했다. 그만큼 원인손의 머리가 좋았다는 것인데, 그런 자가 도박꾼이 되었으니, 재능 낭비도 정도가 있다고 하겠다. 또 다른 야사에 따르면, 원인손은 투전판에서 벌어진 싸움에 사람이 죽는 것을 보고 마음을 고쳐먹었다고도 한다.

이 모든 이야기가 사실인지는 알 수 없지만, 한 가지 분명한 점은 원인손의 평가가 그리 좋지 않았다는 것이다. 1774년(영조 50년) 10월 23일 자 《영조실록》을 보면, 그를 가리켜 "사람됨이 경박하고 천박스러워 전혀 체모가 없었으며, 정승에 임명되어서도 그 경박하고 조급함은 젊을 때와 다름이 없었다"라고 비난하고 있다. 지나치게 이익을 탐한다는 험담도 빠지지 않는다. 영조 때는 당쟁이 심해 웬만한 사람은 다 욕을 먹었지만, 그래도 원인손의 경우는 좀 심했다. 그런 원인손이 꽤 빠르게 정승의 자리에까지 오를 수 있었던 것은 탕평책 덕분이었다. 원인손은 탕평책을 지지했고 당색이 덜했으며 의견이 날카롭지 않았다. 노론이니 소론이니 하며 시끄럽게 싸우는 와중에 큰 탈 없이 정승 노릇할 수 있었던 것을 보면, 역시 절세의 승부사답다.

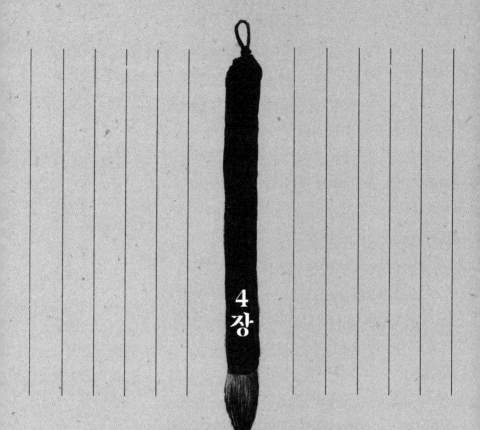

4장

백년지대계의
붕괴 과정

01

명문가에서 유행한 입주 과외

오늘날에는 의무교육이 있지만, 조선 시대에는 그런 개념을 찾아보기 힘들었다. 일단 교육을 양반, 특히 남성이 독점했고, 공교육이란 게 없었기 때문이다. 그렇다면 조선을 주름잡은 사교육 기관에는 무엇이 있었을까.

먼저 가학家學이 있었는데, 말 그대로 집에서 가르치는 것이었다. 집안의 남자 어른들, 가령 아버지, 나이 차이가 많이 나는 형 등이 선생 역할을 맡았다. 다음으로는 서당이 있었다. 조선은 건국 초기부터 각 지역에 서당을 만들어 가르침이 널리 퍼지도록 노력했다. 하지만 말뿐으로 성과는 거의 없었다. 따라서 서당은 대개 지역의 유력 양반 가문이 사사로이 만들고 운영했다. 그런 점에서 서당을 조선의 학원이라 할 만하다. 그 교육 현장은 김홍도의 〈서당〉에 잘 묘사되어 있다. 정자관程子冠을 쓰고 근엄한 표정으로 앉아 있는 훈장, 주변에 빙 둘러앉은 머리 땋은 아이들, 시험에 불통했는지 숙제를 안 했는지 종아리를 맞고 우는 아이 등 (체벌을 제외하면) 사실 지금의 학교 모습과 크게 다르지 않다.

절도 중요한 사교육 기관이었다. 조선은 분명 유교의 나라였고, 불교를 배척했지만, 그와는 별개로 수많은 선비가 절에서 숙식하며 공부했다. 그렇다면 선생은 누구였을까. 바로 절의 승려들이었다. 승려가 선비를 가르치는 유교의 나라라니, 대단히 역설적이다. 하지만 조선 초기에는 세자를 절로 보내 공부시키자는 의견이 종종 나왔고, 정약용도 한강 이남의 봉은사奉恩寺에서 공부한 적이 있으며, 그 외에도 정말 많은 사람이 절에서 공부했다. 그러면서도 불교를 배척하는 꼴이 당시에는 별로 이상하게 생각되지 않았던 모양이다.

"옛날의 교육에는 가에 숙을 둔다"

❖

어디 보내지 않고 집에서 가르치되, 선생을 들이는 경우도 있었다. 조선판 입주 과외라고 할까. 이들 선생을 숙사塾師라고 했는데, "옛날의 교육에는 가家에 숙塾을 둔다"라는 《예기》의 구절에서 따왔다고 한다. 때로 숙사는 서당의 훈장 정도로 대우받았는데, 권세 있는 양반 가문은 자기들만 이용할 수 있는 학당을 만들고 학식 높은 사람을 숙사로 초빙했다. 정약용이 대표적인 경우로, 그가 전라도 강진에 유배를 가 있던 시절 머물렀던 다산초당도 원래 그의 외가인 해남윤씨海南尹氏 가문의 별장이었다. 정약용은 이곳에서 외가 친척들과 제자들을 가르쳤다. 학당에서 한발 더 나아간 것이 선생을 아예 집으로 데려와 같이 지내는 일이었다. 수십 년 전에 입주 과외가 유행했던 일이 있었다. 주로 공부는 잘하지만 돈이 없어 곤란한 시골 출신 유학생을 집에 들여 자기 자식을 가르치게 했는데, 남의 자식을 먹여주고 재워준다는 점을 앞세워 법망을 빠져나갔다. 갑자기 웬 법망 운운인지 궁금해할 사람을 위해 알려주자면, 당시에는 사교육이 불법이었다. 이유는 다르지만, 이런 식의 과외가 500년 전에도 횡행했던 셈이다.

가령 고종 때 관리로 일하다가, 일제강점기에 민족운동 단체인 흥사단 단장을 지낸 김윤식金允植은 어려서 아버지를 잃고 숙부 김익정金益鼎의 집에서 자랐다. 김익정은 자신의 자식들과 조카에게 공부를 가르치기 위해 김상필金商弼을 숙사로 들였다.

나의 중부仲父 청은공淸恩公께서 양근楊根 귀천歸川의 가숙으로 선생을 불러들여 나와 종형제에게 명하여 수업을 받게 하셨다.

_김윤식, 《숙사소산선생전塾師小山先生傳》.

김윤식은 김상필이 세상을 떠나자 그의 행적을 정리해 《숙사소산선생전》을 썼다. 이에 따르면 김상필은 젊은 나이에 진사시에 급제할 정도로 똑똑했지만, 집이 너무나 가난해 먹고살 길이 없었으므로 결국 숙사가 되었다. 그리하여 김윤식과 사촌들의 선생이 된 김상필은 제자들을 열심히 가르쳤고, 특히 고아인 김윤식에게는 "너는 부모님이 안 계시니 더 열심히 공부해야 한다"라며 격려를 아끼지 않았다. 김윤식과 사촌 셋 모두 과거에 급제한 것을 보면 김상필의 가르치는 솜씨가 훌륭했던 듯싶다.

비슷한 시기의 인물인 이남규李南珪 또한 숙사에게 공부를 배웠다. 하지만 이남규의 태도가 영 삐딱했던 모양이다. 숙사가 그만 가르치겠다고 하자 이남규의 어머니 청송심씨靑松沈氏는 아들을 엄하게 야단쳐 숙사의 마음을 되돌렸다.

> 내가 어릴 적의 일인데, 가대인家大人께서 항상 서울에 가서 객지 생활을 하고 계셨기에 선비께서 집에서 숙사를 맞다가 나에게 글 공부를 시켰다. 그런데 혹시 스승이 그만 떠나야겠다고 하면, 선비께서는 곧 나를 불러서 꾸짖기를, "이것은 네가 공부를 열심히 하지 않기 때문이다. 그래서 스승님이 절망하여 이처럼 떠나려고 하시는 것이다" 하고는, 인하여 식사를 물리치고 들지 않으셨다. 그래서 나는 두려워서 감히 놀지 못했으며, 스승님 또한 다시 돌아가겠다는 말을 하지 못하였다.
>
> _이남규, 《수당집修堂集》 11권.

이후 이남규는 열심히 공부해 과거에 급제했다. 이후 일제의 침략을 강하게 비판하면서 항일 의병을 도왔다. 그 때문에 피살당했는데, 그의 후손들도 대를 이어 독립운동을 했다고 한다.

숙사들의 좌충우돌 생존기

이처럼 조선의 인재들을 키워낸 숙사들이건만, 그 지위가 그리 높지 않았다. 정말 높은 지위를 누리려면 당대의 대학자 반열에 들어야 했다. 가령 이황이나 송시열처럼 말이다. 그 정도 선생은 어마어마한 권위를 가졌다. 제자들은 물론이고, 세자나 임금마저 그들을 무시할 수 없을 정도였다. 그러나 일개 숙사들의 경우는 달랐다. 대부분의 숙사는 좋게 쳐야 손님 정도로 대접받았다. 그 이유는 숙사가 가르치는 내용과 관련되었다.

숙사의 제일 목표는 주인집 아들을 과거에 급제시키는 것으로, 특히 기초 과정이라 할 수 있는 경전의 암기를 책임졌다. 그러니까 많이 읽고 빨리 외우도록 갈구는 게 숙사의 일이었다. 즉 구체적인 지식이나 심오한 철학을 전수해주는 대신, 단순 기술을 알려주는 데 그쳤으므로, 천대받을 수밖에 없었다. 김윤식처럼 몇몇 충실한 학생은 "우리 선생님은 달랐다. 깊은 뜻이 있으셨다"라고 주장했지만, 극히 드문 경우였고, 대부분의 숙사는 경전을 달달 외우도록 하는 게 일의 전부였다. 다 외웠니? 한번 써봐라. 이 부분 과거에 나오니 밑줄 쫙!

개중 좀 더 능력 있는 숙사라면 제자가 지은 글이나 시를 봐주기도 했다. 김윤식의 숙사 김상필이 바로 그랬는데, 그는 제자가 지은 서툴고 진부한 시를 구구절절 멋들어지게 다듬어주었다. 본디 시 짓기란 선비들의 기본 소양이자 학식의 척도였으니, 운율을 지키며 세련된 표현을 쓰려면 머리를 쥐어짜야 했다. 물론 이 능력은 과거를 볼 때도 중요하게 평가받았으므로, 김상필이 제자에게 그 본을 보여주었던 것이다. 김윤식이 괜히 숙사에 불과했던 자기 선생의 전을 썼던 게 아니다. 하지만 이처럼 좋은 관계의 숙사와 제자는 많지 않았다. 어린 제자들은 원래 놀기 좋아했고, 숙사는 가난한 피고용인이었다. 이런 상황에서 사람의 본성을 생각해본다면, 게으르고 놀기 좋아하며 부모의 권세에 기대어 남을 우습게 보는 도련님들이 더 흔하지 않았겠는가.

> 백 년 사이에 풍속이 갈수록 쇠퇴하여 꼭 스승을 집으로 데려와 먹여주면서 자제를 가르치게 한다. 자제들은 평소 교만한 데다가 먹여주는 권세를 믿고 스승을 대한다. 스승은 권위를 세울 수가 없어 꾸짖지도 못하고 회초리를 들지도 못하며 시키는 대로 할 뿐이다.
> _성해응成海應,《연경재전집硏經齋全集》10권.

이런 분위기라면 설령 훌륭한 숙사를 들인다고 해도 효과를 보기 어려웠을 테다. 어디 그뿐이랴. 고용주와 한 지붕 아래 살게 되면 좋든 싫든 많은 것을 알게 된다. 무슨 말인고 하니, 혹여나 고용주가 역모에라도 휘말리면 생판 남인 숙사라도 그 화를 피할 수 없었다. 그렇게나 재수가 없었던 인물이 조선 후기의 문인 노긍盧兢이다. 그는 젊은 나이에 과시를 잘 짓는 것으로 이름을 날렸는데, 정작 자기가 과거를 보는 대신 혜경궁 홍씨의 남동생 홍낙임洪樂任의 집에 숙사로 들어가 그 집 아들들을 가르쳤다. (홍낙임은 문과 장원 급제자였는데, 정작 자기 아들들은 가르치지 않았던 듯싶다.) 어째서 노긍은 벼슬을 탐내지 않았는가. 아마 워낙 몰락해버린 집안 출신이라, 설사 과거에 급제한다고 한들 뜻대로 출세하기 어렵다고 생각했기 때문이리라. 그런데 이 판단이 결국 노긍의 발목을 잡았다. 영조에게서 정조로 왕위가 넘어가는 와중에, 다음 임금을 결정하는 문제를 놓고 정치적 충돌이 격해졌는데, 여기에 홍낙임을 비롯한 혜경궁 홍씨의 친척들이 휘말렸다. 이들은 외척인데도 정조 대신 그의 이복동생을 다음 임금으로 지지했다(물론 혜경궁 홍씨는 정조의 집권을 지지했다). 하지만 우여곡절 끝에 정조가 임금이 되었고, 외척들은 줄줄이 숙청당했다(홍낙임은 한참 뒤에 처형당했다). 이때 노긍 또한 다른 사람들의 과거 답안지를 대신 써줬다는 죄목으로 귀양을 갔는데, 그 죄 자체보다는 외척들과 연루된 탓이 크게 작용했던 듯싶다.

과연 노긍이 홍낙임의 답안지까지 써줬는지는 알 수 없지만, 그 좋은 머리로 부정행위에 편승했다는 것 자체는 사실이었다. 사실 조선에는 노긍 같은 이들이 많았다. 한 지붕 아래 살며 내적 친밀감도 커졌겠다, 쭉 끼고 가르쳤겠다, 거기에서 한 발짝 더 내딛는 게 그리 어렵지 않았으리라. 게다가 그 돈벌이가 꽤 쏠쏠했기에 당장 먹고살 길이 없는 이들로서는 유혹을 떨치기 어려웠을 것이다.

> "그가 역적들의 집에 드나들며 그들의 사사師事(선생)가 되었고, 처지가 비록 미천하기는 하지만 교활한 짓을 가르치는 시초가 되었으니 (…) 진실로 한없는 염려가 있게 됩니다."
> _《정조실록》, 1777년(정조 1년) 11월 27일.

당시의 대사간이 노긍을 콕 집어 한 말이다. 노긍이 비록 잘못했다고 해도, 그 삶이 너무나 안타깝다. 가난한 처지에 먹고살려고 숙사로 일하다가, (필시 거스르기 어려운 고용주의 부탁으로) 답안지를 대신 써주었을 것이 눈에 훤하다. 현재 남아 있는 노긍의 글을 읽어보면 감탄이 절로 나온즉, 오히려 안타까움만 커진다. 노긍은 불우한 처지였는데도, 재기발랄한 글을 즐겨 썼다. 그 글솜씨로 과거에 급제해 변변찮은 관직만 했더라도, 아니 귀양만 안 갔더라도 좀 더 편안하게 살지 않았을까 싶다. 하지만 결국 가난이 죄였다. 노긍이 귀양을 가고 5년 뒤, 그의 아들이 아버지를 풀어달라고 임금에게 격쟁擊錚(꽹과리를 치며 억울함을 알리는 일)으로 하소연했지만, 오히려 아들도 곤장을 맞고 귀양을 가게 되었다.

천재를 알아본 천재

사실 노긍에게는 매우 큰 문제가 있었는데, 나라님인 정조가 그를 매우 싫어한다는 것이었다. 실제로 정조는 자신의 일기인《일성록日省錄》에 이렇게 적었다.

> (노긍의 죄는) 선비들의 기풍을 어지럽히고 인심을 현혹시켜 세가勢家의 자제들로 하여금 문자를 몰라서 스스로 큰 죄에 빠지게 하는 것이다.
>
> _《일성록》, 1782년(정조 6년) 3월 1일.

정조는 부정하게 급제한 사람들의 형편없는 답안지를 몰수해 전국에 돌리며 경고할 정도로, 과거에서 벌어지는 부정행위를 몹시 '극혐'했다. 게다가 노긍의 재기발랄한 문체는 '극보수꼴통 정통 고문체주의자'인 정조의 취향에서 완벽하게 벗어나 있었다. 여러모로 노긍은 운이 없었다. 하긴, 세손으로 태어나 한평생 배부르고 등 따숩게 지낸 정조가 어찌 가난한 선비의 고된 삶을 알았겠는가.

이후 유배를 마친 노긍은 가난에 시달리며 아내도, 아들도, 며느리도 없이 홀로 어린 손자를 키웠다(아들은 유배 이후의 기록이 남아 있지 않다). 그런 상황에서도 노긍은 특유의 익살을 잃지 않았다.

> 남들은 모두 손자가 있지만
> 나에겐 아무래도 없는 것 같네
> 아빠도 되고 엄마도 되고
> 할아버지도 되고 할머니도 되네
> 人皆孫子有 如我思應無
> 爲父亦爲母 作翁兼作姑
> _노긍, 〈어린 손자穉孫〉.

하지만 하늘도 무심하게 노긍은 끝내 가난을 벗어나지 못하고 굶어 죽었다. 이토록 불우하게 살다 간 노긍을 알아준 것은 애써 가르쳤던 제자들도 아니었고, 답안지를 대신 써줬던 사람들도 아니었다. 노긍과 달리 과거에 급제하고 정조의 총애를 받아 대제학과 우의정의 자리에까지 오른 이가환李家煥이었다. 이가환은 기억력이 뛰어나고, 수학과 천문에 능통해 당대에도 천재라 불렸는데, 사람들은 그와 노긍을 자주 비교했다.

이가환은 노긍을 꺼렸고 노긍은 심익운沈翼雲(조선 후기의 시인)을 꺼렸는데, 이가환의 박학다식에는 노긍이 미치지 못했다.

_성대중成大中,《청성잡기靑城雜記》5권.

이런 말이 나돌았을 정도니 분명 이가환도 노긍의 존재를 알았을 것이다. 그는 노긍의 삶과 재능을 모두 안타까워했으니, 직접 노긍의 묘지명을 지어주었다.

그가 태어나 우리나라는 한 사람을 얻었고, 그가 죽자 우리나라는 한 사람을 잃었다.

_이가환,《금대시문초錦帶詩文鈔》하권.

나 또한 노긍의 삶을 알게 된 모든 독자에게 감히 청한다. 고작 숙사의 삶을 살았다고 우습게 여기며 천대하지 말지어다. 그저 운이 지독히도 없었던 시대의 천재였을지 모르므로.

02

천민 선생과 양반 학생

세상에는 정말 많은 사람이 있고, 저마다 개성도 재능도 가지각색이다. 누구는 춤을 잘 추고, 누구는 노래를 잘 부르고, 누구는 운동을 잘한다. 지금은 꽤 자유로운 시대가 되어서 꼭 공부를 잘하지 않더라도 여러 가지 재능을 발휘하며 먹고살 수 있다. 사실 이는 조선시대에도 마찬가지였다. 공부 잘하기란 양반 가문의 남자들에게만 요구된 것이었고, 그 외의 사람들은 각자의 방식대로 살아갔다.

　하지만 문제는 조선이 철저한 신분제 사회였다는 것이다. 결국 권력을 쥐고 나라를 움직이는 이들은 과거에 급제한 양반이었다. 그런 상황에서 양반 가문의 부모들은 "오직 공부"를 외칠 수밖에 없었다. 남의 집 아들이라면 잃어버린 자아를 찾으러 금강산을 오르든 팔도를 유랑하든 웃으며 응원했던 사람이라도, 자기 집 아들이 그런 낌새라도 보일라 치면 평정심을 유지하지 못했다. 단순히 공부를 열심히 하라고 갈구는 데서 한발 더 나아가, 내 아들이 공부를 못할 리 없다는 현실 부정의 단계에까지 이르렀다.

특히 공부 잘했던 아버지와 공부 못하는 아들의 조합은 최악이었다. 직접 가르치자니 열받고, 그렇다고 모르는 체하자니 속이 터지는 것이 그들 부모의 마음이었다. 이때 필요한 것이 바로 돈이었다. 좋은 선생을 모셔 오자. 얼마를 원하든 주겠다. 내 아들을 똑바로 가르쳐다오! 이런 부모들 덕분에 조선의 사교육 시장은 불황을 몰랐다. 마치 오늘날처럼 말이다.

천 냥 만 냥이 안 아까운 입시 정보

❖

조선의 돈 많은 부모들은 단순히 실력 좋은 선생만을 찾지 않았다. 영양가 있는 입시 정보까지 가진 선생을 구했다. 언제 과거가 열린다더라, 어디서 문제를 출제한다더라 같은 고급 정보 말이다. 물론 이런 정보들이 어디까지 사실인지 확인할 수 없었고, 실제로 가짜 정보도 많았지만, 캄캄한 어둠 속을 헤쳐나가는 입시생들로서는 환히 불을 밝히는 등대를 만난 기분이었을 것이다.

이때 가장 중요한 정보는 과거 일정이었다. 이는 모든 선비에게 초미의 관심사였다. 조선 중기의 문인 오희문吳希文은 임진왜란 와중에 《쇄미록瑣尾錄》이라는 일기를 꾸준하게 썼는데, 피란을 가면서도 과거가 언제 열리는지 꼼꼼하게 정리했다. 이런저런 우여곡절과 좌절 끝에 본인은 과거를 포기했지만, 아들들만큼은 응시하기를 바랐기 때문이다. 실제로 임진왜란을 비롯한 난리판에서도 과거는 끊임없이 치러졌다.

이황도 아들에게 편지를 써 과거 일정을 알려줬다. 그리고 보통 이런 정보는 출제 예상 문제와 함께 전해졌다. 대개 뜬소문이었지만, 출처가 대사성까지 지낸 이황이라면 믿을 만하지 않겠는가. 이황이 관직에 있을 때 아들에게 쓴 편지를 보면, '최근 사회 이슈'나 '최신 출제 경향'이 잘 정리되어 있다. 좀 더 직접적으로는 임금이 어떤 문제를 낼지도 알려주었다. 아들을 위해 이렇게까지 했다니! 바로 그 이황이? 공정함은 어디로 내팽개쳤는가. 이런 생각이 들겠지만, 사실 당시에는 꽤 흔한 일이었다. 가령 조선 후기의 문인 김광계金光繼는 과거를 준비하는 중에 첩보를 얻었다. 이황의 제자이자 도산서원의 원장으로 후학 양성에 힘 쏟던 금응훈琴應壎이 편지를 보내 "이번 과거는 작년과 같을 테니 기출문제를 열심히 읽으라"라고 귀띔해준 것이었다. 이것으로도 부족했는지 금응훈은 김광계를 직접 찾아와 그 일가친척들까지 모두 모아놓고 온갖 고급 정보를 자세히 풀어냈다. 김광계는 이걸 또 아무런 문제의식 없이 일기에 적었으니, 당시 이런 식의 문제 유출이 얼마나 흔했을지 짐작할 만하다.

뭐, 이황이나 금응훈으로서도 어쩔 수 없는 일이었을 것이다. 과거 급제가 곧 가문이나 세력의 영향력 확대로 이어지던 시대였은즉, 이왕이면 자기 자식이, 자기 제자가 급제하기를 바랐을 테다.

물론 그처럼 비빌 언덕이 없는 사람들에게는 당시에도 매우 불공정한 일로 여겨졌겠지만 말이다.

그런데 이렇게 유출된 정보들이 정말 쓸모 있었는지는 알 수 없다. 이황의 아들이나 금응훈의 제자 모두 낙방했기 때문이다. 임금이 미리 문제를 알려줘 장원 급제한 가난한 선비 이야기가 민담으로 전해지기도 하지만, 이 또한 실현 가능한 일은 아니었다.

교과서의 위상을 뛰어넘은 참고서, 초집

결국 과거에 급제할 가능성을 키우려면 열심히 공부해야 했다. 물론 이를 위해서도 돈이 필요했으니, 책을 사기 위해서였다. 제지술과 인쇄술이 그리 발전하지 않았던 당시에 책은 거의 사치품에 가까웠다. 하필 경전들은 대개 권수가 많아 전질 값이 상당했다. 부유한 양반 가문이라면 서가를 꾸며 장래가 기대되는 후손에게 유산으로 물려주기도 했으나, 이는 극히 드문 일이었다.

물론 책을 모으는 것과 읽으며 공부하는 것은 다르다. 아무리 많은 책을 사 모아도 읽지 않으면 말짱 헛것이다. 이식은 '스스로' 책을 읽어야 한다고 강조했는데, 바꿔 말해 조선 시대에도 사람들은 책 읽기를 힘들어했다. 경전의 내용이 쉽지도 않고 분량이 적지도 않으니, 당연했다. 그래서 요점이 잘 정리된 참고서, 즉 초집抄集이 유행했다. '시험 직전 대비 요점 정리'가 조선 시대에도 먹히는 콘셉트였던 것이다. 흥미롭게도 시대와 출제 경향에 따라 초집의 내용도 달라졌는데, 이를테면 조선 후기에는 과거에서 시부詩賦 짓기를 주요하게 평가했으므로, 시와 부에 관한 초집이 많이 만들어졌다. 그 외에도 좋은 점수를 받았던 답안지들을 모아 엮은 대책이 꾸준히 사랑받았다(임금의 질문에 바로 답하는 과거 유형인 대책과 표기가 같다). 특히 《동책정수東策精粹》《전책정수殿策精粹》《동인책선東人策選》등이 유명했다. 이들 대책에는 이이, 신숙주, 성삼문成三問 같은 쟁쟁한 인물들의 답안지, 역대 장원급제자들의 답안지, 장원급제자의 것은 아니지만 누가 읽어도 명문이라 인정할 답안지 등이 종류별로 정리되어 있었다. 지금 읽어보아도 '와! 정말 잘 썼다'라고 절로 생각되니, 확실히 과거 공부에 도움이 되었으리라.

초집은 어디까지나 참고서였지만, 시간이 흐를수록 원전의 위상을 뛰어넘었다. 많은 선비가 원전에는 손도 안 대고 초집부터 찾았다. 원전은 그 분량 때문에 구하기도 힘들었고, 비쌌기 때문이다. 물론 가장 큰 이유는 귀찮음이었으리라. 시간을 오래 들여 원전을 읽을 필요가 어디 있나. 요점을 잘 정리한 초집이 있는데! 물론 나이 든 '꼰대'들은 이런 꼴을 차마 보고 넘기지 못했다. 요즘 젊은것들은 제대로 공부하지 않고 초집만 본다니, 나 때는 안 그랬는데!

"유생들이 모두 초집만 익히고 경서經書에 대해서는 전연 마음을 쓰지 않습니다."

_《태종실록》, 1411년(태종 11년) 5월 8일.

이는 임금과 신하들이 과거제도의 운영을 논의하던 자리에서 나왔던 말이다. 여기에 대사헌大司憲, 즉 지금으로 치면 감사원이나 검찰 정도 되는 사헌부의 수장인 황희가 한마디를 얹었다.

"강경법을 폐지하신 것은 옳지 않은 일이오니, 조사朝士로서 지금까지 글을 읽지 않던 자가 갑자기 사직하고 과거에 응하는 것을 보면 알 만한 일입니다."
_《태종실록》, 1411년(태종 11년) 5월 8일.

풀이하면 이렇다. 지금도 잘 다니던 직장을 그만두고 고시를 준비하는 사람들이 있는데, 조선 시대에도 하던 일을 내던지고 과거에 도전하는 사람들이 있었다. 이에 대해 황희는 공부도 제대로 안하던 놈들이 과거를 봐 괘씸하다고 비판했던 것인데, 그런 결정을 내릴 만큼 절실하고 절박한 사람들의 마음을 아버지 덕분에 음서로 관직 생활을 시작한 그가 헤아리기란 어려웠을 테다. 게다가 황희는 관직을 받은 후로 문과에 급제하기까지 13년이 걸렸다. 자산의 올챙이 적을 생각한다면, 저 말은 하지 말았어야 했다. 하지만 이런 생각은 시간이 흘러도 사라지지 않았다.

"유생들이 모두 초집을 모방하여 제술한 까닭으로 지금 성균관에가서 뽑은 가작佳作이 드물도다. 내가 일찍이 자주 성균관에 가서 선비를 뽑고자 하였으나, 이후부터는 시행하지 않겠으니, 만약에 사람을 뽑고자 한다면 장차 무슨 방법으로 시험 보게 할 것인가."
_《세종실록》, 1429년(세종 11년) 5월 29일.

왜 이렇게 쓸 만한 사람이 없냐는 세종의 짜증을 가라앉히기 위해 '짬밥' 높은 관리였던 허성許誠과 정인지鄭麟趾가 의견을 냈다. 불시에 찾아가 쪽지 시험을 보면 성균관의 유생들이 긴장해 공부하지 않겠냐는 것이었다. 하지만 이 정도로 만족할 세종이 아니었다. 세종은 나라를 위해 온몸이 부서지도록 일할 인재를 원했다. 그리하여 세종이 직접 문제를 출제하겠다고 하자, 후배들을 사랑한 정인지가 딱 잘라 말했다. "출제하기 어려우실 겁니다出題難矣." 최고 상사인 임금에게 "안 됩니다不可"라고 말하지 않은 데서 정인지의 관록이 드러난다. 세종이 문제를 낼 수 없다는 게 아니라, 문제를 내도 어차피 맞추지 못할 테니 무리하지 말라는 뜻이었다. 좀 더 자세히 풀면, "아직 새파랗게 어리고 제대로 공부하지 않은 유생들에게 주상께서 높은 수준의 문제를 꼭 내야 하겠습니까?" 하고 아주 점잖게 임금을 타일렀던 것이다. 정인지의 후배 사랑이 돋보인다고 하겠다.

고관들이 한밤중에 주자소를 드나든 까닭

❖

초집에 대한 문제 제기는 이후로도 그치지 않았다. 다음은 100여 년의 세월이 지나 중종이 참여한 조강에서 나왔던 말이다.

"근래의 유생들은 단지 책문의 초집만 가지고도 과거에 합격할 수 있기 때문에 이를 매우 달갑게 여기고 있습니다만, 이보다 더 큰 폐습이 없습니다."

_《중종실록》, 1533년(중종 28년) 5월 17일.

재미있는 점은 이때 조강에 참여했던 신하들은 모두 세종 때 "(초집만 읽는) 요즘 젊은것들" 소리 들었던 이들이라는 것이다. 올챙이 적 생각 못 하는 개구리들의 모임이랄까. 그래서 이 세태가 고쳐졌냐 하면 그럴 리가. 20여 년이 지난 명종 때도 초집은 동네북 신세였다.

"지금 유생들이 다투어 초집을 만들어 표절을 일삼아 독서를 전폐하므로 경전 하나도 궁구窮究하지 못하는 자가 있습니다."

_《명종실록》, 1556년(명종 11년) 10월 11일.

역시 이번에도 "나 때는…", "하여간 젊은것들은…" 하는 성토가 이어졌다. 다시 한번 강조하건대 이렇게 비판하는 이들조차 젊었을 때 초집을 보며 공부했을 가능성이 농후하다. 올챙이 시절을 잊고 개굴개굴 울며 '젊은것들'을 비난하는 개구리들의 합창이 500년 내내 이어졌으니, 세대 갈등은 역사의 진리인 듯싶다.

이처럼 초집은 시대를 불문하고 사랑받았는데, 그 탓에 거대한 정치 스캔들의 중심에 놓이기도 했다. 선비들이 좀 더 좋은 초집을 구하기 위해 물불을 가리지 않다가 국가의 재산을 남용하는 일까지 벌였던 것이다. 사건은 즉위하지 얼마 안 된 문종이 경연 도중에 정인지를 질책하며 시작되었다.

"경이 일찍이 《어제대책御製對策》을 찍기를 끝내도록 청하였는데, 그
러나 근래 유자들이 옛 작품을 도습蹈襲하며 경학을 익히지 않으니,
이 때문에 그 청을 윤허하지 않는다."

_《문종실록》, 1450년(문종 즉위년) 11월 18일.

《어제대책》이란 임금의 질문에 답하는 과거 유형인 대책에서 나
온 명문들을 엮은 책이다. 문종은 이 책이 오히려 선비들의 공부를
망친다며 더는 인쇄하지 말라고 했는데, 정인지 또한 물러서지 않
았다.

"유자가 제술을 잘하고자 하면 옛사람의 작품을 모방하지 않을 수
없는 까닭에 이를 청한 것입니다."

_《문종실록》, 1450년(문종 즉위년) 11월 18일.

글솜씨를 갈고닦으려면 잘 쓴 예시를 보고 베껴봐야 하지 않겠
냐는, 그야말로 누구나 납득할 만한 이유였다. 정인지가 누구인가.
태종이 뽑은 장원급제자로, 세종 때 한글 창제에 참여하고, 세법(공
법貢法)을 개정한 실력자였다. 수학에도 빼어났다고 하니, 한 시대
를 풍미한 천재였다. 이런 사람이 초집이 필요하다는데, 누가 반박
할 수 있었을까.

사실 《어제대책》의 인쇄를 금지한 데는 더 깊은 사정이 있었다.
고관들이 자기 자식만을 위해 국립 인쇄소인 주자소鑄字所에서 몰
래 대책들을 찍어왔던 것이다. 결국 전모를 알게 된 문종이 이를 금

지했던 것인데, 아버지 세종을 30년간 보필하며 후계자 수업을 받은 그답게 공부에 대해서는 양보가 없었다. 연장선에서 관련자들을 크게 문책하려 했지만, 대신이나 승지 같은 고관들이 너무 많이 연루되어 차마 그러지 못했다. 당연히 나랏일에 쓰여야 할 주자소의 활판과 활자가 한 줌 고관들의 자식을 위해 쓰였다니, 불공정의 극치였다. 하지만 사건이 유야무야 넘어갔기에 과연 누가 연루되었는지는 정확히 밝혀지지 않았다. 세종과 문종 때 한자리 차지했던 유명한 사람들이 몇몇 머릿속을 스치지만, 확실한 증거가 없으므로 어찌 혐의를 두겠는가. 다만 최소한 한 명만큼은 확실한데, 바로 정인지다. 정인지의 아들들은 아버지와 달리 공부에 소질이 없었다. 다섯 아들 중 셋이 왕족과 결혼했을 정도로 대단한 가문이었지만, 어쨌든 아무도 과거에 급제하지는 못했다. 정인지로서는 체면이 안 서니, 고민 끝에《어제대책》을 구한 것 아니었을까.

정인지가 문종에게 한 변명은 어떤 면에서 꽤 인간적이다. 본인은 열심히 공부해 정정당당하게 과거에 장원 급제했건만, 공부 못하는 아들들과 관련해서는 판단이 흐려졌던 것이니까. 세상 어느 부모가 자식 문제 앞에서 태연할 수 있겠는가.

썩은 나무를 깎아 옥을 만들다

공부와 관련해 통용되는 설이 있다. 공부 잘하는 아이는 어떤 환경에서도 잘한다. 집이 가난하든, 평생 학원 근처에도 못 가봤든 늘 1등을 놓치지 않는다. 반면에 공부 못하는 아이는 무슨 짓을 해도 못한다. '일타 강사'에게 배워도 꼴찌를 면하기 힘들다. 이 설은 거의 상식처럼 받아들여진다. 그래서 더 궁금한 것이 있다. 그렇다면 과연 중간에 낀 아이는 어떨까. 공부를 특별히 잘하지도 못하지도 않는 아이 말이다. 이런 아이들은 시키면 그럭저럭 하지만, 내버려두면 아무것도 하지 않는다. 이때 바로 옆에 찰싹 붙어서 공부를 가르쳐주며, 때로는 격려하고 때로는 갈구는 사람이 필요하니, 바로 과외 교사다. 사람 사는 게 다 비슷하다고 이 땅의 옛사람들도 비슷한 생각을 했다. 잠시 시간을 좀 더 돌려 조선 이전의 고려로 가보자.

고려를 대표하는 문인 이규보는 당시 최고의 사학으로 평가받던 문헌공도文憲公徒 출신이었다. 문헌공도는 여름과 겨울에 학생들을 모아다가 혹독하게 공부시키는 일종의 기숙학교였다. 그곳의 크고 작은 시험들에서 이규보는 언제나 수석을 차지했다. 비록 과거에는 네 번 낙방했지만, 끝내 급제한 후에는 정권을 잡은 무신들과 사이좋게 지내며 권세를 누렸다. 그런 이규보에게도 아픈 손가락이 있었으니, 바로 셋째 아들 이징李澄이었다. 그는 슬하에 네 아들을 두었는데, 유독 이징만이 공부와 담을 쌓고 말썽을 부렸다.

내 셋째 아들 징은
썩은 나무 같아 새길 수 없네
장성한 나이인데 글을 알지 못하니
밥통이 되어 곡식만 축내누나
자식 바꿔 가르친단 옛말이 있지만

초파리 같은 놈 깨우칠 이 없었다오

我家第三兒曰澄 性不可雕如朽木

行年壯大不解書 此是飯囊空貯粟

易子而敎古所聞 無人爲發醍雞覆

_이규보, 〈신대장申大丈이 아들 징을 가르치는 데 사례함謝申大丈敎授愚息澄〉.

'썩은 나무', '밥통', '초파리' 같은 비유를 써가며 아들 욕을 했을
만큼 많은 사건 사고가 있었지 않았나 싶다. 사실 잘난 부모가 못난
자식을 못마땅해하는 것은 그리 놀라운 일이 아니다. 그리고 이런
부모일수록 포기를 모른다. 이규보도 이징을 신대장이라는 사람에
게 보냈다. 신대장은 이름이 아니고 대장이라는 관직을 지내는 신
씨를 의미하는데, 신분이 아주 낮았던 듯싶다. 뭐, 엉덩이에 뿔 난
아들놈에게 공부만 잘 가르친다면야 신분이 무슨 상관이었겠는가.
신대장은 나이 80이 되도록 오경五經(유학의 다섯 가지 경전) 등을 가
르쳐주는 학원을 운영했다. 원래 학원을 할 생각이 있었던 것 같지
는 않고, 학생들이 계속해서 몰려들어 자연스레 학원이 되었다고
한다. 이규보는 신대장에게 이징을 보내며 구구절절하게 부탁했
다. "이놈을 부디 사람으로 만들어주시오."

내 자식 우둔함을 혐의치 않고

갈고 다듬어 옥 만들기를 기약하누나

不嫌阿兒鋒刃鈍 着手磨礱期切玉

_이규보, 〈신대장이 아들 징을 가르치는 데 사례함〉.

썩은 나무를 깎아 옥을 만들 수 있을까. 잘 모르겠다. 실제로 이 징은 결국 과거에 급제하지 못했다. 결과적으로 학원비를 날린 꼴이었는데, 사실 이규보는 당대의 권력자답지 않게 가난한 편이었다. 술 먹고 노느라 가산을 탕진했기 때문인데, 당연히 본전 생각이 나지 않았을까. 다만 부자지간이 파국에 이르지는 않았으니, 불행 중 다행이라고 하겠다.

고려에는 문헌공도나 신대장의 학원처럼 유명한 사교육 시설이 많았다. 특히 고려 말에는 강경룡康慶龍의 학원이 대박을 터뜨렸다. 1305년(충렬왕 31년) 그곳에서 공부한 학생 중 10여 명이 단체로 국자감시國子監試(조선의 소과에 해당)에 급제하는 파란을 일으켰다. 급제자들은 강경룡을 찾아가 감사 인사를 올렸고, 덕분에 온 동네 사람이, 나아가 온 백성이 이 일을 알게 되었다. 그 소문이 임금의 귀에까지 들어갔으니, 조정은 강경룡에게 학생들을 잘 가르쳤다며 표창했다. 정작 강경룡 자신은 유사儒士, 즉 벼슬을 안 한 일개 선비였는데, 다른 이의 과거 공부만은 끝내주게 시켜줬던 셈이다.

누구라도 잘 가르치면 장땡!

강경룡의 명성은 이후 100년이 지난 조선 세종 때까지도 이어졌다. 강경룡 같은 사람이 더 필요하다는 말이 나올 정도였다. 돈을 내지 않으면 가르치지 않는 사교육의 화신이었는데, 왜 이렇게까지 추켜세웠을까. 그 이유는 간단하다. 고려는 물론이고 조선 또한 국가

차원의 교육 철학과 제도 자체가 없었기 때문이다. 그러니 사교육이라도 있어야 사람들이 공부할 수 있었다. 그래도 조선은 성균관과 사학四學, 향교 같은 공교육 기관이 있어 그나마 나았다고는 하지만, 사실 수요를 전부 감당하기에는 역부족이었다. 그런즉 못난자식 공부 시켜줄 선생이 계속해서 필요했다. 우습게도 잘만 가르쳐준다면 선생의 신분이나 경력쯤은 아무도 신경 쓰지 않았다. 이규보가 평소였다면 자신과 말도 섞지 못할 신대장에게 아들을 맡겼던 것처럼 말이다.

조선 후기에도 신대장 같은 이가 있었는데, 바로 성균관의 반인泮人 정학수鄭學洙였다. 반인이란 성균관에서 청소나 요리 등 허드렛일을 담당했던 천민이다. 그런데 정학수는 좀 남달랐던 모양이다. 서당을 열었는데, 선비들이 구름처럼 모여들어 100여 명에 달했다고 한다. 그야말로 대형 학원이었다! 천민이 운영하는 학원에 선비들이 북적인 이유는 단 하나였다. 그만큼 정학수가 잘 가르쳤으니까. 선생의 신분에 상관없이 가르침을 얻으려 한 조선 사람들이라니, 그만큼 깨어 있었다고 봐야 할까, 아니면 그만큼 눈이 뒤집혀 있었다고 봐야 할까.

한편 과거 직전에 공부를 도와주는 '직전 과외'도 유행했다. 정조 때의 무신 노상추의 아들 노익엽盧翼燁은 무과를 앞두고 활쏘기 선생을 고용했다. 어떤 문제가 나올지 찍어주는 것도 아니고, 활쏘기 정도면 혼자 연습할 수 있었을 텐데, 좀 의아하다. 실제로 노상추는 홀로 노력해 무과에 급제했다. 하지만 노익엽의 생각은 달랐던 모양이다. 무언가 자신감이 없었거나, 아니면 완벽함을 바랐던 것 아닐까. 하지만 아쉽고, 또 민망하게도 노익엽은 무과에 낙방했다(이후 다시 도전해 급제했다). 여기서 중요한 것은 노익엽에게 활쏘기 선생을 고용할 돈이 있었다는 것이다. 빈부가 교육에 영향을 미친다는 것은 오늘날만의 일이 아니다. 500년 전에도 돈이 없으면 오직 혼자만의 노력으로 승부를 봐야 했다. 아니, 선생이 있든 없든 온전히 공부만 할 수 있다면 그나마 다행이었다. 정말 가난한 사람들은 공부할 시간조차 없었으니까.

그나마 여기까지는 선을 지킨 경우였다. 어차피 조선 교육의 근간은 사교육이었고, 또한 모두 시대적 상식과 법의 테두리 안에서 행해진 일들이었기 때문이다. 하지만 언제나 선을 넘는 일들이 벌어지기 마련이니, 바로 '입시 비리'다.

03

입시는 어떻게 문란해지는가

임금이 웃으면서 말하기를, "오늘날 과거의 법은 폐단이 없는가" 하니, 허성과 설순偰循이 대답하기를 "지금은 폐단이 없습니다. (…)" 하였다.

_《세종실록》, 1428년(세종 10년) 2월 18일.

아니 세상에, 이것이 무슨 대화인가. 온 백성이 과거에 목매고 있는데 폐단이 없다니, 가당키나 한 일인가. 수많은 인재가 쏟아져 나온 세종 때라서 그리 생각할 수 있지 않았겠나 싶지만, 현실은 전혀 달랐다. 조선에서도 입시 비리는 끊이지 않았다. 이를 근절하기 위해 갖은 방법을 고안하고 연루자들을 족치는 일이 거의, 언제나, 매번 반복되었다. 그럴 수밖에 없었다. 임금이 성군이든 폭군이든, 당쟁이 있든 없든 선비들은 과거 급제에 도전했고, 입신양명에 눈이 뒤집힌 이들 주변에는 코치를 자처한 브로커들이 드글거렸다. 이처럼 욕망으로 추동하는 수요와 공급의 선순환 덕분에 입시 비리는 날로 성행하고 교묘해졌다. 실제로 세종과 신하가 저 대화를 나누고 불과 몇 년 뒤인 1432년(세종 14년)에 한 무리가 시험장에서 초집을 보며 답을 쓰다가 적발당했다. 물론 이런 일은 처음이 아니었고, 마지막도 아니었다.

한마디로 입시 비리는 끊이지 않았다. 시험 문제가 유출되었다든가, 급제자가 내정되었다든가 하는 소문이 떠돌았고, 실제로 발각당해 처벌받은 사람들도 많았다. 마침내 숙종 때는 과옥科獄이 두 차례 벌어졌다. 지금으로 치면 '입시 비리 특검'이라 할 수 있는데, 해당 과거가 취소되고 연루된 사람들이 줄줄이 투옥되었다. 개중에 몇몇은 목숨을 잃었다. 일이 이렇게까지 커진 배경에는 숙종 때의 치열했던 당쟁이 있었다. 어느 당파나 권력을 잡기 위해, 또 유지하기 위해 자기편을 더 많이 과거에 급제시키고자 부단히 노력했던 것이다.

"생원이 또 과거 보러 왔다"

조선 시대의 입시 비리는 비교적 단순한 커닝부터 시험장 담벼락에 구멍을 뚫는 기상천외한 짓까지 매우 다양했다. 그중에서도 공부 잘하는 이를 고용해 대신 과거를 보게 하는 수법이 가장 흔했다. 비슷한 일이 수십 년 전의 수학능력시험에서도 벌어졌는데, 수백 년 전이라고 크게 다르지 않았던 모양이다. 당시에는 이런 대리 응시자를 거벽巨擘이라고 불렀다. 앞서 소개한 천재 문장가 노긍도 소싯적 가난 때문에 남의 이름으로 과거를 보아 먹고살았다.

물론 조정에서는 이를 막고자 다양한 장치를 마련했다. 일단 시험장 앞에서 신청서를 수납하며 응시자의 신원을 확인했다. 시험장 안에서는 응시자끼리 서로를 감시했다. 누군가의 입시 비리를 찾아내 고발하면, 경쟁자를 한 명이라도 줄일 수 있기 때문에 시키지 않아도 그리했다. 실제로 이렇게 해서 거벽을 잡아낸 일이 있었다. 1488년(성종 19년) 이미 생원시에 급제한 최세보崔世寶라는 자가 또 생원시를 보러 들어왔다. 이를 알아본 사람들이 그를 가리켜 "생원이 또 과거 보러 왔다!"라며 큰 소리로 외쳤다. 이에 최세보가 재빨리 도망쳤지만, 이미 그의 얼굴을 많은 사람이 알아본 터라 금세 붙잡혔다.

사건은 최세보가 한 여인과 사랑에 빠지며 시작되었다. 정확히 말해 간통이었다. 그런데 놀랍게도 그 여인의 신분은 노비였다. 상황을 알게 된 그 여인의 주인이 최세보에게 거절할 수 없는 제안을 했다. 자신의 과거 급제를 도와주면, 여인을 내주겠다는 것이었다. 사실 당시에는 양반 남성이 천민 여성과 사랑을 나눈 다음 아무렇지 않게 버리는 일이 흔했다. 하지만 최세보는 달랐다. 사랑하는 여인을 위해 거벽이 되길 마지않았으니, 신분의 장벽을 뛰어넘은 대단한 순애였다. 하지만 걸려버렸고, 처벌을 피할 수 없었다. 신하들은 최세보가 평생 과거를 보지 못하게 해야 한다고 목소리를 높였는데, 임금은 그렇게까지 무거운 벌을 내리지 않았다. 다만 최세보는 이후 문과에 급제하지 못했다.

그렇다면 최세보에게 부정한 제안을 한 사람은 어떻게 되었을까. 그의 이름은 신영철申永澈로, 성균관 대사성을 지낸 신숙주의 손자였다. 밤늦게까지 공부하다가 깜빡 잠들어 세종이 친히 용포를 덮어주었다는 집현전의 천재 신숙주! 그런 인물의 손자는 혼자 힘으로 생원시조차 통과하지 못해 입시 비리를 저질렀으니, 참으로 알다가도 모를 일이다. 좀 더 파고들자면, 신영철의 아버지 신정申瀞부터 문제였다. 그는 평안도 관찰사觀察使로, 지금으로 치면 도지사 정도의 지위에 있었는데, 임금의 도장을 위조해 재산을 불리다가 딱 걸렸다. 워낙 큰 죄였기 때문에 사형을 피할 수 없었고, 그 자식들은 과거 볼 자격을 박탈당했다. 이후 계속 탄원한 끝에 간신히 과거를 볼 수 있게 되었는데, 이 기회가 신영철의 입시 비리로 날아갔으니, 대단한 집안 망신이라 하겠다.

정황만 있고 물증은 없다

입시 비리를 저질렀다고 오랫동안 의심을 산 사람도 있었다. 1486년(성종 17년)에는 생원시와 진사시, 문과가 모두 한날에 치러졌는데, 그중 생원시의 장원은 김일손金馹孫이, 진사시의 장원은 임희재任熙載가 차지했다. 이들은 누구인가. 김일손은 사림의 대부 김종직

金宗直의 제자로, 훗날 세조를 비판한 사초史草(《조선왕조실록》의 초고)를 작성했다가 처참하게 처형당한다. 임희재는 연산군 밑에서 천하를 쥐고 흔든 간신 임사홍任士洪의 둘째 아들이다. 김일손이야 강직한 선생에게 배운 만큼 그의 삶이 이해되는데, 임희재는 어떠했을까. 자기 아버지처럼 간신으로 살았을까. 일단 천재였던 것만큼은 확실해 보이는데, 진사시에 장원 급제했을 때 그의 나이 고작 15세에 불과했다. 사실 그의 아버지 임사홍도 17세에 진사시에서 장원 급제했으니, 부자가 모두 대단한 인물들이긴 했다. 자연스레 사람들은 임희재도 임사홍 같은 간신이 되리라고 생각했다. 실제로 온갖 흉흉한 소문이 떠돌았다. 임사홍이 임희재 대신 답안지를 적어 냈다더라, 숙사로 들였던 생원에게 대신 과거를 보게 했다더라 하는 내용이었다. 실제로 소문의 생원은 성균관에서 쫓겨났는데, 사실 뚜렷한 물증은 없었다. 그런데도 임사홍과 임희재를 향한 세상의 비난은 그치지 않았다.

> "올해에 남의 손을 빌려 글을 지은 생원과 진사는 '임·구·정'이다."
> _《성종실록》, 1488년(성종 19년) 9월 27일.

'임·구·정'의 '임'은 당연히 임희재였고, '구'는 구수영具壽永, '정'은 정승조鄭承祖로, 이 둘의 아버지들 또한 고관이었다. 하필 이즈음 권력자들의 아들이 줄줄이 급제한 탓에 소문은 점점 커져만 갔다. 심지어 몇몇 신하가 임희재의 급제를 취소해야 한다고 주장하니, 성종은 난색을 보였다. 물증이나 증언이 있는 것도 아닌데, 만약에 정말 자기 실력으로 과거에 급제했으면 어떡하냐는 것이었다. 한편 임사홍은 아들을 위해 변명하는 글을 올렸다. "제 아들은 어릴 때부터 똑똑했습니다. 과거를 보고 싶다는데 부모가 어떻게 말립니까. 게다가 의심하던 사람들도 아들이 직접 글 짓는 걸 보고 납득했습니다"라는 내용이었다. 상식적으로 생각해도 임사홍과 임희재가 이처럼 티 나게 입시 비리를 저질렀을 것 같지는 않다. 가뜩이나 평판도 안 좋은데, 설사 입시 비리를 계획했더라도 더 은밀한 방법을 택하지 않았을까. 그러니 임희재의 실력은 틀림없었을 듯싶다. 하지만 부정적인 선입견은 사라지지 않았고, 임희재는 문과에 급제한 후에도 구설수에 시달렸다.

그런데 임희재의 행적을 살펴보면 생각보다 강직한 구석이 있었다. 그는 김종직의 문인이 되어, 그 제자들과 친하게 지냈다. 한 번은 동문인 이목李穆에게 연산군의 치세를 비판하는 듯한 내용의 편지를 보냈다. "요즘 세상이 극성스럽고 착한 사람들이 죽으니 조심하시오." 그런데 1498년(연산군 4년)의 사화로 김일손과 이목이 화를 당할 때 이 편지가 발견되었다. 크게 분노한 연산군은 임희재를 곤장 치라고 명했는데, 이후에도 분이 안 풀렸는지 함경도로 귀양까지 보냈다.

그리고 시간이 흘러 1504년(연산군 10년)에 연산군이 임사홍의 집으로 친히 행차했다. 임사홍의 집에 연산군의 둘째 아들인 창녕대군昌寧大君이 머물고 있었기 때문이다. 조선 초기에는 왕자들을 대신의 집에 곧잘 보냈는데, 임사홍의 집에는 왕자들뿐 아니라, 연산군의 할머니인 인수대비仁粹大妃도 와서 지냈다. 그만큼 연산군과 임사홍의 관계가 밀접했다는 것인데, 일주일 정도 지나자 분위기가 급반전되었다. 연산군이 갑자기 임희재를 잡아 오게 하더니, 능지처참을 명해 온몸을 찢어 죽여버렸다. 갑자기 왜? 연산군이 임사홍의 집에서 멋들어진 병풍을 보았는데, 거기에 적힌 임희재의 시가 문제였다.

요순을 본받으면 저절로 태평한 것인데
진시황은 무슨 일로 백성을 괴롭혔는가
재앙이 집 안에서 일어날 줄을 모르고
공연히 오랑캐를 막으려고 만리장성을 쌓았구나
祖舜宗堯自太平　秦皇何事苦蒼生
不知禍起所墻內　虛築防胡萬里城

누가 보아도, 어떻게 보아도 연산군을 욕하는 시였다. 실제로 연산군도 이 시가 임희재의 죄라고 말했다. 한편 임사홍은 아들이 죽었는데도 잔치를 벌이며 놀았다. 천륜을 저버린 행동이었지만, 그런 모습을 보고 연산군이 의심을 거두었다고 하니, 임사홍으로서도 살기 위해 어쩔 수 없지 않았나 싶다. 하여간 이렇게 하여 1486년(성종 19년)에 함께 장원 급제한 두 인재가 모두 목숨을 잃었다. 그중 한 명은 사림의 순교자로 이름을 높였지만, 다른 한 명은 입시 비리의 대명사로 오해받았다는 게 안타까울 따름이다.

팀 프로젝트이자 오픈 북 시험

매우 의외겠지만, 과거는 혼자 보는 시험이 아니었다. 정약용의 기록에 따르면 최소 다섯 명의 보조 인원이 찰싹 붙었다고 한다. 앞서 소개한 거벽, 거벽이 지은 글을 예쁜 글씨로 옮겨 적는 사수寫手, 선비가 쓸 돗자리와 햇빛 가리개를 챙기는 수종隨從, 기타 잡일을 담당하는 노유奴儒, 노유를 부리는 선접先接이었다. 사실상 과거는 팀 프로젝트였던 셈이다.

이 지점에서 발상의 전환이 필요하다. 선비가 과거를 혼자서 볼리 없다! 선비란 곧 양반으로, 집안이 기울 대로 기울어 지극히 가난한 경우가 아니라면, 하인과 말 없이는 집 밖을 나서지 않았다. 한마디로 일어나서 잠들 때까지 일거수일투족을 아랫사람들에게 의탁했다. 그러니 '시험은 혼자 힘으로 보는 것'이라는 개념 자체가 선비들에겐 오히려 비상식이었을지 모른다. 그래서 몇몇 대담한 선비는 앞서 소개한 다섯 명 외에도, 책을 시험장 안으로 실어 나를 사람을 추가로 고용했다. 이들을 협서挾書라고 불렀으니, 풀이하면 '겨드랑이에 끼운 책'이라는 뜻이다. 당연히 이 모든 것은 입시 비리였다.

시험장에 책을 가지고 들어가는 것은 원래부터, 또 원칙적으로 금지되었는데, 아예 뿌리 뽑지는 못했던 것으로 보인다. 세종이 승하하고 20년도 더 지난 1477년(성종 8년) 시험장에서 불심검문을 한 결과 수십 명이 책을 가지고 있었다. 당시 시험관들이 "책을 안 가지고 있는 사람이 없다"라고 한탄할 정도였다. 물론 현실이 그렇다고해서 내버려둘 순 없었다. 성종은 과거 자체를 취소시키진 않았지만, 적발된 이들의 책을 모두 모아 불태우라고 명했다. 일종의 극약 처방이었으나, 안타깝게도 약발이 잘 들지 않았다. 1595년(선조 28년)의 과거에서 16세에 불과한 이응길李應吉이 급제했다. 그야말로 천재의 등장이었다! 하지만 놀라움은 곧 의아함으로 바뀌었다. 시험관들이 그에게 답안지의 뜻을 물어봤는데, 제대로 설명하지 못했던 것이다. 물론 시험이 끝나자마자 공부한 내용을 싹 잊어버리는 사람이 없지는 않다. 이를 감안하더라도 이응길의 경우는 수상하기 짝이 없었다. 아예 기억이 사라진 것처럼 아무 말도 하지 못했기 때문이다.

입시 비리가 발생했음을 눈치챈 시험관들은 당장 이응길을 추궁했으니, 그는 시험장에 몰래 숨겨 들어온 책을 그대로 베껴 썼다고 자백했다. 이때 이응길이 커닝한 책이 바로 앞서 이야기한 선비들의 참고서, 초집이다. 실제로 해당 초집을 압수해 답안지와 비교했는데, 부정할 수 없을 정도로 똑같았다. 당연히 이응결은 급제가 취소되었고, 제대로 소지품 검사를 하지 못한 시험관들도 처벌받았다. 하지만 이후로도 책을 들고 시험장에 들어가는 일은 계속되었고, 과거는 사실상 '오픈 북 시험'이 되어버렸다. 소과라면 몰라도 더 높은 단계의 과거들은 다루는 범위가 워낙 넓어 책 한두 권을 몰래 챙겨 본들 대세가 달라지진 않았겠지만, 어쨌든 해선 안 되는 일이었다. 그런데도 끊임없이 시도했다는 것은 그만큼 과거 급제에 눈이 뒤집혀 있었기 때문이리라.

행정 실수에 피눈물을 흘리다

때로는 자격을 갖추지 못한 사람이 과거를 봐 문제가 되기도 했다. 사실 입시 비리라기보다는 행정 실수에 가까운 경우였으나, 어떻게든 꼬투리를 잡아 경쟁자를 줄이려고 혈안이 된 사람들은 법석을 떨었다.

앞서 설명한 것처럼 과거를 보려면 사전에 신청서를 제출해야 했는데, 이때 신원을 확인받았다. 응시자는 지금으로 치면 주민등록등본이라 할 가장家狀을 제출했는데, 거기에는 응시자 본인의 이름과 본관, 4대 조상의 이름이 모두 적혀 있어야 했다. 가족관계를 통해 응시자의 신분이 진짜인지 확인하기 위함이었다. 그렇게 취합된 가장으로 명단을 만들면, 이후 점명點名, 즉 응시자들이 자기 이름을 찾아 그 옆에 점을 찍음으로써 누가 과거를 보는지 명확히 했다. 이처럼 조선을 대표하는 국가고시인 과거는 아무나 볼 수 있는 것이 아니었다. 다만 사람이 하는 일인지라 종종 실수가 발생했다.

1480년(성종 11년) 성균관에 행차한 성종이 갑자기 인재를 뽑겠다며 과거를 열었다. 느닷없이 치러진 터라 모든 것이 졸속으로 진행되었는데, 여하튼 최서崔滑라는 자가 문과에서 장원 급제했다. 하지만 그 기쁨을 누리기도 전에 고소당했다! 누군가가 최서의 조상이 자기 집안의 노비였으므로, 애초에 과거를 볼 자격이 없었다고 주장한 것이었다. 물론 최서는 근거 없는 말이라고 반박했는데, 조사 결과 사정이 애매하긴 했다. 일단 최서의 외할아버지는 악공樂工으로, 중인이나 양인이었던 것 같다. 이 사건을 기록한 사관은 아예 서얼의 핏줄이라고 못 박았다.

최서의 어미는 곧 우균禹昀의 비첩婢妾 소생이었으니, 이로써 과거에 나아갈 수 없었으나, 이날 유생이 시위試闈(시험장)에 난입하는 바람에 능히 점명할 수가 없었으므로 최서가 시위에 들어갈 수 있었다.

_《성종실록》, 1480년(성종 11년) 2월 7일.

인간은 모두 평등하다고 믿는 오늘날이라면 당연히 신분이 아니라 실력을 기준으로 인재를 선발할 것이다. 하지만 조선 사람들은 달랐다. 무엇보다 양반들은 기득권을 지키기 위해서라면 못 할 일이 없었다. 당연히 서얼 출신의 장원급제자를 받아들일 생각이 없었고, 실제로 서얼 출신은 오랫동안 과거를 볼 수 없었다. 다만 우여곡절 끝에 최서가 서얼 출신은 아닌 것으로 판결되었지만, 그동안 관직이 내려지지 않아 장원급제자인데도 백수로 지내야 했다. 물론 벼슬길에 오른 뒤에도 서얼 출신이라고 수군거리는 목소리를 얼마간 감내해야 했을 것이다. 그래서였을까. 배부르고 등 따습게 공부한 양반 가문의 선비들에 비하면 '흙수저'를 넘어 '무無수저'에 가까운 환경에서 열심히 공부해 인간 승리를 일군 최서였건만, 끝내 크게 출세하지는 못했다.

아쉬운 점은 유생들이 난입하지 않아 점명이 차분히 진행되었다면, 최서의 신분을 둘러싼 잡음이 줄어들지 않았을까 하는 것이다. 또한 궁금한 점은 최서를 고소한 사람의 정체다. 아마 최서와 가깝게 지냈거나, 아니면 그를 질투하는 사람이었을 것이다. 결국 바라던 대로 최서의 발목을 잡았으니, 과연 만족했을까.

그래도 이 정도는 무난한 편이었다. 1512년(중종 7년) 강원도에서 향시가 열렸는데, 선비들이 시험장의 문을 부수고 들어가는 일이 벌어졌다. 원래 강원도 선비들만 볼 수 있는 과거였는데, 다른 지역의 선비들이 마구 몰려들었기 때문이다. 당연히 시험관들이 그들 앞을 막아섰지만 역부족이었다. 파도처럼 밀려드는 선비들로 아비규환이 되자, 겁에 질린 시험관들이 물러났고, 그 와중에 시험장 문이 박살 나고 말았다. 충청도에서는 비슷한 이유로 시험관들이 폭행당했다. 대체 과거에 얼마나 눈이 뒤집혔으면 이런 일을 저지를 수 있었을까.

후안무치의 끝, 답안지 훔치기

지금까지 소개한 모든 일을 애교로 볼 수 있을 만큼 저질인 입시 비리가 있었으니, 바로 답안지 바꾸기였다. 여기에 비하면 다른 사람을 시켜 답안지를 쓰게 하는 것은 차라리 낫다고 여길 정도였다. 당시 답안지 제일 상단에는 응시자의 이름과 본관 등을 적었는데, 채점하기 전에 그 부분을 말거나 접은 다음 꿰매어 볼 수 없게 했다. 이후 급제자를 모두 가린 다음에야 꿰맨 부분을 뜯어 이름을 확인했다. 공정한 채점을 위해 고안된 방법으로 꽤 훌륭했지만, 나쁜 짓을 하려고 마음먹은 사람을 막기에는 역부족이었다. 세조 때 전주 판관判官을 지낸 현득리玄得利가 바로 그런 사람이었다. 1465년(세조

11년)의 과거에서 그는 남의 답안지를 훔쳤다. 판관이란 지역의 대소사를 책임지는 관리로, 그런 중책을 맡은 자가 저지른 일이라기엔 너무나 파렴치했다. 현득리의 이름을 풀면 '이익利을 얻는다得'는 뜻인데, 그대로 살았다고 할까. 《조선왕조실록》은 현득리의 성격이 몹시 간사하고 교활했다고 전하는데, 하는 짓거리를 보면 정말 그러했다.

현득리에게는 어릴 때부터 직접 키운 외조카 유양춘柳陽春이 있었다. 유양춘은 몹시 똑똑했는데, 현득리는 이를 이용했다. 우선 유양춘에게 수십 폭의 종이를 선물로 주었다. 우리로서는 상상도 못할 일이지만, 과거를 보려면 답안지로 쓸 종이를 직접 마련해야 했다. 그리고 조선 시대에 종이는 매우 비쌌다. 당연히 유양춘은 외삼촌의 선물을 기쁘게 받았다. 또한 현득리는 유양춘을 시험장까지 바래다주었다. 유양춘은 이 또한 외삼촌의 친절로 여겼다. 모든 것이 현득리의 계략이었음을 모르고서 말이다. 이렇게 해서 현득리는 유양춘과 나란히 시험장에 들어가게 되었다. 이후 현득리는 자기 답안지에는 조카의 이름을, 조카의 답안지에는 자기 이름을 써서 제출했다. 두 답안지는 색과 무늬가 같았으므로, 조카는 이를 눈치채지 못했다. 그 결과 현득리는 급제하고 유양춘은 낙방하고 말았다.

어째서 현득리는 자식처럼 키워온 조카의 답안지를 훔칠 생각까지 했을까. 그렇게 과거에 급제하고 싶었을까. 현득리는 이미 관리로서 경력을 쌓아가고 있었고, 사건이 벌어지기 불과 3년 전에는 공신이 되기도 했다. 한마디로 이런 무리수까지 둬가면서 굳이 과거에 급제할 필요가 없었다. 하지만 사람의 욕심은 끝이 없는 법이니, 현득리는 아마 더 높은 벼슬을 탐냈던 것 같다. 그러려면 과거 급제가 필수였다.

현득리의 계획은 완벽했다. 과거 답안지는 급제자만 돌려받을 수 있었다. 그러니 유양춘은 자기 답안지와 외삼촌의 답안지가 바뀌었음을 알 수 없었다. 무엇보다 과거란 원래 급제하기 어려운 시험이므로, 유양춘은 자기 팔자려니 하며 그냥 넘어갔다. 그래서 정말 아무 일도 없었던 것처럼 넘어갈 뻔했다. 그런데 하필 시험관 중에 유양춘의 똘똘함을 익히 들어 알고 있던 사람이 있었다. (현득리가 쓴) 유양춘의 답안지를 본 그는 무언가 잘못되었음을 단박에 눈치챘다. 유양춘이 썼다고 하기에는 너무나 형편없었기 때문이다. 시험관이 이를 귀띔해주자 유양춘은 비로소 외삼촌에게 속았음을 깨달았다. 그리고 당연히 분노했다.

"외삼촌이 내 답안지를 훔쳐 급제했습니다!"라고 소송하려던 차에 유양춘을 말린 사람은 바로 (현득리의 어머니인) 외할머니였다. 외할머니에겐 현득리나 유양춘이나 모두 자기 자손이었고, 둘 중에 누가 잘되어도 가문의 영광이었다. 그런데 이런 불미스러운 일이 새어나간다면? 영광은커녕 똥칠이 될 게 뻔했다. 하지만 이런 외할머니의 설득에도 유양춘은 화를 식히지 못했고, 이에 현득리가 직접 '양해'를 구했다. 그러면서 한 말이 걸작이었다.

"너는 나이가 젊고 재주가 뛰어나니, 고과高科를 잃지 않을 만하나, 나는 불가피하다. 내 너와 더불어 부자와 같으니, 고발하지 않으면 다행이겠다."

사실 맞는 말이긴 했다. 현득리는 이런 방법이 아니고서는 과거에 급제할 머리가 아니었다. 하지만 유양춘은 젊고 똑똑한 만큼 기회가 많았다. 그러니 유양춘만 협조해준다면 누이 좋고 매부 좋은 일이었다. 하지만 음모를 들킨 뒤로 어머니 뒤에 숨어 있다가 기어나와서 한 말이라는 게 문제였다. 그리고 정말 아버지 같았다면 아들 같은 조카의 답안지를 훔치지 않았을 것이다.

본인도 핑계가 참 비루하다고 느꼈는지, 유양춘을 달래고자 땅과 노비를 주었다. 물론 외할머니도 이 뇌물 공세에 가담했으니, 집안 꼴이 참으로 대단하다 하겠다. 설령 잘못을 저질러도 돈을 먹여 무마하면 된다는 사고방식이 그 집안의 격을 잘 보여준다고 할까. 유양춘으로서는 어쨌든 자신을 거둬준 사람들이기에 딱 잘라 거절하기도 어려웠을 것이다.

그렇지만 유양춘은 외삼촌을 용서하지 못했다. 아버지처럼 따른 외삼촌이 자기 뒤통수를 친 것만으로도 배신감이 상당했을 텐데, 온 가족이 똘똘 뭉쳐 "너만 입 다물고 있으면 돼"라고 하니 얼마나 서운했을까. 하여 처음엔 도승지에게 알렸고, 마침내 소송했다. 결국 임금까지 이 일을 알게 되었다. 당연히 조사가 시작되었는데, 끌려온 현득리는 자기에게 죄가 없다며 끝까지 무죄를 주장했다. 하지만 평소의 학식과 답안지 간의 괴리만으로도 진실을 밝히는 데는 어려움이 없었다. 결국 현득리의 과거 급제는 취소되었고, 그가 받은 홍패는 불태워졌다.

그리하여 유양춘이 억울함을 풀었냐면, 그것도 아니었다. 곧 사헌부에서 유양춘의 파거罷擧를 명했다. 한마디로 평생 과거를 보지 못하게 했다. 현득리가 아니라 유양춘을 말이다! 이유는 간단했다. 아무리 외삼촌이 큰 죄를 지었기로서니, 어찌 외조카가 소송에 나설 수 있냐는 것이었다. 그러면서 소송할 때 유양춘이 현득리에게 대놓고 '불손한' 말을 했다며 콕 집었다. 아, 조선은 참으로 지독한 유교의 나라였다.

유양춘으로서는 참 억울한 일이었을 텐데, 개인적으로는 당시 임금이 세조였던 것도 사헌부의 판단에 한몫하지 않았나 싶다. 세조가 조카 단종에게 왕위를 빼앗아 임금이 되었던 만큼, 이 일을 들여다보며 뜨끔했을 사람이 있지 않았을까. 그러니 현득리도 벌하고 유양춘도 벌한 것 아니었을까. 실제로 유양춘이 과거를 볼 수 있게 해달라고 수차례 청원했지만 먹히지 않았다. 그래도 시간은 흘러 1468년(예종 즉위년)에 결국 파거 조치가 철회되었고, 그러자마자 유양춘은 과거에 급제했다. 하지만 안타깝게도 유교의 나라답게 유양춘의 평판은 이미 걸레짝이 되어 있었다. 자기 재주만 믿어 간사했다거나, 출세에 눈이 멀었다거나 하는 소문이 파다했다. 심지어 《조선왕조실록》에도 그리 기록되었다. 그래서였는지, 아니면 여전히 억울함이 풀리지 않아서였는지 유양춘도 막 나갔다. 실제로 출세하기 위해 임금에게 대단히 아부하는 글을 지어 구설수에 올랐다. 그런 의미에서 그 외삼촌에 그 조카라고 하겠지만, 따지고 보면 우여곡절을 겪으며 사람이 망가졌던 것 아닐까 싶기도 하다.

결국 외삼촌도 조카도 원하는 것을 얻지 못하고 남보다 못한 철천
지원수가 되었으니까.

인간애 상실의 현장

❖

이처럼 어른이 아랫사람의 답안지를 빼앗는 일이 또 있었다. 조선
후기의 문인 박사철朴師喆은 어린 나이에 할아버지와 아버지를 모
두 잃고 어렵게 살았다. 그래도 소문날 정도로 박식하고 글을 잘 지
었는데, 과거에는 번번이 낙방했다. 그랬던 박사철도 답안지를 빼
앗기는 일을 경험했다. 그의 묘갈명에 따르면, 과거를 보는데, 어느
친척이 옆에 붙어 답안지를 그대로 베꼈다고 한다. 그러면서 하는
말이 참으로 기가 막혔다.

> "나는 나이가 많고 또 연로한 부모님이 계시기에 어쩔 수 없이 자네
> 가 지은 것을 베끼는 것일세. 자네는 내가 먼저 시권을 내도 용납할
> 수 있겠는가?"
> _홍양호洪良浩, 《이계집耳谿集》 31권.

이 무슨 개뼈다귀 같은 말인가. 부모를 들먹이며 자기 잘못을 변
명하다니, 너무나 어이없다. 그 친척에게 나이 많은 부모가 있었다
면, 박사철에게는 남편 없이 힘들게 식구들을 건사한 홀어머니가
있었다. 한마디로 그 친척이란 작자는 머리도 모자라고 양심도 없

었다. 어린 조카의 답안지를 훔치는 순간에도 자기가 먼저 제출하겠다고 꾀를 부렸으니, 이 정도면 인간 실격이다. 그런데도 지나치게 착한 박사철은 그걸 허락하는 것으로도 모자라, 자기 답안지를 새로 썼다. 그리하여 친척은 급제하고 박사철은 낙방했다. 하지만 박사철은 이를 문제 삼지 않았다. 태연하게 다시 공부에 정진했다고 한다. 마침내 1723년(경종 3년) 34세의 나이로 과거에 급제하나 문과에는 급제하지 못했고, 벼슬 운이 없어 물망에는 계속 올랐으나 관직을 받지 못했다. 그래도 불행 중 다행이라면, 당시에는 당쟁이 극심해 옥사가 거듭되던 시기라, 관직을 받았으면 목숨 부지하기가 어려웠으리라는 점이다. 정말 궁금한 것은 박사철의 답안지를 베낀 후안무치한 친척의 결말이다. 그 이름이나 행적이 기록되어 있지 않아 알 수 없지만, 박사철의 묘갈명에까지 기록된 것을 보면 동네방네 소문났던 일인 듯싶다.

박사철이 세상을 떠나고 20년 정도 흐른 1778년(정조 2년)에 그의 셋째 아들인 박종정朴宗正이 24세의 나이로 장원 급제했다. 그러자 사람들은 불식지보不食之報, 즉 조상이 누리지 못한 복을 후손이 누린다며 축하했다. 뭐, 그래서 장원급제자 박종정이 승승장구하며 살았던 것은 아니지만, 아무튼 그렇다고 해두자.

유양춘과 박사철의 경우는 그나마 둘이 과거에 급제하며 적당히 좋게 마무리되었다지만, 답안지를 뺏기기만 하고 별다른 족적을 남기지 못한 채 사라진 선비들이 얼마나 많았을지 생각해보면 아찔하다. 그렇게 치사한 수를 써서라도 급제하려 용을 썼다니, 최근의 입시 비리는 애교로 보일 정도다.

성균관 담벼락과 대나무 관

때로는 과거 시험장 밖에서 답안지를 작성해 전달하기도 했다. 물론 쉽지 않았다. 보통 시험장에는 극위棘圍라고 해 가시나무로 만든 울타리를 쳤다. 이를 뚫고 남들 눈을 피해 답안지를 전달하는 게 과연 가능한 일일까. 그래서 대개 시험관을 매수했다. 비교적 자유롭게 시험장을 돌아다닐 수 있는 시험관이라면 답안지를 몰래 넘겨주는 일이 어렵지 않았을 테니까. 바꿔 말해 꼭 시험관이 아니더라도 시험장을 누빌 수 있는 사람이라면 누구나 매수 대상이었다. 실제로 성종 때 성균관 소속 노비인 중금仲金과 이철李哲이 돈을 받고 답안지를 전달하는 것으로 유명했다. 이 둘은 성균관에서 과거가 열릴 때마다 활약했는데, '이철 생원', '중금 진사'라는 말이 유행할 정도였다(이철 덕분에 생원이, 중금 덕분에 진사가 되었다는 뜻이다).

이보다 더 기상천외한 일이 1705년(숙종 31년) 벌어졌다. 성균관 근처에 살던 어느 반인이 나물을 캐다가 노끈 하나를 발견했다. 별 생각 없이 잡아당기니 척 보기에도 수상한 장치가 나타났다. 곧 소문이 퍼졌고, 임금까지 알게 되어 조사가 시작되었다. 그러면서 전모가 드러났는데, 성균관 담벼락 아래로 속이 뻥 뚫린 대나무 관이 파묻혀 있었다. 그 길이만 20간間, 즉 40미터 정도로 성균관의 안과 밖을 연결하기에 충분했다. 그리고 대나무 관 위로 기와와 흙을 덮어 비와 눈에 상하지 않고, 또 보이지 않도록 했다. 이 거대한 장치의 목적은 자명했다. 일단 대나무 관 속에 기다란 노끈을 넣는다. 그러면 담벼락 안쪽 노끈에 문제지를 묶어 밖으로 보내고, 담벼락

바깥쪽 노끈에 답안지를 묶어 안으로 보낼 수 있다. 자리만 대나무 관이 있는 곳에 잡으면 시험관이나 노비를 매수할 필요 없이 완전 범죄가 가능하다. 그 치밀함이 놀랍기도 하고, 도대체 언제 이런 대 공사를 벌였는지 궁금하기도 하다. 그 정성을 공부에 쏟았으면 참 좋았을 텐데 말이다.

　장치의 규모를 고려하면 매우 많은 사람이 연루되었을 테지만, 아쉽게도 그 이상의 증거가 나오지 않았다. 당사자들이 자수할 리 도 없었다. 그렇다고 이제껏 성균관에서 과거를 봐 급제한 사람들 을 모두 붙잡아 조사할 수도 없는 노릇이었다. 결국 미제 사건으로 남게 되었으니, 애꿎은 성균관 담벼락만 수난을 당했다 하겠다.

04

나라를 무너뜨리는 권력형 입시 비리

입시 비리의 최고봉은 권력이 개입된 경우였다. 지금과 마찬가지로 권력형 입시 비리는 근절하기가 어려웠고, 하여 끊이지 않았다.

조선을 들썩인 권력형 입시 비리의 특징을 꼽자면 지방에서 유독 심했다는 것이다. 중앙의 감시가 미치지 않기도 했고, 함께 나고 자란 사람들이 많아 알음알음의 정도가 훨씬 심했기 때문이다. 그때나 지금이나 학연만큼이나 무서운 게 지연이다. 작은 고을이라면 서로 수저 개수까지 알 정도로 가까웠으니, 공정하기가 더 어려웠을 테다.

그렇다고 해서 중앙, 즉 한양에 문제가 없는 것도 아니었다. 오히려 강한 권력이 있는 만큼, 일단 입시 비리가 벌어지면 사안의 규모와 정도가 더욱 심각했다. 특히 임금이 연루되었을 때 그랬다. 1414년(태종 14년) 문과의 장원을 뽑는 문제로 작은 소동이 벌어졌다. 우열을 가리기 힘든 답안지가 두 개 있었기 때문이다. 이때 태종이 과감한 해결책을 제시했다. 뽑기로 정하자는 것이었다. "내가 집는 것이 장원이다."

실제로 태종은 답안지 두 개 중 하나를 덥석 집고는, 그것을 장원으로 삼았다. 그렇게 장원 급제한 행운의 사람이 바로 정인지였다. 정인지는 원래 천재였고, 관직에 오른 뒤에도 세종의 측근으로 활약했기 때문에, 그의 장원급제가 문제시된 적은 없었다. (재수 없게 뽑기로 장원을 놓친 김작金綽은 신기하게도 아무런 기록이 남아 있지 않다.) 다만 그날의 사건은 권력의 일면을 잘 보여주었을 따름이다.

까막눈의 장원급제자

실제로 자기 마음 내키는 대로 급제자를 정한 임금도 있었다. 바로 세조였는데, 그는 자기 친동생과 조카들은 다 죽였으면서도 부하들에게만은 매우 너그러웠다. 일단 자기에게 충성을 바친다면 술에 취해 사람을 때려죽여도, 거액을 사기 쳐도, 낫 놓고 기역 자를 몰라도 과거에 급제시켰다. 그것도 언제나 장원으로!

그렇게 은혜를 입은 대표적인 인물이 바로 유자광이다. 그는 서얼 출신으로 직업군인인 갑사甲士로 일하다가, 이시애의 난(세조의 지방 차별에 불만을 품고 일어난 반란)을 진압하는 데 자원하며 세조의 눈에 띄었다. 난이 진압되고 1년이 지난 1468년(세조 14년) 유자광은 문과에 장원 급제했는데, 당연히 세조의 결정이었다. 과거를 총괄한 신숙주는 유자광의 답안지가 매우 부족하다고 평가했지만, 세조가 "나는 인재를 얻었다"라며 물러서지 않았다. 그래도 유자광은 글은 읽고 쓸 수 있었다. 그보다 더한 사람도 있었으니, 바로 최적崔適이다. 최적도 서얼 출신이었는데, 세조가 수양대군이었던 시절에 중국 출장을 수행했다가 인연을 맺었다. 이후 최적은 세조의 명이라면 사람 죽이는 일도 거리끼지 않는 충복 중의 충복으로 거듭났다. 이런 그에게 세조는 1466년(세조 12년) 무과 장원급제라는 선물을 내렸으니, 유자광처럼 문과 장원급제가 아니란 게 그나마 양심적이었다.

사실 최적은 글을 전혀 읽고 쓰지 못하는 까막눈이었다. 그의 아버지가 귀화한 여진족이었던 데다가, 워낙 가난해 어릴 적부터 일하느라 공부할 짬이 없었던 까닭이다. 다만 활 쏘는 솜씨가 좋았고 나라(임금)를 위해서라면 어떤 싸움도 마다하지 않았으니, 무신의 자질은 충분했다. 하지만 글을 모르고, 따라서 경전을 익히지 않으면 문과만큼이나 무과에도 급제할 수 없었다. 그래도 세조는 우격다짐이었다. 최적을 불러놓고 과거에 출제될 경전을 직접 펼쳐 보여주며 아는 글자가 있는지 물었다. 최적이 한 글자도 모른다고 답하자, 세조는 그 자리에서 평가 방식을 바꿔버렸다. 말로 문제를 낼 테니 듣고 답하라는 것이었다. 그런데 그 문제와 답의 수준이 참으로 놀라웠다.

세조 싸우다가 도망치는 병사들을 처형하는 이유는 무엇인가?

최적 남은 병사들이 놀라 전열이 무너질 수 있기 때문입니다.

세조 통하였다!

_《성종실록》, 1474년(성종 5년) 8월 20일.

무과가 무엇인가. (문과 다음으로) 가장 수준 높은 과거 아닌가. 그런데 문제와 답의 수준이 난센스 퀴즈에 가깝다. 어쨌든 바로 이렇게 해서 최적은 무과에 장원 급제했다. 해당 무과에 2등으로 급제한 이가 알면 억울해하지 않았을까. 하지만 그럴 일은 없었다. 그 2등조차 세조의 충복으로 일자무식이었던 민발閔發이었으니까. 세조가 둘 중 누가 더 무식한지 묻자 서로를 깎아내리며 입씨름을 벌일 정도로 비슷한 수준이었으니, 한마디로 1466년(세조 12년) 그해의 무과는 막장이었다. 이처럼 얼토당토않은 급제자들이 내정되어 있다는 상황을 모른 채, 열심히 공부하고 수련했을 평범한 선비들을 생각하면 안타까울 따름이다.

내 당파 밀어주기가 불러온 과옥

그래도 조선이라는 사회의 특수성을 고려한다면, 임금 개인이 과거에 권력을 투사하는 경우는 이해할 만하다. 절대 권력자인 임금이 자신과 일할 사람을 뽑는 것이니까. 그보다 더욱 심각한 것은 특정 세력이 자신들의 사익을 위해 조직적으로 입시 비리를 저지르는 경우였다. 그 배경에는 지독한 당쟁이 있었다. 내 당파와 네 당파를 철저히 나누고, 내 당파에 속한 사람에게만 몰래 과거 문제를 알려주며, 역시 내 당파에 속한 사람이 써낸 답안지만 골라 급제시킨다. 이렇게 하면 결과적으로 내 당파의 세가 커지니, 이미 당파에 속한 자들은 기득권을 지킬 수 있어 좋고, 앞으로 당파에 속할 자들은 과거에 급제하니 좋다. 이런 이유로 가장 공정해야 할 과거를 둘러싸고 카르텔이 형성되었다.

당연히 이러한 상황이 사회적으로 용납될 리 없었다. 수많은 사람이 기꺼이 과거에 평생을 바쳤던 것은, 선비기 때문에 그래야만 한다는 당위와 입신양명하고 싶다는 욕망 외에도, 과거가 공정하게 관리되리라는 믿음이 있었기 때문이다. 바꿔 말해 그 믿음이 깨진다면 과거제도 자체가 유지될 수 없었다. 희망과 소망이 분노로 변해 들불처럼 번져나갈 것이 뻔했다. 이를 막으려면 문제가 된 과거를 취소하고, 부정하게 급제한 자들을 골라 처벌해야 했다. 이것이 바로 조선 후기에 큰 문제가 되었던 과옥이다. 과옥으로 가장 골머리를 앓은 임금은 숙종이었는데, 즉위 이듬해인 1675년(숙종 1년)의 문과에서부터 일부 응시자가 시험관과 짜고 부정행위를 저질렀다는 소문이 파다하게 돌았다. 《조선왕조실록》에는 그 부정행위들이 다음과 같이 정리되어 있다.

• 우연히 누군가가 떨어진 쪽지를 주웠는데, "이미 높은 사람과 의논했으니 생각해둬라"라고 적혀 있었다. 그 글씨체가 관리 아무개의 것이라고 했다. 이렇게 해서 남인 윤휴의 아들 윤의제尹義濟

가 급제했다.

- 시험장에 "당신이 오판서댁 진사인가?" 하며 확인하는 정체불명의 사람이 있었다. 바로 남인 오정위吳挺緯의 아들 오시만吳始萬을 찾는 것이었다. 서인 권시경權是經이 건성으로 그렇다고 대답하자, 그가 급제하고 오시만은 낙방했다. 그리하여 권시경은 한동안 오선달吳先達이란 별명으로 불렸다. 이를 알게 된 오정위는 시험관들에게 몹시 화냈다. 다음 해 아들의 답안지를 따로 골라 직접 시험관들에게 전달했다. 또 장원으로 뽑힌 답안지를 고의로 훼손한 뒤 이를 빌미로 자기 아들의 답안지를 장원으로 삼았다.
- 어떤 문제가 나올지 미리 알고 있는 사람들이 많았다.
- 결과적으로 주로 남인에 속한 사람들이 급제하고, 서인에 속한 사람들은 두세 명만 급제했다.

《조선왕조실록》에 적혀 있다고 해서 곧이곧대로 믿어선 안 된다. 사실 이 모든 이야기는 근거 없는 소문에 불과했다. 또 여기에서 언급된 윤의제, 권시경, 오시만은 모두 자기 실력으로 초시에 급제한, 검증된 젊은 인재들이었다. 관직을 받은 후에도 똑똑하기로 이름을 날렸으니, 부정행위를 저질렀다고 보기 어렵다. 다만 이런 소문이 돌았다는 것 자체가 문제였다. 그만큼 과거가 신뢰를 잃었다는 뜻이기 때문이다.

치열한 당쟁 또한 소문을 부채질했다. 숙종 때는 그러잖아도 정치적인 부침이 심했다. 우선 장희빈으로 대표되는 남인과 인현왕후仁顯王后로 대표되는 서인이 대립했고, 끝내 정권을 잡은 서인도 노론과 소론으로 갈라져 다퉜다. 분열과 충돌이 격해질수록 우리 편의 '쪽수'가 중요해지는 만큼, 자연스레 입시 비리를 저질러서라도 세를 키우려는 움직임이 두드러졌다. 그 와중인 1698년(숙종 24년) 숙종은 세조에게 왕위를 빼앗기고 억울하게 세상을 떠난 단종의 복위를 명했다. 이듬해에는 이를 축하하는 과거를 열었는데, 한세량韓世良을 비롯해 34명이 급제했다. 그런데 시험관이었던 이탄李坦이 부정행위가 있었다고 상소했다. 하필 이처럼 의미 있는 과거에서 그런 추잡한 일이 벌어지다니! 온 나라가 발칵 뒤집혔고 대대적인 조사가 시작되었다. 곧 전모가 밝혀졌으니, 지금까지 소개한 온갖 종류의 부정행위가 총동원된 입시 비리의 종합 세트였다.

일단 준비 단계부터 아주 철저했다. 과거가 열리기 전 특정 시험관이 청탁을 접수한 다음, 같은 당파 사람들과 논의해 급제자 목록을 미리 만들었다. 그리고 과거 당일, 채점이 끝나지 않은 답안지들의 봉인을 뜯어 이름을 확인한 뒤 청탁자들의 것을 따로 분류했다. 그 와중에 내용이 너무 안 좋거나 글씨가 못난 답안지는 다시 써주는 친절까지 베풀었다. 그게 귀찮으면 누가 봐도 급제할 만한 답안지를 골라 원래 응시자의 이름을 지우고, 청탁자의 이름을 적어 넣었다. 이 모든 일이 단 하루 만에 벌어졌다니, 여러 시험관이 일사불란하게 분업하는 꼴이 장관이었을 테다. 그 대가로 청탁자들에게 각각 은덩이나 50냥을 받았는데, 이 정도면 평범한 가족의 1~2년 치 생활비에 해당했다. 부정행위의 규모가 워낙 큰 탓에 곧 소문이 퍼졌고, 저잣거리의 아이들은 "어사화냐, 금은화냐" 하는 노래를 부르고 다녔다. 돈만 주면 과거에 급제할 수 있다는 뜻이었다.

그런데 이 입시 비리를 총괄한 것으로 지목된 대제학 오도일吳道一은 좋은 글을 골랐을 뿐이라며 혐의를 전면으로 부정했다. 하지만 오도일의 모르쇠가 무색하게 전체 34명의 급제자 중 15명이 연루된 것으로 밝혀졌다. 결국 해당 과거 자체가 통째로 취소되었고, 오도일을 비롯한 연루자들은 모두 유배를 가거나 군대에 끌려갔다. 심지어 아무것도 모르고 답안지를 나른 하급 관리들과 시험장을 지킨 군인들까지 제주도로 3년간 파견되었다. 당시 제주도는 오지 중의 오지로, 이곳에 파견된다는 것은 처벌에 가까운 조치였다. 이처럼 수많은 사람이 된서리를 맞은 이 사건을 기묘과옥己卯科獄이라 한다.

위로는 정승부터 아래로는 병졸까지

그로부터 13년이 지난 1712년(숙종 38년) 두 번째 과옥인 임진과옥壬辰科獄이 벌어졌다. 그해 2월 25일 숙종은 인현왕후의 병이 나은 것을 축하하며 과거를 열었다. 애초에 인현왕후가 건강을 망친 데 큰 역할을 한 것이 숙종이었으므로, 병 주고 약 주는 꼴이었지만, 이 부분은 일단 넘어가자. 해당 과거는 매우 정신없이 진행되었는데, 시험관의 임명이 매우 늦은 데다가, 너무 많은 응시자가 몰려 추가 시험장을 급히 확보해야 했다. 그뿐이랴. 하필 온종일 비가 내리는 통에 답안지를 쓰는 데도, 걷는 데도 평소보다 더 많은 시간이 필요했다. 그런데도 응시자의 절반이 답안지를 미처 내지 못했다.

그래서 급제자도 19명밖에 나오지 않았다. 이렇게 되면 지방에서 올라온 선비들은 정말 피해가 막심했다. 과거를 보러 엄청난 시간과 비용을 투자했기 때문이다. 그리하여 5일 뒤인 30일에 성균관에서 별시를 열기로 했다. 그러면서 이는 지방의 선비들을 위한 것이라고 분명히 밝혔다.

그런데 이때도 통제가 잘되지 않았다. 한양의 선비들이 지방 출신이라고 거짓말하고는 과거를 봐 급제했던 것이다. 지금도 자녀가 좋은 학군에서 공부할 수 있도록 위장 전입을 시도하는 사람들이 있는데, 500년 전에도 마찬가지였던 모양이다. 이런 결과가 나오자 별시를 청했던 좌의정 조상우趙相愚가 크게 한탄했다.

"이제 이 시사試士는 다만 외방의 많은 선비의 뜻을 위로하여 기쁘게 하고자 한 것인데, 서울에 있으면서 시골을 적籍으로 하여 참여함을 얻은 자가 한두 사람에 그치지 않으며 (…) 별달리 시골 유생을 위하여 과거를 실행한 뜻이 되지 못하니 (…) 청컨대 일체로 뽑아버리소서."

_《숙종실록》, 1712년(숙종 38년) 2월 30일.

여기서 뽑아버리라는 말은 급제시키라는 뜻이 아니라 잡초처럼 뽑아 제거하라는 뜻이다. 숙종은 이 청을 받아들여 출신을 속인 한양 선비들의 급제를 모두 취소시켰다. 이렇게 끝났다면 가벼운 해프닝으로 남았겠지만, 비가 쏟아지던 25일에 엉망으로 치러진 과거에서 부정행위가 만연했다는 주장이 불거졌다. 기묘과옥 때처럼 시험관이 미리 각종 정보를 뿌려서 소론의 급제를 도왔다는 내용이었다. 결국 노론에 속해 있던 대사간 이의현李宜顯의 강력한 요청으로 조사가 시작되었다. 실제로 해당 과거에서 좋은 성적으로 급제한 오수원吳遂元, 이헌영李獻英, 이진급李眞伋은 모두 소론에서도 이름난 집안의 자식들이었다. 특히 2등으로 급제한 오수원은 바로 이전 기묘과옥 때 부정행위로 처벌받았던 오도일의 아들이었고, 이번 과거의 시험관인 이돈李墩은 바로 그때 오도일을 옹호했던 사람이었다. 아울러 이돈은 이번에도 과거가 열리기 바로 전날 밤에 오수원을 만났다고 의심받았다. 그렇다면 정말 조직적인 입시 비리가 다시 한번 벌어졌던 것일까. 딱 잘라 그렇다고 하기에는 명확한 물증이 없었다. 그리하여 임진과옥은 상대 당파에게 죄를 뒤집어씌우려는 진흙탕 싸움으로 비화했고, 그 와중에 증언도 판결도 오락가락하며 어떠한 진실도 밝혀내지 못했다. 아니, 어쩌면 애초에 진실은 중요하지 않았던 것인지 모른다.

실제로 임진과옥에는 과거 급제에 눈먼 속물들뿐 아니라 명사들이 많이 연루되었다. 위로는 좌의정 김창집부터 아래로는 시험장을 지키는 군인들까지 거의 모든 사람이 크거나 작게 연루되었고 처벌받았다. 그리고 이들은 모두 억울해했다. 정확히 말해 재수 없게 걸렸다고 생각했는데, 이런 일이 워낙 비일비재했기 때문이다. 사실 시험관이 자기편 응시자들을 챙기는 것은 꽤 일상적인 풍경이었다. 앞서 소개한 일화에서 이황이 자기 아들에게, 금응훈이 자기 제자들에게 출제 예상 문제를 꼼꼼하게 알려줬던 것을 생각해보라. 다만 이 '평범한' 일에 당파 간 알력이 더해지는 순간 거대한 정치 스캔들이 되어버리니, 숙종 때의 두 차례 과옥이 그러했다. 조선에서 과거는 개인의 영달과 가문의 영광을 모두 보장하는 수단이었고, 따라서 내가 속한 정치 집단의 이익을 위해 과거를 이용하는 데 거리낌이 없었던 듯싶다.

게다가 숙종 때는 꼭 과옥이 아니더라도 당쟁이 너무나 치열했다. 자고 일어나면 특정 세력이 통째로 몰락하거나, 나는 새도 떨어뜨리던 실력자가 사약을 마셨다. 이처럼 혼란하고 불안한 시기였기에 생존해야 한다는 위기의식이 팽배했고, 따라서 입시 비리를 거침없이 저질렀던 듯싶다. 하지만 그 결과 과거의 공정성이 파괴되었으니, 이는 국가의 기틀을 무너뜨린 것과 마찬가지였다. 그 선을 넘는 순간, 그 이후의 세상은 그 이전의 세상으로 절대 돌아갈 수 없다.

집안이 장원을 뽑는다

그런데도 기득권은 자신들의 지위를 공고히 하는 데 가성비 좋은 방법으로 입시 비리를 애용했다.

국조國朝 이래로 생원시와 진사시의 장원은 반드시 명망이 있는 선비를 뽑았고, 매번 출방出榜할 무렵에는 풀로 봉한 부분을 엿보고서 발탁하여 제일로 삼았었다.

_《영조실록》, 1747년(영조 23년) 2월 14일.

언젠가부터 선비의 명망은 학식의 높고 낮음이 아니라 집안의 뼈대 굵기로 결정되었다. 한마디로 힘 있는 집안, 유력한 당파의 사람을 이름만 보고서 급제시켰다는 것이다. 그것도 장원으로 말이다. 하여 조선 후기로 갈수록, 당쟁이 치열해질수록 정말 순수하게 공부만 잘하는 사람들은 장원 급제할 수 없었다. 반대로 공부를 아무리 못해도 집안 좋고 줄 잘 서면 장원 급제하기가 쉬웠다. 그러다가 1747년(영조 23년)에 임금에게 딱 걸렸다. 이에 영조는 답안지를 본인이 직접 확인한 다음에, 가장 잘 쓴 것을 골라 장원으로 삼았다.

그리하여 정의가 바로 섰다면 좋았겠지만, 현실은 더욱 처참했다. 신하들이 임금의 결정에 반대하며 일제히 들고일어났던 것이다. "(집안 좋은 사람을 장원으로 뽑는 것은) 많은 선비를 격려하려는 뜻이었다!" 사관이 이처럼 뻔뻔한 주장을 《조선왕조실록》에 그대로 기록했을 정도로, 임금과 신하들의 인식 차이가 대단했다. 물론 한성깔 하는 영조답게 전혀 물러서지 않았다. 오히려 불같이 화내며 자기 면전에서 반대를 표한 신하들을 귀양 보내버리려 했다. 그러자 영조의 측근들까지 나서서 반대했다. 대표적인 인물이 당시 정1품의 명예직인 영돈녕부사領敦寧府事로 있던 조현명趙顯命이다.

> "우리나라의 규모로는 끝내 공경公卿의 자식을 서인庶人으로 만들 수 없고, 서인의 자식을 공경으로 만들 수 없습니다."
>
> _《영조실록》, 1747년(영조 23년) 2월 16일.

조현명은 과거의 불공정함이 어쩔 수 없는 현실이라 설명했고,

그 자리에 있던 다른 신하들도 이에 동조했다. 영조는 그 말에 매우 충격받아 이렇게 한탄했다.

"평소 내가 의지하고 위임한 이는 대신이었는데, 이와 같다. 정우량鄭羽良의 강직하고 방정함과 원경하元景夏의 숨김이 없음과 김시형金始炯의 성실하고 순후함으로도 모두 나와 같지 않으니 내가 장차 어디를 믿어야 하겠는가."

_《영조실록》, 1747년(영조 23년) 2월 16일.

조현명이 누구인가. 노론과 임금의 알력으로 조정 분위기가 살얼음판이었던 경종 때, 소론의 공격으로 목숨이 위태로워진 영조(당시 세제)를 끝까지 지켜냈던 인물이다. 게다가 썩어 빠진 조선의 조세제도를 개선하고, 그 공로를 인정받아 영의정의 자리에까지 올랐던 경세가 중의 경세가다. 그런 사람조차 장원은 명문가 사람으로 뽑아야 한다고 주장했으니, 영조의 심정이 얼마나 씁쓸했을까. 이처럼 과거제도는 이미 형해화形骸化된 지 오래였고, 점점 더 인재를 뽑기보다는 기득권을 강화하는 방향으로 나아갔다. 그러나 어쨌든 영조의 고집도 대단했다.

"하늘이 비나 이슬을 내릴 적에 어찌 지역을 가려서 내리겠는가."

_《영조실록》, 1747년(영조 23년) 2월 14일.

영조가 장원급제에만 관심을 두고 있었던 것은 아니다. 이전부터 영조는 과거 급제자를 가릴 때 양반 출신 사이에 곁다리로 껴 넣던 서얼이나 중인 출신들이 딱하다고 여겼다. 아무리 하늘이 내린 재주가 있다고 한들 집안이 좋지 못하면 급제할 수 없었고, 관직을 받아도 활약할 기회를 얻을 수 없었다. 국사를 이끌며 언제나 더 많은 인재를 원했던 임금이 보기에는 심각한 인력 낭비이지 않았을까. 그래서 영조는 누구에게나 공평한 기회를 주고 싶어 했다. (이런 너른 마음을 아들에게 보여주지 않은 이유가 궁금하지만, 여기서는 따지지 말기로 하자.)

한편 장원의 선발 기준을 놓고 임금과 신하들이 맞붙은 와중에 뜻밖의 피해자가 발생했다. 바로 임금이 직접 뽑은 장원급제자들이었다. 1747년(영조 23년)의 과거에는 개성 출신의 허증許增이, 1750년(영조 26년)의 과거에는 박지익朴志益과 강필교姜必敎가 장원급제했는데, 임금이 직접 뽑았다는 이유 하나만으로 함께 급제한 동기들에게도, 기존의 관리들에게도 공공연하게 '왕따'당했다. 가해자들의 논리는 참으로 후안무치했는데, 집안 좋은 사람을 장원으로 뽑는 게 옛 법도인데, 이를 어겼으니 인정할 수 없다는 것이었다. 무덤 속의 옛사람 공자가 들으면 벌떡 일어날 헛소리였다. 더욱 가소로운 점은 그런 소리를 하는 사람들이 전부 명문가 출신도 아니었다는 것이다. 조선 후기로 가면 과거 한 번에 급제자가 100명까지 나왔는데, 그 목록을 보면 난생처음 보는 본관의 성씨들도 많다. 그런즉 명문가 출신이 아닌 이들이 오히려 앞장서서 장원급제자는 꼭 명문가 출신이어야 한다고 주장했던 것이니, 참으로 이상한 패배주의가 아닐 수 없다.

영조의 성깔머리는 이럴 때 참으로 빛났다. 1750년(영조 26년)의 과거가 끝나고 급제자들을 축하하는 연회에 영조가 직접 행차했는데, 분위기가 휑했다. 임금이 장원을 삼은 방식에 불만을 품은 급제자들이 참여하지 않았던 것이다. 그러자 영조는 그 자리에 오지 않은 이들의 급제를 모두 취소하라 명했다.

"반드시 나라를 망칠 것은 과거"

이처럼 극단적인 조치가 내려질 정도로 과거는 도저히 국가고시라 부를 수 없을 정도로 썩어 문드러졌다. 그러니 정직하게 공부할수록 오히려 손해였다. 당연히 점점 더 많은 선비가 입시 비리의 늪에 빠져들었다. 하지만 어느 때건 모두가 "예"라고 할 때 "아니요"라고 말하는 강직한 사람이 있기 마련이다.

"지금 반드시 나라를 망칠 것은 과거인 것입니다."
_《순조실록》, 1809년(순조 9년) 11월 16일.

세도정치가 본격화되며 조선이 쇠락의 길을 걷기 시작한 순조 때의 좌의정인 김재찬金載瓚이 한 말이다. 나라의 인재를 뽑는 과거가 어째서 나라를 망치는가. 김재찬은 공公을 망각하고 사私를 따르는 행태를 원인으로 꼽았다. 그는 명문가 출신들을 골라 급제시켜 준 탓에 공부하지 않아도 돈으로 관직을 사면 된다는 생각이 나라를 좀먹고 있다고 꼬집었다.

"태어나서 머리털이 미처 마르기도 전에 이미 습속에 물들어서, 겨울에는 한 권의 책도 읽지 않고 여름에는 하나의 글을 짓지도 않은 채 의욕이 먼저 자라나서 염치는 하나도 없어져버리는가 하면, 아비가 그렇게 가르치고 형이 그렇게 면려勉勵하면서 이를 당연한 방법으로 여기고 있습니다. 그러므로 대소大小 과갑科甲에 있어 생판 아무것도 없이 남의 것을 빼앗는 길이 있을 뿐입니다. 이런 까닭에 한번 과시科試(과거)를 당하게 되면 번번이 온갖 갈림길이 생겨나게 마련이고, 따라서 글을 사고 차술借述하는 것에 대해 애당초 부끄러움이란 것을 모릅니다."

_《순조실록》, 1809년(순조 9년) 11월 16일.

이 적나라한 고발의 행간에는 특혜를 주면 줄수록 명성을 이어가기 위해 노력하는 대신 오히려 더 방만해졌던 명문가들의 한심한 작태가 담겨 있다. 어찌 보면 당연한 결말이다. 집안의 이름값만으로 급제할 수 있고 부귀영화를 누릴 수 있다면, 노력하지 않는 것은 물론이고, 이런 상황이 잘못되었다는 생각조차 안 하게 될 것이다. 이러한 '습속'이 한 번 생겨나면 다음 세대로 계속 이어지며 뿌리내린다. 뜻이 바른 사람이라면 어찌 이를 내버려둘 수 있겠는가.

사실 조선이 가장 빛나는 시기였던 세종이나 정조 때도 과거제도의 폐단과 입시 비리가 끊이지 않았다. 한편 조선이 당장 망해도 이상하지 않았던 철종이나 고종 때도 과거제도를 개혁해야 한다는 주장이 끊이지 않았다. 그만큼 교육과 인재 선발, 입시 비리는 언제나 국가의 중차대한 문제였다.

"당당한 나라의 과거가 거간꾼들의 마당이 되었다. 생각이 여기에 미치면 차라리 말을 하고 싶지 않다. 아! 이것이 어찌 조종조祖宗朝에서 과거제도를 만들어 선비를 선발하던 뜻이겠는가."

_《고종실록》, 1874년(고종 11년) 3월 21일.

하지만 과거제도를 바로잡기란 힘든 일이었다. 다시 한번 강조하지만 조선에서 과거는 입신양명과 직결되었다. 그만큼 급제를 원하는 사람도 많았고, 그 열망도 강렬했다. 이런 구조에서는 입시 비리가 안 일어날 수 없었다. 그리하여 구멍을 막으면 또 다른 구멍이 만들어지고, 그 구멍을 힘겹게 막으면 바로 옆에 새로운 구멍이 생겨났다. 이에 고종은 "한 번 과거를 보면 그때마다 폐단이 하나씩 늘어난다"라며 한탄했다. 그 폐단이 너무나 많아져 도저히 바로잡을 수 없는 지점에 도달한 순간, 나라는 망하는 것 아닐까. 그것이 조선의 역사와 쭉 함께한 과거제도가 오늘날의 우리에게 주는 교훈이리라.

조선, 시험지옥에 빠지다

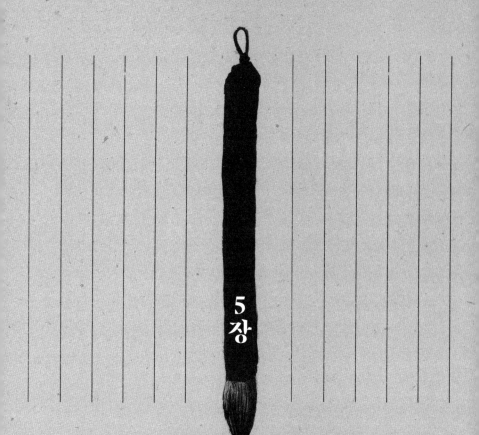

5
장

입시 전쟁의
승자와 패자

01

천재는 태어날 뿐 만들어지지 않는다

학교를 무대로 한 괴담에서 단골로 등장하는 악역 캐릭터가 있다. 1등에 집착한 나머지 공부 잘하는 다른 친구들을 미워하고 괴롭히는 인물이다. 사실 현실에서도 이런 사람들을 어렵지 않게 볼 수 있다. 그들의 비뚤어진 성격은 어디에서 비롯된 것일까. 태어날 때부터 승부욕이 과했을 수도 있고, 주변 사람들이 1등 해야 한다고 계속해서 주입했을 수도 있다. 이처럼 큰 기대는 큰 부담으로 이어져, 결국 공부를 잘해야만 한다는 강박을 낳았을지 모른다.

물론 열심히 공부하고 좋은 성적을 받는 것은 자신의 발전을 위해 참 좋은 일이다. 그런데 수단(공부)과 목적(자아실현)이 뒤바뀌면 꼭 탈이 난다. 즉 자기 자신을 가꾸기 위해 공부하는 것이 아니라 단지 공부를 더 잘하기 위해, 오직 성공하기 위해 공부하는 것은 문제가 될 수 있다.

오늘만 사는 사람, 남이

남이가 바로 그런 사람이었다. 그는 1460년(세조 6년) 17세의 나이로 무과에, 1466년(세조 12년) 23세의 나이로 발영시拔英試(현직 관리를 위한 과거)에 급제하고 20대에 병조판서가 되었다. 당시는 세조가 왕위에 오르는 과정에서 이에 반대한 사육신死六臣(단종의 복위를 꾀하다가 처형된 여섯 명의 충신)을 포함해 수백 명의 인재가 '물리적으로' 썰려나갔을 때다. 바꿔 말해 그만큼 일할 사람이 부족했다. 이는 남이에게 큰 기회가 되었는데, 실제로 그는 이시애의 난을 진압하는 등 여러 무공을 세우며 임금의 눈에 띄었다. 그리하여 병조판서가 된 남이. 이후 어느 날 그가 세조에게 진지한 청을 올렸다. "과거를 보게 해주십시오!"

> "판서 남이는 (…) 이제 또 초시에 나아가기를 청하니, 다른 예와 같지 않습니다."
> _《세조실록》, 1468년(세조 14년) 3월 27일.

이미 두 차례나 과거에 급제해 당상관의 높은 벼슬까지 하고 있는데, 무엇이 아쉬워서 이런 청을 올렸단 말인가. 이유는 간단했다.

남이는 장원급제를 하고 싶었다. 겨우 그런 이유만으로 과거를 또 보려 했다는 게 선뜻 이해되지 않을 수 있지만, 당시 남이는 새파랗게 젊은 20대로, 객기가 넘쳤다. 게다가 다른 나쁜 짓을 하겠다는 것도 아니고, 과거를 보게 해달라는 것이니, 이 정도면 오히려 기특하다고 해야 할까. 그런데 여기에는 뒷이야기가 더 있다. 병조판서가 과거를 본다면 형평성 시비가 불거질 수도 있는 만큼, 이를 반대하는 신하가 많았다. 그래서 세조가 먼 친척 조카이기도 한 남이를 직접 불러 타일렀다.

> "경의 재망才望은 본시 나타났으니, 만약 장원하지 못하면, 재주를 상하고 희망을 덜게 되니, 시험에 나아가지 말라."
> _《세조실록》, 1468년(세조 14년) 3월 27일.

내가 볼 때는 세조의 말 중 장원하지 못하면 상심이 클 테니 뜻을 접으라고 에두른 부분이 진심인 것 같은데, 남이는 다르게 받아들였던 듯싶다. 그는 자기 편할 대로 해석한 임금의 말을 여기저기에 떠들고 다녔다.

> "성상께서 신에게 명하시기를, '너의 이름을 천하에 들렸으니, 용이하게 시험에 나아감은 불가하다'라고 하셨다."
> _《세조실록》, 1468년(세조 14년) 3월 27일.

세조가 이 말을 들었다면 꿈보다 해몽이라고 하지 않았을까. 아울러 엄연한 국가 기록물인 《조선왕조실록》에 남이의 한심한 일화가 자세히 설명되어 있는 것이 신기할 따름이다. 남이가 역적으로 몰려 죽은 탓도 있겠지만, 평소 얼마나 눈꼴시게 잘난 척을 해댔으면, 사관이 이런 '흑역사'까지 기록했겠나 싶다. 물론 이 기록은 일방적인 것이라 사실인지는 알 수 없지만, 《조선왕조실록》에 기록된 남이의 행적을 쭉 살펴보면, '오늘만 사는 사람'이었음은 분명해 보인다. 술에 취해 임금에게 "왜 구성군龜城君(세종의 손자)만 총애하십니까?"라고 따지는 패기, 눈앞의 적이 아무리 많아도 움츠러들지 않고 달려드는 용기, 매사에 충만한 자기애와 자존심, 무엇보다 급한 성미가 곧 남이 그 자체였다. 장원 급제하겠다며 안달복달한 것도 그런 성질머리 때문이었으리라. 이처럼 모난 성격 때문이었을까. 세조가 세상을 떠나고 예종이 즉위하자, 남이는 역모를 꾀했다는 이유로 처형당했다.

여담이지만 반란을 일으켰다가 남이에게 진압당했던 이시애 또한 성격이 대단했다. 그는 늘 출세하기를 꿈꿨으니, 소원을 비는 석불 앞에서 다른 사람들이 가족의 건강을 빌 때 자신의 장원급제를 빌었을 정도다. 결국 반란을 일으켰지만 진압당해 찢겨 죽었다.

자존심 강한 두 천재의 대결

───────◈───────

과격한 이야기는 이쯤에서 마치고, 좀 더 가벼운 이야기를 해보자. 노력하는 사람은 천재를, 천재는 즐기는 사람을 따라가지 못한다는 말이 있다. 선조 때의 선비 이영李嶸의 일화를 살피면 정말 그럴지 모른다는 생각이 절로 든다. 이영은 어릴 적부터 똑똑한 것으로 이름을 날렸다. 어딜 가나 1등을 놓치지 않았는데, 고작 20세의 나이로 과거에 급제했다. 실제로 이이가 이항복과 이덕형에 이어 이영을 젊은 인재로 꼽기도 했다. 그러니 이영 본인의 자부심도 대단했으리라. 그런데 어느 날 갑자기 한 천재가 이영의 앞길을 막아섰다. 그의 이름은 이호민李好閔으로, 이항복과 절친한 사이였다. 이영이 그의 존재를 알게 된 것은 둘이 함께 본 과거에서였는데, 이호민이 바로 그때 장원을 차지했다.

살면서 1등을 놓쳐본 적 없는 이영은 마음속으로 칼을 갈았다. 이호민 저놈만은 반드시 이기고 만다! 이호민도 이영을 경쟁자로 생각했을까. 이어지는 이야기를 보면, 딱히 그랬던 것 같지는 않다. 아무튼 이영이 (일방적으로) 경쟁의식을 불태우는 와중에, 두 사람은 다시 한번 같이 과거를 보게 되었다. 이영은 설욕의 시간이라고 생각했을 것이 분명하다. 자신의 승리와 상대의 패배를 두 눈으로 똑똑히 보고 싶어서였을까. 응시자가 많이 몰려 시험장을 나누는 바람에 이호민과 떨어져 과거를 보게 되자, 온갖 수를 써서 그와 같은 곳을 배정받았다. 그렇게 과거는 시작되었고, 이영은 심혈을 기울여 답안지를 썼다. 심지어 해가 질 때까지 답안지를 완성하지 못해 횃불 아래에서 마무리했다고 한다. 그리고 결과가 나왔으니, 이영이 장원이었고 이호민은 2등이었다! 이영이 드디어 '타도 이호민'을 이뤄낸 순간이었다.

그래서 이영은 행복했을까. 본인이야 행복했겠지만, 평판이 너무나 안 좋아졌다. 지고 못 사는 성격이라는 소문이 돌자 아무도 이영과 가까이 지내려 하지 않았다. 정말로 이영의 관직 생활은 크고 작은 갈등으로 가득했고, 스트레스 때문이었는지 젊은 나이에 병을 얻어 죽고 말았다.

물론 지금까지의 이야기는 출처가 《어우야담》이므로, 어디까지가 진실인지 따져볼 필요가 있다. 실제로 과거 급제자들의 기록을 살피면 이야기와 맞지 않는 부분이 있다. 우선 이영과 이호민이 함께 본 과거는 1579년(선조 12년)의 식년시 문과였다. 그리고 이호민이 장원 급제한 과거는 같은 해 열린 진사시였다. 해당 진사시에서 이영은 아예 급제하지 못했다. 반대로 역시 같은 해 열린 생원시에서는 4등을 차지한 이영이 19등을 차지한 이호민을 앞섰다. 아울러 두 사람 모두 문과에 급제했는데, 그 시기가 아예 달랐다. 결론적으로 이영과 이호민은 당대의 이름난 천재들이었지만, 정말 서로를 의식하고 경쟁했을 것 같지는 않다. 단지 뒤에서 이야기하기 좋아하는 사람들이 두 천재의 한판 승부를 꾸며냈던 것 아닐까.

실제 인물들의 삶을 좀 더 살펴보자면, 이영은 정말 22세의 젊은 나이로 죽었다. 반면에 이호민은 임진왜란과 광해군 치하를 모두 견디며 82세까지 살았다. 지금 기준으로도 장수한 것인데, 이를 보면 젊었을 때 누가 더 공부를 잘했는지가 무슨 소용인가 싶다. 심지어 이호민의 친구 이항복은 어려서 불량소년이었지만, 과거에 급제해 관직 생활을 이어가다가 영의정의 자리에까지 올랐다. 임진왜란 때 이순신을 천거한 유성룡도 문과에 병과로 급제하는 데 그쳤으니, 장원급제가 꼭 개인의 성공을 보증한 것은 아니었다.

진짜 천재 이이의 등장

장원급제가 개인의 성공을 보장하지 못한다면, 그 장원급제를 한 번이 아니라 두 번, 세 번 해버리면 어떨까. 얼토당토않은 소리처럼 들리겠지만, 그 어려운 일을 해낸 사람이 있었으니, 바로 이이다. 앞서 짧게 소개한 것처럼 그는 구도장원공으로 불렸은즉, 장원급제를 무려 아홉 번이나 했다. 이이는 떡잎부터 다른 '찐' 천재였으니, 그의 행장에 기록된 다음 일화가 유명하다.

나면서부터 남달리 영리하고 뛰어나서 말을 배우면서 바로 글을 알았다. 세 살 때 외할머니가 석류를 가지고 "이것이 무엇 같으냐?" 하고 물어보자, 선생은 곧 고시古詩를 들어 대답하기를 "석류 껍질 속에 부서진 붉은 구슬이라石榴皮裏醉紅珠" 하여, 사람들이 기특하게 여겼다.

_이이, 《율곡선생전서栗谷先生全書》 35권.

한창 떼쓸 나이인 세 살 때 한자를 아는 것에서 한발 더 나아가, 그것을 뜻에 따라 조합하고, 또 고시까지 인용하며 시를 짓다니! 이이의 머리는 그야말로 하늘이 내린 보물이었다. 이이의 천재성은 이후 그가 선보일 놀라운 장원급제 이력을 살피는 것만으로도 충분히 증명된다. 우선 이이는 1548년(명종 3년) 12세의 나이로 생애 처음 장원 급제했다. 당시 그가 본 과거는 진사시(초시)로, 글짓기 수준을 평가하는 시험이었다. 그런즉 지금으로 치면 초등학교 5학

년짜리의 글이 해당 과거를 함께 본 다른 어떤 성인의 글보다 우수
했다는 것이다. 이 일을 계기로 외할머니 용인이씨가 이이를 자신
의 봉사손奉祀孫으로 삼았다. 봉사손이란 조상의 제사를 책임지는
후손으로, 용인이씨가 이이를 얼마나 귀하게 여겼는지 알 수 있다.
실제로 이이는 용인이씨의 재산 중 가장 가치 있는 한양의 기와집
과 밭을 물려받았다.

물론 이이에게도 시련은 있었다. 14세 때 깊이 의지했던 어머니
신사임당이 세상을 떠난 것이었다. 이이의 아버지 이원수李元秀는
자식들에게 무정한 편이었다. 그리 좋은 남편도 아니었으니, 주모
였다고 하는 권씨를 첩으로 삼아 신사임당의 속을 썩였다. 권씨는
신사임당과 성향이 정반대로, 교양이란 찾아볼 수 없는 술꾼이었
다. 똑똑하고 명망 높은 신사임당이 늘 부담스러웠던 이원수에게
는 딱 맞는 짝이었을지 모른다. 어쨌든 사랑하는 어머니의 죽음과
기다렸다는 듯이 냉큼 권씨를 새어머니로 들이는 아버지의 무심함
은 이이에게 충격의 연속이었다. 결국 이이는 17세의 나이에 집을
떠나 금강산으로 들어가버렸다. 이 일로 불교에 귀의했다는 소문
이 생겨 평생 이이를 괴롭혔다.

금강산이 심신 안정에 도움을 주었는지, 이이는 1년 만에 하산
했고, 20세 때 진사시(복시)에 장원 급제하며 화려하게 복귀했다.
이 기세를 이어나가 22세에는 별시(초시)에 장원 급제했다. 그 과거
에서 이이가 쓴 답안지가 얼마나 대단했는지, 책에 실릴 정도였다.
그 책의 제목이 꽤 거창했는데, '하늘의 뜻'을 담았다는 뜻에서 《천
도책天道策》으로 불렸다. 사실 해당 과거는 정말 하늘의 뜻을 물었

다. 농담이 아니고 문제가 그러했다. 일개 인간으로서 하늘의 뜻을 풀이해야 했으니, 그날 시험장에 앉아 문제를 확인한 선비들은 울고 싶어졌을 것이다. 지금으로 치면 '불수능'이었달까. 그런데도 이이는 일필휘지로 답안지를 써 내려가기 시작했다. 그 서두를 짧게 인용해보겠다.

> 상천上天의 일은 무성무취無聲無臭하여 그 이理는 지극히 은미하고 그 상象은 지극히 현저하니, 이 설說을 아는 사람이라야 더불어 천도를 논할 수 있다. 이제 집사執事 선생께서 지극히 은미하고 현저한 도道로써 발책發策하여 격물格物과 궁리窮理의 설을 듣고자 하니, 이는 진실로 천인天人의 도를 궁구한 자가 아니면, 어찌 이것을 같이 논할 수 있겠는가. 나는 평일에 선각자에게 들은 것을 가지고 밝은 물음에 만분의 일이나마 답하려고 한다.
>
> _이이,《율곡선생전서》14권.

이게 대체 무슨 소리냐. 학자들에 따르면 즉석에서 작성했건만 물 흐르듯이 막힘이 없고, 그 안에 유불선儒佛仙을 아우르는 거대한 철학과 사상이 녹아 있다고 한다. 뭐, 솔직히 범재인 나는 몇 번을 읽어보아도 무슨 말인지 모르겠다만. 아무튼 세상의 단맛과 쓴맛을 모두 보고, 현명한 이들의 사상을 모두 흡수하고, 이 모두를 오랜 단련 끝에 제 것으로 만든 이이의 답은 세상을 놀라게 했다. 그가 고작 20대의 젊은이라는 점도 세상을 놀라게 했다.

거인의 그림자에 가린 사람들

이렇게 세 번이나 장원 급제하자, 이이의 명성이 높아지기 시작했다. 그러면서 유명세를 치르게 되었는데, 무엇보다 출가 이력이 이이를 괴롭혔다. 유교의 나라 조선에서 불교와 아주 잠깐이라도, 아주 옅게라도 엮인다는 것은, 그 자체로 크나큰 오점이었다. 실제로 이이가 성균관에 입학하자 몇몇 유생이 대놓고 그를 괴롭혔다. 다만 이이는 매우 의연하게 대처했다고 한다. "나보다 공부 잘하는 놈 있으면 나와봐" 한마디면 되었을 텐데, 그러는 대신 버티고 서서 끝내 참아냈다. 이미 장원급제를 세 번이나 한 이이의 눈에는 자신을 괴롭히는 치들이 우습게 보이지 않았을까 싶다.

이이가 성균관에서 이런 고초를 겪는 중에 아버지가 세상을 떠났다. 삼년상이 끝나고 28세가 된 1564년(명종 19년) 이이의 '포텐'이 터졌다. 그해에 이이는 진사시(초시), 생원시(초시·복시), 문과(초시·복시·전시) 등 모두 여섯 번의 과거에서 장원 급제했다. 진사시(복시)에서만 장원을 놓쳤던 것인데, 해당 과거에서는 42등을 차지했다. 답안지를 작성하며 무언가 실수라도 한 걸까. 그나마 이이에게서 인간미가 느껴지는 부분이다. 오히려 진사시(복시)의 장원급제자가 불쌍해진다. 열심히 공부해 어렵게 장원 급제했건만, 그 영광이 이이의 놀라운 기록에 가려졌으니 말이다. 당시 이이와 함께 과거를 본 이들 중에는 유성룡, 이원익李元翼 등이 있었는데, 훗날 모두 명신으로 이름을 날렸지만, 여하튼 이이 앞에서는 '평범한' 과거 급제자에 불과했다.

이쯤 되면 좀 궁금해진다. 대체 이이는 뭘 먹고 그렇게 공부를 잘했을까. 가정교육이 탁월했던 덕분일까. 가장 먼저 떠오르는 것은 이이의 어머니이자, 5만 원권의 주인공인 신사임당이다. 실제로 많은 사람이 신사임당의 가정교육이 대단했으리라고 생각하지만, 현실적으로 불가능한 일이었다. 정말 신사임당이 잘 가르친 덕분이라면, 구도장원공은 셋째 아들인 이이가 아니라 첫째 아들인 이선李璿이 되었을 것이다. 집안을 이끌어가야 하고, 그래서 가장 잘 대우받는 존재는 당시 언제나 첫째 아들이었으니까.

"이이에게 형이 있었어?"라고 반문하는 사람이 있을지 모르겠다. 현실 정치에 뛰어든 이이는 서인의 종주가 되는데, 이후 서인이 권력을 쥐며 거의 '신'급으로 추앙받는다. 송시열 같은 문인들이 이러한 선전 사업을 이끌었는데, 그러면서 신사임당마저 '성모'로 대우받았다. 다만 빛이 밝을수록 그림자도 짙어지는 법이라, 이이의 존재감이 너무 커지다 보니, 그의 형제자매들이 피해를 보았다. 사실 이이는 칠 남매 중 다섯째 아들로, 위로 두 명의 형과 두 명의 누나가 있었다. 그들은 순서대로 첫째 형인 이선, 첫째 누나인 조대남趙大男의 처 이매창李梅窗, 둘째 형인 이번李璠, 둘째 누나인 윤섭尹涉의 아내 이씨였다. 이이 밑으로는 홍천우洪天祐의 처 이씨와 막냇동생 이우李瑀가 있었다. 이들은 이이의 명성에 가려져 존재감이 희미한데, 남은 기록마저 별로 없다. 다만 이매창은 어머니 신사임당만큼이나 시와 그림에 능했고, 이우는 세 번이나 장원 급제한 인재였다. 이이는 종종 "이우가 나보다 낫다"라며 막냇동생을 높였다. 다만 이선은 40세의 나이로 겨우 생원시에 급제해 참봉參奉이라는 미관말직을 지냈다. 그리고 이번은 두 눈을 씻고 찾아봐도 정말 아무런 기록이 없다. 1000년에 한 번 나올까 말까 하는 천재를 동생으로 둔 탓에 평생 비교당하며 살았을 저 두 사람의 처지가 참으로 안쓰럽다. 매우 늦었지만 위로의 말을 전한다.

악습이 된 면신례

다만 이이도 그 나름대로 꽤 고생했다. 앞서 언급한 성균관에서의 왕따가 관직 생활을 시작한 후에도 이어졌던 것이다. 정확히 말해 왕따라기보다는 면신례免新禮, 즉 신고식이 너무나 과했다. 면신례의 시초는 막 관직 생활을 시작한 사람이 선배들에게 음식을 대접하는 것이었다. 그런데 시간이 지날수록 원래 취지에서 벗어나 선배들의 후배 괴롭히기가 되어버렸다. 얼굴에 구정물을 칠하게 하거나, 미친 여자의 오줌을 받아먹게 하거나, 우스꽝스럽게 동물 흉내를 내게 하거나, 가산이 거덜 날 정도로 음식과 술을 차리게 하는 등 선을 넘어도 한참 넘었다. 이로써 막 과거에 급제하고 관직을 받아 높아진 후배의 콧대를 꺾고자 했는데, 이름난 이들에게는 특히 가혹했다.

밀치고 당기며 욕을 보이는데 혹 하늘을 우러러 크게 웃게 하기도 하고 혹은 땅에 엎드려서 엉금엉금 기게도 하며 방게 걸음과 부엉이 울음으로 기괴한 형상을 하지 않는 짓이 없다. 끝에 가서는 진한

먹에 붓을 적셔서 먼저 한쪽 눈에 먹칠하여 통령通鈴이라 이르고, 다음 양 눈에 칠하여 쌍령雙鈴이라 이르고, 코에 칠하고 입에 칠하고 눈썹과 수염에 칠한 다음 많은 사람에게 조리돌려서 웃음거리를 제공한다. 이에 온 낯에 칠해서 먹돼지라 부르며, 흰 밀가루를 뿌려서 회시灰尸라고 이르는데, 그런 짓을 당하는 자는 영광으로 여기고, 보는 자는 부러워한다.

_정약용, 《경세유표經世遺表》 15권.

정약용도 비슷한 일을 겪은 듯한데, 별로 보기 좋은 풍경은 아니었지만 그래도 과거에 급제한 덕분에 누리는 '영광'이었으니 당하는 사람도 기뻐하며 받아넘겼다고 한다. 뭐, 잠깐 놀리는 정도라면 괜찮았을지 모른다. 하지만 때로는 정도가 지나쳐서 심각한 폭행이나 재산 강탈로 이어졌고, 심지어 죽는 사람까지 나왔다.

이이는 면신례를 견뎌내지 못했다. 인내심이 부족했던 것일까. 혹시 구도장원공인 탓에 남들보다 아홉 배는 지독한 면신례를 당했던 것은 아닐까. 당시 이이에게 비교당하며 이를 갈아온 사람이 어디 한둘이었겠는가. 분명 이이 본인도 모르는 새에 많은 원한을 샀으리라. 아울러 천하의 구도장원공이 면신례를 치른다는데, 직접적으로 관계없는 부처의 관리들까지 와서 툭툭 건드렸을 것이 뻔하다. 나라도 구경하고 싶은 마음이 생기는데, 동시대인들은 오죽했겠는가. 말 그대로 동물원 원숭이 신세가 된 이이는 면신례의 폐해를 낱낱이 고발하는 글을 쓰고는 관직을 내려놨다. 이 소식을 들은 이황이 일단 벼슬길에 올랐으면 감내해야 한다고 점잖게 타일렀으나, 정작 이황은 장원급제의 경험이 없었다. 감히 내가 이황을 비하하는 것은 아니고, 다만 이이처럼 과하게 면신례를 겪지 않았으리라는 뜻이다.

천재의 삶은 전쟁 같다

물론 이이 같은 인재가 방구석에서 가만히 있을 리 없었고, 또 나라에서도 그를 가만히 둘 리 없었으므로, 얼마 뒤 다시 관직 생활을 시작했다. 이후로 이이는 점점 쇠퇴해가는 조선을 다시 일으켜 세우기 위해 부단히 노력했다. 하지만 당시는 당쟁이 막 시작되던 선조 때였다. 이이는 처음에 중립을 지키려 노력했으나, 현실 정치의 벽에 가로막혀 결국 다수파인 서인과 손잡았다(물론 서인으로서 동인과 타협하고 화합하기 위해 매우 노력했다). 이후로도 나라의 꼴이 본인의 뜻처럼 팍팍 개선되지 않자 크게 좌절하고는 다시 한번 관직을 내려놓고 낙향했다. 물론 시골에 있다고 복잡한 머릿속이 절로 정리되는 것은 아닌지라, 얼마 안 가 다시 관복을 입었지만.

이처럼 이이의 삶은 (임진왜란이 발발하기 전부터) 전쟁 그 자체였다. 불꽃 튀는 서인과 동인의 당쟁 사이에서, 하늘 높은 이상과 시궁창 같은 현실의 격차 사이에서, 눈앞에서는 친구이지만 뒤돌아서면 적이 될 사람들 사이에서 고군분투하는 나날이었다. 자연스럽게 이이는 모든 논란의 중심에 섰고, 명성만큼이나 많은 비판을 받았다. 실제로 모두가 그를 좋아하고 존경한 것은 아니었으니, 다음은 대사간 김우옹金宇顒의 평가다.

"삼가 보건대 이이는 명민한 학문과 해박한 지식으로 밝은 시대를 만나 전하께서 마음 깊이 그를 의임倚任하여 그와 함께 난국을 타개해보려 하였고, 이이 역시 스스로 세도世道를 책임져서 어수魚水의 사이같이 한 조당朝堂에 앉아 계책을 내면 실현되고 말만 하면 다 들어주시는 참으로 천 년을 두고도 만나기 어려운 지우知友였습니다. 그런데 애석하게도 그는 뜻만 컸지 재주가 소략하고, 도량이 얕고 소견이 편협하여 자기에게 후한 사람에게 가리우고, 또 자기 소견에만 얽매여서 일국의 공론을 모아 천하를 위한 일을 해내지 못하고, 다만 자기 개인의 견해를 내세워 온 나라의 인정을 거슬렸고 선비들에게 인심을 잃은 지 오래인데도 깨닫지 못하고 오히려 빈번히 장주章奏를 올려 강변強辨으로 상대를 이기려고 하였으며, 하는 일들도 경솔하고 조급한 데가 있어 거의 인망에 부응하지 못하였으므로 선비들 마음이 비로소 이이에 대하여 실망을 느끼게 되었으니, 그것은 역시 어느 개인의 사론私論은 아니었습니다. 그러나 이이의 본심이야 무슨 딴 것이 있었겠습니까. 요컨대 조정을 안정시켜 시사時事를 목적대로 달성해보려는 것이었지만 그의 의견에 편협된 바가 있어서 그 폐해가 이 지경에 이른 것입니다."

_《선조실록》, 1583년(선조 16년) 7월 19일.

한마디로 의도는 좋은데, 성미가 급하고 소갈딱지가 밴댕이만해 큰일을 감당하지 못한다는 것이었다. 젊었을 때부터 조금이라도 부당하다고 생각되면 절대 참지 않고 자리를 박차고 나간 이이의 성미를 생각해보면 타당한 평가였다. 첨언하자면 김우옹은 그나마 이이에게 호의적인 사람이었다. 그러니 이이에게 적대적인 사람들은 오죽했겠는가,

스트레스가 심한 탓이었을까. 이이는 1584년(선조 17년) 47세의 나이로 세상을 떠났다. 과로가 워낙 심하기도 했고, 무엇보다 끊임없이 겪어야 했던 갈등과 좌절이 그의 명을 앞당겼을 것이다. 많은 사람의 생각과 달리 이이 생전에는 그가 말한다고 모두 떠받들지 않았다. 그는 자신의 뜻을 설득하고 관철하기 위해 늘 투쟁하는, 정말 전쟁 같은 삶을 살았다. 이것이 천재의, 구도장원공의 운명이라면 운명일까 싶다.

02

어려서는 천재, 자라서는 범인

다행스럽게도 조선에는 이이에 비견될 만한 천재들이 많았다. 조선 전기의 문인 정경세鄭經世는 그중 한 명의 행장을 썼는데, 영웅서사시에 비견될 만하다.

공은 태어나면서부터 밝고 순수하여 빛나는 구슬이 막 물속에서 나온 것만 같았다. 네 살 때 글을 읽을 줄 알았고 여섯 살 때 《대학》을 배웠는데, 행동거지가 어른과 같아 일찍이 여러 아이들과 어울려 장난질을 한 적이 없었다. 여덟 살 때 《맹자》를 읽었는데, "백이伯夷는 눈으로는 나쁜 색을 보지 않았고, 귀로는 나쁜 소리를 듣지 않았다"라고 하는 대목에 이르러서는 개연히 그 모습을 상상하면서 백이의 사람됨을 흠모해 꿈속에서 만나보기까지 하였다.

_정경세,《우복집愚伏集》20권.

(이이 보다 1년 늦은) 네 살 때 글을 익혔다는 이 사람은, 지금이라면 유치원 다닐 때인 여섯 살 때 경전 중에서도 어려운 축에 속하는 《대학》을 읽었다고 한다. 세상에 이런 천재가 있나! 그래서 과연 그가 누구냐면, 조선이 임진왜란이라는 국난을 이겨내는 데 크게 이바지한 전시재상戰時宰相 유성룡이다. 이이와 비슷한 시대를 산 유성룡은 이황의 문하에서 공부하다가 과거에 급제해 관리로 일하며 재상의 자리에까지 올랐다. 즉 나라가 기울기 시작한 때에 맞춰 아주 적절하게 태어난 사람이었다.

학원 선생이 된 고시 낭인

하지만 모든 천재가 이이나 유성룡처럼 나라를 위해 활약했던 것은 아니다. 조용히 살다 간 천재들도 많았다. 다음 인용문의 주인공이 바로 그러했다.

다섯 살 때 학문을 시작하여 아버지가 입으로 천지일월天地日月 네 자를 말하고 "일월은 천지의 눈이다"라고 말하자 즉시 물어보기를 "눈은 사람의 일월이 됩니까?"라고 하여 아버지가 심히 사랑했다. (…) 일곱 살의 나이가 되자 노는 것을 좋아하지 않고 정대正大한 기상이 항상 있어 동년배들이 그를 경외하였다. 열세 살에 이르자 경전과 역사에 해박하고 통달했고, 특히 글을 잘 쓰고 시와 부를 짓는 데 뛰어나 오묘한 데 달했다.

_구태환仇泰煥, 《월봉문집月峰文集》 3권.

다섯 살에 머리가 트인 것을 보면 이이나 유성룡보다 살짝 떨어지는 것 같지만, 그 나이대의 평범한 아이들을 생각해보라. 해나 달보다는 발치에 기어다니는 벌레들에게 더 큰 흥미를 보일 것이다. 아니면 마냥 뜀박질하기를 좋아할 수도 있다. 그런데 이 이야기의 주인공은 일월이 천지, 곧 자연에서 가장 중요한 것임을 깨닫고는 사람의 눈도 그러하냐고 되물었으니, 그 통찰력이 대단하다.

이 특별한 천재는 경상도 고성 출신의 구상덕仇相德으로, 아마 들어본 적이 없을 것이다. 그도 그럴 것이 구상덕은 과거에 급제하지도 못했고 생전 어떤 중요한 일을 하지도 않았다. 다만 평생 일기를 썼는데, 그것이 조선의 생활사를 연구하는 데 중요한 자료로 쓰이며 학자들 사이에서 이름이 알려졌을 뿐이다. 물론 구상덕도 어릴 적에는 천재로 이름을 날렸다. 지금의 진주인 단성丹城에서 유학하며 지은 글들이 특히 유명했다. 하지만 과거에는 번번이 낙방했다. 오랫동안 도전했건만 결국 급제하지 못하자 뜻을 접고 귀향해 서당을 열었다. 지금으로 치면 학원 선생이 된 고시 낭인이랄까.

조선에는 이처럼 '반짝 천재'들이 많았다. 어릴 때는 공부를 잘해 관심을 독차지하지만, 나이가 찬 뒤로는 이렇다 할 활약을 하지 못하고 사람들의 기억 속에서 사라져버리는 이들 말이다. 다음 인용문을 살펴보자.

두 살에 《천자문》을 배워 60자의 글자를 쓸 수 있었다. 세 살에 다식을 받자 수壽 자, 복福 자가 박힌 과자는 먹고 팔괘 글자를 박은 것은 먹지 않았다.

_혜경궁 홍씨,《한중록》.

이 아이는 이이보다 대단하다! 두 살에 《천자문》을 익혀 한자를 썼고, 세 살에 그 의미를 통달했다. 왜 팔괘가 쓰인 과자는 먹지 않았는가 하면 그것이 우주의 근본을 뜻하기 때문이었다. 즉 단순히 한자의 뜻뿐 아니라, 유교의 세계관까지 익혔음을 알 수 있다. 그런 모습이 얼마나 자랑스러웠는지, 아이의 아버지는 국가의 중대사를 논하는 자리에서도 자식 자랑을 멈추지 않았다.

"동궁의 성품이 서책을 좋아하고 자못 글자의 뜻을 아는 능력이 있다. (…) 지식이 점점 통달하여져 가고 있다."

_《영조실록》, 1737년(영조 13년) 1월 2일.

그렇다. 바로 사도세자의 이야기다. 훗날 아버지 영조의 학대 탓에 미쳐버려 궁인들을 죽이고 결국 뒤주에 갇혀 굶어 죽은 비운의 사도세자도 어릴 때는 이쁨받는 천재였다.

어린 천재의 죽음

(사도세자는 좀 극단적인 경우이지만) 이처럼 조선에는 어려서 천재였다가 자라서 평범해지는 사람들이 참으로 많았다. 선비들의 일생을 정리한 졸기를 보면 총명한 어린 시절에 관한 이야기가 빠지지 않는다. 하지만 그렇다고 해서 모두 과거에 급제하고, 훌륭한 업적을 남긴 것은 아니었다. 오히려 아닌 사람이 더 많았다.

왜 그런 일이 잦았을까. 좋은 선생이 없어서였을까. 조선 후기의 문인 윤기가 쓴 다음 시를 살펴보면 꼭 그렇지만도 않았을 듯싶다.

사랑한다 어리고도 재주 있는 너
미목도 그린 듯이 수려한지고
천연두도 이젠 다 지나갔으니
글 읽기를 아무쪼록 게을리 말길

愛爾幼而才　眉目炯如畫

痘疫今已經　讀書愼毋懈

_윤기, 〈응록應祿을 두고 떠나며留別應祿〉.

윤기는 이 시에 친히 각주를 달았다. "신씨댁 아이 응록은 지금 나이가 여덟 살인데 입을 열었다 하면 사람들을 놀라게 하는 시구를 뱉었다. 나는 이 아이를 아껴서, 잘 가르쳐볼 만하다고 생각했다. 이 때문에 마지막 구에 독려하는 말을 쓴 것이다." 윤기는 34세에 생원시에 급제해 성균관에 입학한 후 51세에 문과에 급제할 때까지 20여 년간 조선 최고의 천재들을 바로 옆에서 보고 기록했던 인물이다. 그랬던 그가 재능이 있다며 직접 가르쳐보겠다고 찍었을 정도니, 응록은 분명 천재였을 것이다. 하지만 응록의 이후 삶은 전해지지 않는다. 아마 '응록'조차 본명이 아니라 아명이었을 텐데, 그렇더라도 너무 기록이 없다. 그토록 뛰어난 어린 천재에게 무슨 일이 벌어졌던 것일까. 요절했을까. 아니면 의욕을 잃었을까. 지금으로선 알 수 없다.

비슷한 인물이 또 있었으니, 정약용의 조카이자 《자산어보》를 쓴 정약전丁若銓의 아들인 정학초丁學樵다. 정학초는 어릴 때부터 비상한 재능을 보였는데, 다른 이도 아닌 바로 그 정약용이 깜짝 놀랄 정도였다. 여섯 살 때 이미 어려운 책들을 술술 읽었고, 일곱 살 때 바둑으로 웬만한 어른들을 모두 꺾었다. 정약용이 마치 자기 어린 시절을 보는 듯하다고 칭찬할 정도였다. 하긴 누구 조카이고 누구 아들인데 어련했을까. 정약용은 자기 아들들보다 조카를 더 사랑했고, 실제로 자기가 지은 책들을 물려주려고도 했다. 아마 자기 학문을 계승할 후계자로 삼을 생각이었던 것 같다. 그러나 정학초가 열한 살 되던 1801년(순조 1년)에 신유박해가 시작되며 정약용과 정약전이 모두 귀양을 갔다. 정학초는 이후에도 공부를 놓지 않았지만, 17세의 젊은 나이로 세상을 뜨고 말았다. 이 어린 천재의 죽음 앞에 아버지인 정학전은 물론이고 정약용마저 깊이 슬퍼했다. 정약용이 지은 정학초의 묘지명에는 허망함과 쓸쓸함이 진하게 묻어난다.

내가 유락流落한 이래로 저술한 육경六經(춘추전국시대의 여섯 가지 경서)과 사서(사서삼경의 사서)에 관한 학설 240권은 학초에게 전하려 하였더니 이제는 그만이로다.

_정약용, 《다산시문집》 16권.

이름을 남기지 못하고 사라져버린 조선의 천재들이 어디 이들 뿐이랴. 꼭 큰 업적을 세워야만 성공한 인생은 아니지만, 그래도 타고난 재능을 꽃피우지 못하고 스러진다는 것은 본인에게도, 나라에도 안타까운 일이다.

03

길이 없은즉, 뚫어낸 여성들

지금까지 살펴본 것처럼 조선의 양반 가문에서 태어난 사내아이들은 젖먹이 시절부터 과거에 급제할 것을 기대받았고, 또 요구받았다. 대부분은 그에 응하고자 최선을 다했으니, 집안의 모든 자원을 끌어 쓰며 공부하고 과거에 도전했다. 낙방을 거듭하면서도 절대 포기하지 않았다. 그러다가 영영 뜻을 이루지 못하고 학생學生(벼슬하지 않고 죽은 사람)이나 유학幼學(벼슬하지 않은 유생)으로만 살다가 생을 마친 사람들이 바닷가의 모래알만큼 많고도 많았다.

그런데 조선 후기로 갈수록 과거 급제를 위한 경쟁이 더욱 치열해졌다. 이런저런 이유로 양반의 수 자체가 늘어났기 때문이다. 부유한 중인들은 무과에 응시해 양반으로 신분을 세탁했다. 양인이나 노비들은 공명첩空名帖을 구입해 관직에 올랐고, 특히 숙종 이후 양인과 서얼들도 과거를 볼 수 있게 되었다. 물론 암암리에 벌어지는 차별은 여전했고, 양인과 서얼들에게도 과거 급제는 몹시 어려운 일이었지만, 여하튼 기회의 문이 열린 것만은 사실이었다. 이러한 이유로 경쟁률이 높아지며 과거 급제는 점점 더 어려워졌고, 그만큼 도전하는 사람을 미치게 했다. 집안이 거덜 나며 불화의 원인이 되었고, 심지어 돈을 대기 위해 범죄를 저지르는 일도 발생했다. 한마디로 과거 공부는 만악의 근원이었다.

한편 이런 과거를 아예 볼 수 없는 사람들도 있었다. 바로 여성들이었다. 그들은 교육과 과거의 세계에서 완전히 배제된 채 여공女功, 즉 바느질이나 길쌈 같은 일만 맡았다. 실학자이면서 별명이 '책만 보는 바보'라는 뜻의 간서치看書痴였던 이덕무李德懋는 관련해 참으로 꼰대 같은 말을 남겼다.

부인이 바느질, 길쌈, 음식 만들기를 모르면 이것은 마치 남자가 시서육예詩書六藝(시 짓기와 글짓기에 더해 《주례》에서 정한 여섯 가지 기예)를 알지 못하는 것과 같다.
_이덕무, 《사소절士小節》 6권.

내조의 의미

조선의 여성들은 보통 열 살부터 본격적으로 여공을 익혔다. 하지만 여성이라고 해서 평생 여공만 하는 것은 아니었다. 남성이 과거 공부에 몰두하는 동안, 가계를 관리하고 노비를 부리고 농사짓는 모든 일이 여성의 몫이었다. 그러려면 영수증이나 차용증 같은 문서를 읽고 쓸 줄 알아야 했다. 노비에게 심부름을 시킬 때도 관련 내용이 적힌 서찰을 쥐어줘야 했다. 수확한 곡식의 양이나 빌려준 돈의 이자도 계산할 줄 알아야 했다. 그래서 여성이라도 한글과 간단한 셈 정도는 배웠다. 그 목표는 살림을 알아서 잘하는 여성, 한 발 더 나아가 가산을 불리는 여성이 되는 것이었다. 그래야만 과거 공부하느라 생활력이 없고, 살림에 관심이 없는 남성을 부양할 수 있을 테니까. 성 역할의 이러한 구분이 그리 낯설지 않게 느껴지는 것은 나 혼자만의 착각일까.

물론 그 이상의 성취를 원하는 여성들도 있었다. 그들은 일기나 편지에서 공부하고 싶은 마음, 출세하고 싶은 마음을 가감 없이 표출했다. 특히 과거에 정말 관심이 많았다. 물론 현실적으로 직접 과거를 볼 순 없었으므로, 남편이나 아들의 과거 공부를 전폭적으로 지원했다. 그렇게 격려하고 달달 볶고 구박하면서 일종의 대리 만족을 느꼈던 것 같다. 실제로 남편이나 아들이 과거에 급제해 출세하게 되면, 여성도 출세할 수 있었다.

《홍길동전》의 저자이자, 과거에 장원 급제한 허균의 부인 안동 김씨는 남편이 공부에 싫증을 내면 이런 농담을 던졌다.

"게으름 부리지 마십시오, 나의 부인첩夫人帖이 늦어집니다."
_허균,《성소부부고》15권.

부인첩이란 고관의 아내에게 내린 임명장으로, '정경부인貞敬夫人', '정부인貞夫人', '숙부인淑夫人' 등이 그 직책이었다. 그러니까 안동김씨는 남편에게 "당신이 게으름을 피워 내 출세가 늦어집니다"라고 농담했던 것이다. 아쉽게도 이 농담은 끝내 농담으로만 그쳤다. 안동김씨가 만삭이었을 때 임진왜란이 터졌고, 피란길에 아들을 낳은 안동김씨는 지쳐 숨을 거두고 말았다. 전쟁 통에 태어난 아들도 젖을 제대로 먹지 못해 곧 안동김씨의 뒤를 따랐다. 그로부터 18년이 지나 고관의 자리에 오른 허균은 죽은 안동김씨를 숙부인으로 추증한다는 교지를 그 영전에 올리며 슬퍼하고, 또 슬퍼했다.

안동김씨는 남편의 과거 급제를 소망했지만, 그보다 많은 여성은 아들에게 공을 쏟았다. 어른이 되어 만난 남편의 장래성은 금방 파악할 수 있지만, 아직 어린 아들의 능력은 미지수여서가 아니었을까. 앞서 소개한 숙종 때의 문인 이동표는 장원 급제한 과거가 다른 사람들의 부정행위 때문에 취소되자 그 충격으로 몇 년간 붓을 들지 못했다. 그런데도 결국 추스르고 다시 과거에 도전했으니, 모두 어머니의 명령 때문이었다. 효자였던 이동표는 과거를 보는 내내 하루가 멀다고 한글로 편지를 써서 어머니에게 보냈는데, 특히 다시 한번 장원 급제한 소식을 전하는 편지가 심금을 울린다.

장원급제를 했으니 천행天幸이며 시방時方 고대苦待하실 것이니 이놈을 급급히 가라 하되 사흘 후에야 갈까 하니 그사이를 어찌 기다리실꼬 걱정합니다.

_1683년(숙종 9년) 10월 26일.

풀이하면, 종을 시켜 편지를 보내는데, 급한 마음만큼 서둘러 갈 지 모르겠다는 내용이다. 자신의 과거 급제 소식만을 오매불망 기다릴 어머니에게 그냥 급제도 아니고 장원 급제했음을 한시라도 빨리 알리고 싶은 마음이 절절하다. 조선 중기의 문인 오희문도 그의 아들 오윤겸吳允謙이 문과에 급제하자 나이 든 그의 어머니, 곧 오윤겸의 할머니가 하염없이 기쁨의 눈물을 흘렸다고 기록했다.

"훌륭하도다, 부인의 말이 아니다"

이처럼 남편과 아들의 과거 급제는 조선 여성들의 큰 기쁨이었다. 하지만 이 정도로 만족하지 못하고, 본인이 출세하기를 원한 여성들도 분명 존재했다. 명종 때의 유학자 유희춘의 아내 송덕봉宋德峯이 대표적이다. 그녀는 자기가 지은 글을 임금에게 직접 자랑하는 내용의 꿈을 꿀 정도였다. 아마 평소에 글공부하는 남편 옆에 앉아 비슷한 상상을 많이 했던 것 같다. 한편 소설을 써서 유명해지려고 했던 여성도 있었다. 바로 180권에 이르는 초장편 대작 《완월회맹연玩月會盟宴》을 쓴 전주이씨全州李氏였다.

완월은 안겸제安兼濟의 어머니(이씨)가 지은바, 궁중에 흘려보내서 명성을 넓히고자 하였다.
_조재삼趙在三, 《송남잡지松南雜識》 8권.

그래도 역시 이런 여성들의 가장 큰 소망은 자신이 직접 과거를 보고 급제하는 것 아니었을까. 대중매체에서는 그런 여성들이 남장한 채 과거를 보고, 또 급제하는 이야기가 자주 그려진다. 하지만 이는 현실적으로 정말 불가능했다. 물론 그렇기에 더 바라는 꿈이었으리라. 그래서인지 조선 시대에 널리 읽힌 《하진양문록河陳兩門錄》《정수정전鄭秀貞傳》《홍계월전洪桂月傳》 등의 소설에는 여러 가지 사정으로 남장한 채 과거를 보고 장원 급제하는 여성들이 등장한다. 이런 소설의 저자나 주요 독자가 모두 여성이었던 것을 생각하면, 그들의 꿈과 욕망이 무엇이었는지 알 수 있다.

당연한 말이지만 재능은 성별을 가리지 않는다. 즉 조선에도 웬만한 남성보다 공부를 잘하는 여성들이 있었다. 하지만 시대적 한계 탓에 여성들은 자신의 재능을 뽐내지 못했고, 오히려 부끄러워하며 숨기도록 강요받았다. 실제로 당시 여성들의 전기를 보면, 똑똑한 딸을 두고도 "(공부는) 여자가 할 일이 아니다"라며 일부러 가르치지 않는 부모들이 많이 등장한다.

그렇지만 몇몇 여성은 포기를 몰랐다. 그들은 공부를 가르쳐달라고 부모를 졸라 정말 뜻을 이루었으니, 대표적인 인물이 사주당 이씨師朱堂 李氏와 이문건의 손녀 이숙희다. 사주당 이씨는 1793년(정조 17년) 청주에서 칠 남매 중 막내딸로 태어났다. 이후 자라면서 여공을 배울 때가 되자, 사주당 이씨는 아버지에게 한자와 한문 공부를 허락해달라고 졸랐다. 다행히도 아버지가 흔쾌히 허락해 15세 정도 되자 그 학식이 다른 형제들을 모두 능가했다고 한다. 이숙희는 할아버지에게 공부를 가르쳐달라고 부탁했다. 아들과 손자에게는 무시무시한 폭력을 행사한 이문건이었지만, 손녀에게는 자상하게도 한글로 된 《천자문》과 《소학》을 구해 선물했다. 이숙희는 이를 홀로 공부해 네 살 밑의 남동생 이숙길을 가르칠 정도로 실력을 키웠다.

애초에 아들과 딸을 구분 없이 가르친 남성들도 있었으니, 허난설헌과 김운金雲의 경우가 대표적이다. 허난설헌은 시대의 기린아였던 허균의 누이이자, 일본의 침략 가능성을 고했던 허성許筬과 뛰어난 문인이었던 허봉許篈의 동생이었다. 딸의 재주를 아깝게 여긴 아버지 허엽許曄은 딸을 아들들과 똑같이 가르쳤고, 잘 알려진 대로 허난설헌의 시집은 중국에까지 소개되어 널리 명성을 떨쳤다. 허난설헌의 시집에 발문을 쓴 유성룡은 조선의 남성으로서 여성에게 할 수 있는 최대치의 찬사를 남겼다.

훌륭하도다, 부인의 말이 아니다.

_유성룡, 《서애선생별집西厓先生別集》 4권.

여성은 곧 열등한 존재로 생각되던 시기에, 부인(여성)의 말이 아니라는 것은 허난설헌을 향한 최고의 칭찬이었다.

조선 후기 안동김씨를 대표한 문인 김창협金昌協의 셋째 딸 김운은 열한 살의 나이에 남동생과 공부를 시작했는데, 그 실력이 일취월장해 어른들도 어려워하는 책을 막힘없이 술술 읽었다. 온종일 침식을 잊고 책을 읽었다니, 천성이 공부 체질이었던 것 같다. 이에 아버지와 삼촌들은 김운을 여사女士(여자 선비)로 대우했다. 하지만 그럴수록 김운은 자신이 여성으로 태어난 것을 몹시 아쉬워했다. "만약 남자로 태어났더라면 깊은 산속에서 수천 권의 책을 읽으며 늙었으리라"라거나, "나는 여자라 한스럽게도 세상에 드러난 공덕이 없구나"라는 말을 자주 했다고 한다.

그래서였는지 김운은 짝이 된 남편 오명중吳明仲에게 과거 볼 것을 권하며, "죽을 때까지 이름이 나지 않는 것을 군자들은 병통으로 여깁니다"라고 강하게 압박했다. 아무리 공부를 잘해도 절대 과거를 볼 수 없었던 자신의 처지가 한탄스러웠기에, 그만큼 강렬하게 남편의 과거 급제를 바란 것이었으리라.

그 외에도 많은 여성이 굳이 하지 않아도 될 공부를 열심히 했다. 서영수합徐令壽閣은 중국의 수학 문제 풀이법을 비판할 정도로 수학의 천재였다. 정약용에게 학문적으로 영향을 미친 정시한丁時翰의 어머니 횡성조씨橫城趙氏, 숙종 때 좌의정을 지낸 박세채朴世采의 양어머니 유인조씨孺人趙氏, 조정의 요직과 외직을 두루 거치며 활약한 김주신金柱臣의 어머니 풍양조씨 등은 모두 경전을 즐겨 읽었다. 한글 소설의 선구자로 《구운몽》《사씨남정기》 등을 쓴 김만중金萬重의 어머니 해평윤씨海平尹氏는 《소학》《사략》《당시唐詩》 등을 자식들에게 직접 가르칠 정도로 학식이 뛰어났다.

책을 쓰다

한발 더 나아가 여성을 가르치기 위한 책을 직접 쓴 여성도 있었다.

연산군의 할머니인 인수대비는 소혜왕후昭惠王后 시절《소학》《열녀전》《여교女敎》《명감明鑑》 등의 책에서 중요한 내용을 뽑아《내훈內訓》이라는 책으로 엮었다.

한 나라의 정치의 치란治亂과 흥망은 비록 남자의 어질고 우매함에 달려 있다고 하지만 역시 부인의 선악에도 달려 있는 것이다. 그러니 부인도 가르치지 않으면 안 된다.

_소혜왕후(인수대비),《내훈》1권.

소혜왕후는《내훈》을 만드는 뜻을 이렇게 밝혔다. 물론 그 내용이 특별하진 않았다. 부모에게 효도하라, 남편을 섬겨라, 살림을 검소하게 하라 등의 전근대적 여성상에 부합하는 내용으로 채워져 있었다. 다만 여성을 위한 책을 여성이 썼다는 점에서 의의가 있다고 하겠다. 뒤집어 생각해보면, 그 정도 내용도 배우지 못한 여성이 많았다는 것이기도 하고.

물론 아무리 공부를 좋아하고 잘했다고 한들, 여성이라는 점에서 그 끝은 허무할 수밖에 없었다. 허난설헌은 남편과의 불화로 비극적인 삶을 살았고, 이숙희는 열다섯 살에 동갑내기 남편과 결혼한 뒤 아이들을 낳으며 여느 평범한 사대부 가문의 안주인으로 살았다. 김운도 결혼한 이후에는 책을 단 한 권도 읽지 않다가, 출산 후유증으로 22세의 젊은 나이에 세상을 떠났다. 그렇게 낳은 아들 오원吳瑗이 나중에 장원급제를 했지만, 죽은 뒤의 영광이 무슨 소용이란 말인가.

사주당 이씨는 집이 워낙 가난해 결혼을 못 하다가, 당시 기준으로 매우 늦은 나이인 25세에 무려 스무 살이나 많은 유한규柳漢奎의 네 번째 아내가 되었다. 유한규는 글과 시를 잘 지어 유명했지만, 미관말직을 벗어나지 못했다. 또한 그의 전처들이 모두 일찍 죽어 네 번이나 장가갔던 것인데, 당시에도 삼혼 이상은 기피되었던 만큼, 좋은 혼처는 아니었다. 결혼한 후에는 유한규가 먼저 세상을 떠나는 바람에 사주당 이씨는 홀로 어린 자식 넷을 건사하며 살아야 했다. 그러면서도 살림을 윤택하게 하고, 자식들을 잘 가르치며, 태교법을 다룬 책《태교신기胎敎新記》까지 썼으니, 인간 승리의 표본이라 할 만하다.

지금까지 살펴본 대로 조선의 여성들은 공부의 세계에서 완전히 발길을 돌리지 않았다. 많은 여성이 자신의 처지를 한스러워하면서도, 여전히 책을 읽고 과거에 지대한 관심을 보였다. 특히 피붙이인 남성이 급제하고 출세하기를 바라 마지않았다. 어머니는 아들이 다른 친척들보다 먼저 과거를 볼 수 있도록 애썼고, 누이는 오빠의 급제 소식에 눈물을 흘리며 기뻐했다. 그것이 당시 여성들이 할 수 있는 최선이었다.

6 장

각자도생이
시작되다

01

개천의 용은 승천을 꿈꾸는가

별 볼 일 없는 집안에서 태어나 갖은 노력 끝에 성공을 거머쥔 사람을 보고 우리는 "개천에서 용 났다"라고 말한다. 거대한 강이 아니라 미꾸라지나 살 법한 냇물에서 솟아오른 용을 보자면 참으로 경이로운데, 그는 최선을 다해 꿈꾸는 대로 삶을 일구고 바꿔낸다. 흔히 위인으로 불리는 이들 중에는 이렇게 개천에서 난 용이 많다.

물론 용이 되는 일은 쉽지 않다. 대부분의 사람은 더 나은 삶을 꿈꾸면서도 주어진 환경과 한계에 익숙해진다. 이를 넘어서고자 노력한다고 해서 모두가 알아주고 격려해주는 것도 아니다. 《백범일기》를 쓴 김구의 처지가 딱 그랬다. 지독하게 가난한 집안에서 태어난 김구는 어릴 적부터 처지를 바꾸고 싶어 했다. 그러려면 과거 급제만이 유일한 방법이었다. 하여 공부를 시켜달라 아버지를 졸랐고, 아버지는 손이 발이 되도록 빌며 사정해 어찌어찌 괜찮은 서당에 김구를 다니게 했다. 그 서당은 어느 양반이 자기 아들을 가르치기 위해 선생을 모셔 와 차린 것이었는데, 정작 자체적으로 보는 시험에서 1등은 언제나 김구의 몫이었다. 그러자 어느 날부터 양반이 선생을 구박하기 시작했다. 공부를 잘 가르치지 못한다는 둥 밥을 너무 많이 먹는다는 둥 이유도 다양했다. 자기 아들이 1등을 하지 못하자 양반이 심술을 부렸던 것이다.

결국 선생은 김구를 따로 불러 양반 아들에게 1등을 양보해달라고 어렵게 부탁했다. 세상 물정에 밝았던 김구는 군말 없이 선생의 부탁대로 했고, 정말 양반 아들이 1등을 차지했다. 이에 양반은 매우 기뻐했지만, 김구의 배려와 별개로 애초에 양반 아들은 계속 1등 할 머리가 아니었다. 결국 양반 아들의 성적이 다시 떨어지자, 양반은 역정을 내며 선생을 내쫓았다. 김구와 서당을 떠나는 선생은 서로 부둥켜안고 서럽게 울었다. 이처럼 개천의 용은 승천하기까지 수많은 설움을 견뎌야 한다.

또 다른 '개천 용' 이야기를 해보자. 사실 선비들의 행장을 보면 개천 용이 아니었던 사람이 없다. 그 내용도 천편일률적인데, 집은 가난했지만 열심히 공부했다는 것이다. 물론 앞서 설명한 것처럼 과거 공부는 매우 많은 돈을 빨아들였다. 집에 과거 공부하는 사람이 한 명이라도 있으면 자연스레 가난해질 수밖에 없었다. 하지만 양인이나 천민에 비해 양반은 처지가 훨씬 나았다. 그러니 소위 가난했다던 이이(외할머니에게 한양의 기와집 승계)나 이덕형(외삼촌이

영의정)을 개천 용이라 부르기엔 좀 민망하다.

물론 정말 가난했던 선비들도 있었다. 김종직은 고향에 농장이 있었지만, 흉년 탓에 돈이 뚝 끊겨 과거를 보기 전까지 한양에서 서럽게 셋방살이를 전전했다. 이황은 가진 재산은 많았으나, 가죽옷 한 벌을 20년씩 입으며 자발적으로 가난하게 살았다. 하지만 이들의 가난은 일시적이거나 자의적이었다. 그보다는 진정한 의미의 개천 용, 즉 신분도 미천하고 비참할 정도로 가난했지만, 공부 하나만큼은 끝내주게 잘했던 사람들의 이야기를 살펴보자.

실력보다 중요했던 신분

처음 소개할 개천 용은 송익필宋翼弼이다. 송익필의 아버지 송사련宋祀連은 사예司藝, 즉 성균관의 음악 선생이었던 안돈후安敦厚의 서녀庶女(첩이 낳은 딸)의 아들로 태어나 안씨집안의 친척 겸 하인으로 살았다. 그러다가 안돈후 사후에 그의 아들로 좌의정을 지냈던 안당安瑭을 포함한 안씨집안 사람들이 역모를 꾸민다며 신고해 그 공으로 벼슬길에 올랐다. (그 신고가 사실 모함이었다는 설도 있으나, 여기서는 깊이 따지지 말자.) 그 와중에 송사련은 아들 다섯과 딸 하나를 두었는데, 딸은 종실 집안으로 시집갔고, 아들들은 모두 인재 소리를 들었으니, 그중 제일이 송익필이었다. 됨됨이는 친구를 보면 안다고, 송익필은 이이, 성혼과 어울렸다. 바꿔 말해 이이와 성혼이 인정한 천재가 송익필이었다. 그의 묘갈명에 따르면, 사람들이 이이에게 《천도책》의 풀이를 부탁하자, 그 일을 가장 잘할 사람으로 송익필을 추천했을 정도다.

> "송운장宋雲長(송익필)이 고명하고 아는 것이 넉넉하니, 그에게 가 묻는 것이 옳다." 하여 장옥場屋(시험장)에 있는 거자擧子들이 물결처럼 몰려갔다. (송익필) 선생은 그들을 좌우로 수응酬應하여 묻는 대로 대답하니 그 많은 거자가 서로 돌려가며 베꼈는데, 그것은 과거에만 응용되고 말 성질의 것이 아니었다.
>
> _송시열,《송자대전宋子大全》172권.

《천도책》은 한두 번 본다고 이해할 수준의 책이 아니었다. 그것을 읽고 이해해 설명까지 잘하려면 이이와 비슷한 수준의 천재여야 했다. 이는 이이 본인이 인정한 바로, 그가 성혼에게 보낸 편지 중에는 송익필 형제들의 높은 학식을 칭찬하며 "형도 이 사람들을 가볍게 여기지 마십시오"라고 조언하는 내용이 있다. 실제로 송익필은 천하의 이이에게 학문적으로 이런저런 충고와 잔소리를 남길 만큼 학식이 높았다. 이이가 《격몽요결》을 쓸 때 오류를 바로잡아 준 이가 바로 송익필이었다.

게다가 송익필은 똑똑한 머리 외에 카리스마와 절륜한 매력까지 지녔던 듯싶다. 이와 관련해 흥미로운 야사가 전해진다. 광해군 때 지금으로 치면 대통령실 비서관 정도인 좌승지를 지낸 홍경신洪慶臣의 형 홍가신洪可臣이 송익필을 존경하며 친하게 지냈다. 이를 알게 된 홍경신이 "내가 그놈을 혼내주겠다"라고 하자, 홍가신은 웃으며 "못 할 것이다"라고 단언했다. 실제로 얼마 후 송익필이 두 형제가 있는 곳에 방문하자, 홍경신은 자기도 모르게 뜰 아래로 내려가 절하며 맞아들였다. 그러면서 "절로 무릎이 꿇어졌다"라고 고백했다. 존재 자체만으로도 상대의 무릎을 꿇리는 송익필의 매력은 무엇이었을까. 참고로 홍가신도 평범한 인물은 아니었으니, 이황의 제자이자 이순신의 사돈이었는데, 임진왜란 초기에 서얼 출신인 이몽학李夢鶴의 반란을 진압했다.

이런 송익필의 제자로서 평생 그를 따랐던 그리고 본인도 뛰어난 학자였던 김장생金長生은 자신의 스승을 이렇게 평했다.

구봉 선생(송익필)께서는 재지才智가 아주 영민하고 출중하여 글을 보는 데 막힘이 없었으므로, 다른 사람들도 모두 자신과 같은 줄 아시고는 한 번 죽 읽고 난 뒤에는 다시금 자세하게 해설해주지 않으셨다.

_김장생,《사계전서沙溪全書》43권.

그리하여 '평범한' 머리를 가진 김장생은 송익필의 수준을 따라잡기 위해 백 번을 따져보고 천 번을 생각했다고 한다. 다행히 송익필은 제자의 노력을 가상히 여겨 무엇을 묻든 친절히 답해주었다. 이처럼 송익필과 김장생은 사제지간의 모범을 보여주었는데, 하여 김장생은 송익필이 정치적으로 몰락한 후에도 계속해서 돌보았고, 송익필 사후에는 그의 학문을 집대성했다.

지금까지 송익필이 대단하다는 이야기만 했는데, 그에게는 조선에서 출세하기 위해 꼭 필요한 한 가지가 없었다. 바로 신분이었다. 앞서 송익필의 아버지가 서녀의 아들이라 설명했다. 즉 송익필은 서얼이었다. 그의 생전에 서얼은 아무리 날고 기어도 과거를 볼수 없었다. 설사 어찌어찌 과거를 보고 급제하더라도 크게 차별받았다. 《선조수정실록》 1589년(선조 22년) 12월 1일 자 기록을 보면, 송익필이 동생 송한필宋韓弼과 과거를 봐 급제했는데, 출신이 밝혀지며 금고禁錮에 처해졌다고 기록되어 있다. 금고란 허물 있는 사람에게 관직을 주지 않는 것으로, 하여 송익필은 이후 후학들을 가르치며 학문 연구에만 매진했다. 다만 역모를 신고한 아버지 덕분에 공신의 지위를 누렸는데, 여기서 문제가 발생했다. 아버지 사후에 정치적 풍파가 일어 역모 신고가 거짓이었다고 판결받으며 공신 지위를 박탈당한 것이었다. 그러자 그때까지 역적으로 몰려 고생했던 안씨집안 사람들이 일제히 들고일어나 송사련은 원래 자신들의 노비였으니, 아직 살아 있는 그의 가족들을 노비 삼겠다며 소송을 걸었다. 송익필 형제들은 그들 나름대로 철저히 소송에 대처했지만, 어처구니없이 패소하고 말았다. 결국 송익필은 당대의 존경받는 대학자에서 노비의 신분으로 순식간에 굴러떨어졌고, 그의 가족들은 모두 뿔뿔이 흩어져 도망쳤다.

안씨집안 사람들의 억울함을 감안하더라도, 송익필의 아버지가 정말 나쁜 짓을 했다고 하더라도, 그 자식들에게 굳이 이렇게까지 했어야 하나 싶다. 자신들이 부리던 노비의 자식이 개천 용이 되어 명성을 떨치는 꼴이 얄미웠던 것 아닐까. 실제로 안씨집안 사람들은 "송익필을 노비로 부리며 모욕을 주겠다"라고 공공연히 떠들고 다녔다. 아무리 서얼 출신이고 원수의 아들이라고 해도, 시대의 인재를 고작 노비로 쓰겠다니, 참으로 저열한 복수였다. 정말 안타깝게도 이후 송익필은 자신이 짓지 않은 죄로 귀양을 다녀오는 등 여생을 불우하게 살다가 죽었다. 결국 미움과 증오와 혐오와 질투 속에서 용은 다시 개천에 처박혔다. 다만 많은 사람이 송익필을 안타깝게 여기고 기억했다는 게 그나마 다행이었다.

간신보다 서얼이 더 싫다

송익필 외에도 서얼이나 천민 출신으로 개천 용이 된 사람들이 있었다. 물론 그들도 자신의 존재를 인정받기 위해 끊임없이 세상과 불화해야 했다. 그중 한 명이 세조 때의 유명한 간신인 유자광이었다. 그는 대부분의 역사서에서 악인으로 묘사되는데, 딱히 틀린 평가는 아니다. 남이를 죽음으로 몰아넣는 데도 한몫하고, 온갖 사화가 벌어지는 데도 크게 이바지하는 등 정말 지독한 일을 많이 저질렀다. 하지만 일단 명석함과 출세 여부만을 따진다면, 유자광만 한 개천 용이 없다. 그는 서얼 출신으로, 아버지는 양반인 유규柳規였고 어머니는 천민이었다. 야사에 따르면 꿈에서 백호를 본 유규가 태몽이라 직감해 부인과 동침하려 했으나 거절당하자, 어쩔 수 없이 여종과 동침해 유자광을 얻었다고 한다. 어디서 들어본 듯하다면, 바로 《홍길동전》에서 묘사된 홍길동의 출생 내력이다. 백호의 기운을 타고 태어난 영걸, 하지만 어머니의 신분이 미천한 탓에 온갖 좌절과 고통을 겪어야 했던 홍길동의 모델이 유자광이라면, 너무 과한 상상일까.

이것 말고도 유자광과 관련된 야사 겸 전설이 여럿 있다. 유자광이 어려서부터 뛰어난 자질을 보이자, 후환이 될까 봐 두려워진 아버지가 그를 몇 번이나 죽이려고 했지만, 뛰어난 능력으로 모두 피해냈다. 또 자기 어머니가 죽어 초라한 무덤에 묻히자, 이복형 유자환柳子煥을 짐짝처럼 둘러메고는 바람처럼 산과 들을 달려 그 앞으로 끌고 가 절하게 시켰다. 물론 이들 이야기는 모두 사실이 아니었는데, 일단 유자환은 장수한 유자광의 어머니보다 일찍 죽었다. 무엇보다 《조선왕조실록》에 유규와 유자환 모두 선량하고 예의 바른 사람들이라고 기록되어 있으니, 유자광을 못살게 굴지 않았을 것이다. 오히려 이처럼 착한 사람들 사이에서 유자광 같은 악인이 태어났다는 게 신기할 뿐이다.

여하튼 서얼이던 유자광은 출세할 팔자가 아니었으나, 1467년(세조 13년) 이시애의 난이 벌어지며 운명이 바뀌었다. 갑사였던 그는 반란을 진압하는 데 활약할 기회를 달라며 자진했고, 실제로 혁혁한 공을 세웠다. 사태가 마무리된 후에는 세조 앞에서 넓은 섬돌을 뛰어넘고 높은 기둥을 잽싸게 타고 오르는 등 뛰어난 신체 능력을 뽐내며 눈도장을 제대로 찍었다. 그렇게 세조의 사람이 된 유자광은 출세 가도를 달렸다. 우선 군의 인사행정을 담당하는 정5품의 병조정랑兵曹正郎으로 임명되었는데, 아무도 상상 못 할 파격 인사였다. 이듬해에는 역시 세조의 배려로 문과를 봐 장원 급제했다. 물론 이는 시험관의 공정한 판단이 아니라 세조의 편애 어린 고집 덕분이었다.

이처럼 유자광은 세조의 후광을 등에 업고 승승장구했는데, 원래도 문무를 겸비한 준비된 인재였다. 그는 어떻게 글을 배우고 무예를 익혔을까. 어진 사람이었던 아버지와 이복형이 서얼인 유자광에게도 공부할 기회를 줬을지 모른다. 다만 나는 유자광의 타고난 동물적 감각을 무시할 수 없다고 본다. 세조의 총애를 독차지하던 유자광은 예종 때에 이르러 함께 이시애의 난을 진압한 남이를 모함하고, 연산군 때는 사림들을 사화로 몰아넣다가 정작 중종반정에 참여해 공신이 되는, 누가 가르쳐도 따라 하지 못할 줄타기 실력을 보여줬다. 그렇게 유자광은 끝끝내 살아남았다. 야사에 따르면 유자광은 자기 업보 때문에 부관참시당할 것으로 생각하고는 자기 무덤에 하인을 대신 묻었다고 한다. 하지만 유자광은 부관참시당하지 않았고, 그의 후손들도 그럭저럭 별 탈 없이 지냈다.

사실 유자광의 동시대 사람들은 그가 악인이어서가 아니라, 서얼 출신이라서 싫어했다. 혈통이 미천한 놈이 나대기까지 하니 더 밉다는 것이었다. 아니, 한 짓도 아니고, 출신이 어떻게 유자광의 잘못이 될 수 있는가. 하지만 그것이 유교의 나라 조선의 법도였다. 유자광이 좋은 아버지와 이복형을 두고서도 삐뚤어졌던 것이 이해된다. 만약 송익필처럼 유자광에게도 친한 친구가 있었다면 조금은 착하게 살지 않았을까. 한 가지 흥미로운 점은 비록 양반들은 유자광을 욕했을지 몰라도, 양민이나 천민들은 유자광을 떠받들었다는 사실이다. 그들은 유자광이 백호의 기운을 타고 태어났고, 양반 신분인 이복형을 압도했다는 이야기를 여기저기에 퍼뜨리고 다녔다. 아마 처지가 비슷한 사람들에게는 유자광의 이야기가 대리 만족을 주었으리라. 구한말과 일제강점기를 배경으로 한 대하소설 《혼불》에도 "자식을 낳으려면 유자광 같은 자식을 낳아야 한다"라는 구절이 나온다.

개천에서도 하늘에서도 외로운 존재

이 외에도 인상적인 개천 용이 여럿 있다. 나무하는 노비(초부樵夫)였지만 시인으로 이름을 날린 정초부鄭樵夫, 역시 노비 출신 시인으로 자기 자신을 '진짜 종놈(단전亶佃)'으로 소개할 만큼 반골 기질이 강했던 이단전李亶佃 등이 대표적이다. 이들이 어떻게 글과 시를 배우고 학문을 익혔는지는 전해지지 않는다. 사실 조선에서 신분이 천하면 공부란 쓸데없는 짓이었다. 신분이란 족쇄가 워낙 단단해 아무리 공부를 잘해도 써먹을 수 없었기 때문이다. 그러니 많은 사람이 이들 개천 용을 보며 혀를 끌끌 찼다. 이러한 설움을 겪으면서도 그들은 자신의 재능을 더욱 갈고닦았다. 그리고 끝내 대단한 명성을 누렸다.

그렇다고 모든 개천 용이 원하는 만큼 잘나갔느냐 하면 결코 아니었다. 허균의 스승이었던 이달李達이 그랬고, 정조 때 책 만드는 관직인 검서관檢書官으로 일한 박제가, 이덕무, 유득공柳得恭, 서이수徐理修가 그랬다. 이들은 시대를 대표할 학식을 쌓았고, 또 존경받았지만, 끝내 출세하지는 못했다. 그들 마음속의 울분이 얼마나 컸을지 짐작도 할 수 없다.

오늘날 많은 사람이 개천에서 용이 나올 수 없는 시대가 되었다며 개탄한다. 하지만 역사를 살펴보면 개천 용은 원래 어느 시대에서나 나오기 힘들었다. 대부분의 개천 용은 도와주는 사람, 지지해주는 사람, 보살펴주는 사람 하나 없이 온갖 고생 끝에 여의주를 물었다. 하지만 진정한 승천으로 이어지긴 몹시 어려웠는데, 수많은 사람이 시기하고 손가락질했기 때문이다. 그렇게 마음이 꺾인 용들은 독기가 바짝 올라 악룡이 되거나, 개천으로 추락해 처박혔다. 이토록 가련한 개천 용들이 마음 편히 승천해 천지를 조화롭게 할 세상은 과연 언제 올 것인가.

02

그 많은 낙방생은 어떻게 되었을까

오늘날의 입시 풍속에 대해 종종 '지옥'이란 표현을 쓰는데, 지금까지 살펴본 대로 조선의 과거야말로 입시의 '끝판왕'이었다. 이래서야 과거 공부가 조선 사람들의 정신 건강에 끼친 해악을 분석하는 논문이 나와도 될 것 같다. 그나마 지금은 수학능력시험 외에도 다른 선택지가 많지만, 조선의 선비들은 과거라는 개미지옥에 빠진 채 수십 년간 똑같은 공부를 해야 했다. 그런 상황에서 사람은 필히 우울해지고, 현실감각이 마비된다. 과연 자신이 공부에 재능이 있는지, 그만두는 게 나을지 판단할 수 없게 된다. 그렇다고 선비가 되어 다른 일을 하기에도 마뜩잖으니, 이러지도 저러지도 못한 채 허송세월할 뿐이었다.

그런데 선비들은 체면 때문에라도 과거 급제에 매달리는 모습을 천박하다고 생각해 애써 관심 없는 척했다. 실제로 선비들의 행장을 살펴보면 "과거에 낙방했지만 태연하고 개의치 않아 했다"라는 표현이 빠지지 않는다. 물론 정말 아무렇지 않았을 리 없다. 그토록 힘든 공부 끝에 낙방하고도 실망하지 않는다면 그것이야말로 맹자의 일침처럼 "사람이 아니다非人也". 사실 그렇게 가면을 쓰는 사람일수록 과거 급제를 누구보다 간절히 바랐을 것이다.

"날고자 해도 깃이 잘린 것과 같으니"

조선 중기의 유학자 권호문權好文이 좋은 예다. 그는 이황의 제자이자, 유성룡과 김성일의 친구였다. 그런데 벼슬하지 않고 안동에서 학문 연구와 제자 양성에 힘썼다. 이런 권호문에 대해 누군가는 "젊어서부터 학문이 뛰어났지만, 세상에 나아가 성취할 뜻을 끊어버렸다"라고 평가했다. 이 구절은 권호문의 글들을 모은 《송암집松巖集》에서 찾아볼 수 있으니, 영 틀린 말은 아니었던 듯싶다.

실제로 권호문은 뛰어난 학식 덕분에 몇 번이고 관직이 내려졌지만 모두 물리치고 스승의 학문인 퇴계학을 집대성하는 데 평생을 바쳤다. 속된 세상일에 관심을 끊고 학문에 힘썼다는 점에서 수많은 선비의 귀감이 된 삶이었지만, 사실 정말 권호문이 이를 바랐는지는 따져봐야 한다. 사실 권호문도 젊은 시절에는 수차례 과거에 도전했다. 하지만 낙방이 이어졌고, 특히 문과에는 단 한 번도 급제하지 못했다(진사시에서 2등을 한 것이 그의 최고 성취였다). 이때의 좌절이 컸는지 권호문은 "과거도 운이다. (《삼국지》의) 유비도 좌절하지 않았는가", "어느 날에 급제하고 출세하여 대궐에 기쁘게 오를까" 하는 시를 짓고는 절로 들어가버렸다. 주변의 급제자들을 보고 있자니 속이 편하지 않아 스스로 내린 극약 처방이었다. 한번은 지인에게 자신의 괴로움을 토로하는 편지를 보내기도 했다.

> (나라고) 어찌 과거 명단에 이름을 올려 여생을 봉양하며 영화롭게 하고 싶지 않겠는가. 재주가 세상과 어긋나서 여러 번 과거에 낙방하였으니, 정녕 가려 해도 발길이 넘어지고 날고자 해도 깃이 잘린 것과 같으니 어찌 그 탄식을 이길 수 있겠는가.
> _연월일 미상.

이처럼 입신양명에 뜻이 없는 듯 의연하게 살았던 사람조차 젊었을 때는 누구보다 과거 급제를 바랐다. 속이 타 어쩔 줄 몰라 하는 권호문의 모습을 보자니, 고아하고 품위 있는 선비의 이미지가 와장창 깨지지만 그만큼 인간적이다. 사람이라면 응당 이러하지 않겠는가. 선비도 사람은 사람이었기에 잘나가고 싶어 했다.

사실 과거의 높은 난도와 치열한 경쟁 때문에 낙방은 누구나 경험하는 것이었다. 구도장원공 이이도 문과에 급제하기까지 여러 번 낙방했다. 이황도 세 번이나 낙방했고, 정약용은 과거 공부만 10년 가까이 했다. 이런 경험이 꼭 나쁜 것만도 아니었는데, 그동안 천재로 추앙받으며 하늘 높은 줄 모르고 오만했던 선비들은 낙방을 통해 비로소 현실감각을 되찾을 수 있었다. 문제는 낙방 이후였다. 다시 도전할 것인가, 아니면 포기할 것인가. 이 선택으로 많은 선비의 운명이 달라졌다.

장수생이라는 기나긴 터널

수많은 선비가 낙방의 쓴맛을 보고도 포기하는 대신 과거에 계속해서 도전했다. 그 불굴의 정신을 누가 감히 폄하할 수 있겠는가. 이처럼 의지가 강력하다 보니, 문과도 아니고 생원시나 진사시에 환갑을 넘어 급제한 사람들이 종종 등장했다. 의학과 위생의 수준이 그리 높지 않은 시절에 60년을 산다는 것부터 인간 승리였는데, 그 나이에 과거에 급제하다니! 정말 대단하다 싶기도 하고, 좀 지독하다 싶기도 하다.

사실 지금 소개할 이들과 비교하면 환갑의 급제자는 애송이에 불과했다. 1887년(고종 24년) 박문규朴文逵라는 선비가 83세의 나이로 문과에 급제했다. 환갑보다 20년 이상 더 살아 문과에 급제했으니, '늙을 로' 자가 아니라 '놀랄 노' 자를 쓴 노익장이었다. 그보다 좀 더 앞선 1861년(철종 12년)에는 김재봉金在琒이란 선비가 무려 90세의 나이로 문과에 급제했다. 지금이라도 90세의 노인이 국가고시에 합격하면 대서특필될 것이다. 그런데 관련 기록을 살펴보면 약간의 특혜가 있었던 것 같기도 하다. 김재봉은 문과가 치러지기 전날 본 생원시에서 3등 29위(전체 100명 중 57등)로 급제했는데, 문과를 보려면 원칙상 성균관에 입학해 원점 300점을 모을 때까지 공부해야 했다. 그 기간이 보통 1년 정도 걸렸으니, 이미 90세인 김재봉에게는 시간이 없었다! 하여 철종이 직접 김재봉에게 문과 볼 자격을 허락했다. 그리하여 바로 다음 날 김재봉은 문과를 봤고 여섯 명의 급제자 중 6등을 차지했다. 한마디로 많이 봐줘서 급제한 것이었는데, 뭐 어떠랴. 그 나이에 과거를 봤다는 것만으로도 존경받을 만한 체력과 정신력을 갖췄다고 하겠다.

조선이 건국되고 100년 정도 지난 1489년(성종 20년)에도 비슷한 일이 있었다. 김효흥金孝興이란 선비가 76세의 나이로 문과에 급제했다. 김효흥은 좀 더 나이 많은 두 후배들보다 젊었기 때문인지, 기록을 아무리 살펴봐도 특혜의 흔적을 찾을 수 없다. 다만 귀와 눈이 총명해 중년과 다를 바 없었다고만 기록되어 있다. 성종은 김효흥의 늙지 않는 열정에 감탄하며 벼슬을 내렸고, 신하들도 칭찬을 아끼지 않았다.

"올해 나이 76세로 김효흥은 상투를 틀면서 독서하여 머리가 세도록 변함이 없어 반드시 이룰 것을 기약한 후 얻고야 말았으니 그의 뜻이 진실로 가상합니다. 근래의 유생들은 나이 겨우 약관인데도 한 번 과거에 떨어지면 자신의 학업이 정밀하지 못함은 허물하지 않고 도리어 다른 길로 나갈 것을 생각하여 옆길이나 지름길을 영진榮進하는 매개로 삼으려는 자가 많으니 김효흥처럼 마음을 굳게 다잡는 사람이 대개 적습니다."

_《성종실록》 1489년(성종 20년) 4월 8일.

아쉽게도 김효흥은 바로 다음 해에 세상을 떠났는데, 여한이 없었을 테다. 조선에서 이처럼 놀라운 성취를 이룬 '장수생'들이 끊임없이 등장한 것은 공부를 최고로 여긴 사회적 분위기 때문이었을 것이다. 이와 관련해 성종과 신하들은 김효흥의 삶을 칭송하며, "요즘 젊은것들은 '노오력'을 안 해요!"라고 일갈했는데, 굳이 동조하고 싶지는 않다. 사실 모든 사람이 늙어 죽을 때까지 공부만 한다면 그것이야말로 사회문제다. 농사짓는 농업과 달리, 물건을 사고파는 상업과 달리, 기물을 만들어내는 공업과 달리 공부는 자기 머리에 지식을 쌓는 것 말고는 아무것도 만들어내지 못한다. 그러니 모두가 공부만 하는 세상이라면 죄다 굶어 죽을 것이 뻔하다.

따라서 많은 사람이 과거 공부를 때려치운 것은 참으로 다행이었다. 그중 대부분이 부모님의 상喪을 계기로 삼았다. 과거에 급제해봐야 기뻐해줄 부모님이 없다는 이유였는데, 사실 그 정도 나이가 되면 자기 아들이나 조카가 과거에 도전할 차례였으니, 적당히 발을 빼는 게 어른다운 처신이기도 했다. 아버지와 아들이, 형과 동생이 같은 시험장에 들어선다는 것 자체가 체면을 구기는 일이지 않은가. 물론 과거 급제에 대한 집념이 너무나 강해 체면이고 뭐고 아들과 함께, 동생과 함께 시험을 보는 사람들도 아예 없진 않았다. 가령 조선 중기의 문인 곽주郭澍는 큰아들 곽이창郭以昌과 함께 과거를 보러 가며 "둘 중 하나라도 붙으면 좋겠소"라고 부인에게 편지했다. 결과는? 곽주는 생원시까지만 급제했고, 곽이창은 평생 급제하지 못했다. 정약용도 둘째 형인 정약전과 함께 과거를 보았다. (물론 다산학의 근간을 놓은 인물과 《자산어보》의 저자가 나란히 앉아 과거를 보고 있는 광경은 상상만 해도 가슴이 두근거린다.)

뭐, 어쨌든 붙으면 다행이었다. 다시 한번 말하지만 가장 최악은 검은 머리가 파뿌리 될 때까지 생업은 내팽개치고 과거 공부에만 매달리는 경우였다. 그러다 보면 집안의 재산을 다 까먹어 가난을 면치 못했다. 그때나 지금이나 장수생의 최후는 대개 쪽박이다.

현실도피에는 금강산이 최고

선비들에게 낙방은 어떤 의미였을까. 그들은 과거에 인생을 바쳤기 때문에, 일단 낙방하는 순간 엄청난 충격을 받았다. 다시 과거에 도전하든 뜻을 접든 일단 마음의 상처를 털어내야 했고, 그래서 많은 선비가 낙방 후 유랑에 나섰다. 그들은 말을 타고(양반은 걸어 다니지 않았다) 정처 없이 떠돌았다. 그렇게 발 닿는 대로 돌아다니며 세상사도 경험하고 풍경도 감상하면서 울적한 마음을 달랬다. 정약용은 어릴 적에 자기 아버지 정재원丁載遠이 낙방생 여럿을 집으로 데려와 먹여주고 재워준 일을 기록했다. 설마 낙방생들이 한양에서 멀리 떨어진 정약용의 고향 마현馬峴(지금의 경기도 남양주시)까지 갔을까 싶겠지만, 실제로는 그보다 더 멀리까지 가기도 했다.

과거에 낙방했던 그때 시름과 답답함에 겨워 말 한 마리와 종 하나를 데리고 나그네 길을 헤매던 몰골은 지금도 추억이 뚜렷하구나.
_《동문선東文選》94권.

조선, 시험지옥에 빠지다

조선의 개국공신 권근의 아들 권제權踶가 남긴 글이다. 권제는 젊은 시절 낙방한 뒤, 함께 쓴맛을 본 친구들과 함께 수원까지 내려가서 그곳의 정자에 올라 시름을 달랬다. 그런데도 여전히 낙방의 충격에서 벗어나지 못했는지 앞뒤가 안 맞는 말을 해댔다. "나중에 비 오고 눈 올 때 맑은 달빛을 보며 연꽃을 보고 싶다." 그러자 친구들이 비와 눈은 같이 올 수 없고, 설사 같이 온다면 달을 볼 수 없고, 그럴 때 꽃구경은 불가능하다며 조곤조곤 오류를 지적했다. 한마디로 이 상황과 모든 대화 자체가 젊은 날의 '흑역사'였다. 다행히 권제를 비롯해 함께 낙방했던 권극화權克和와 김돈金墩 모두 훗날 과거에 급제하고, 또 출세했다. 하여 권제는 그날의 추억을 기쁜 마음으로 되돌아볼 수 있었다.

낙방생 중 몇몇은 금강산행을 선언했다. 말이야 속세와 인연을 끊겠다고 했으나, 실은 낙방한 것이 창피하니 잠시 은거해 있겠다는 뜻이었다. (물론 이이처럼 정말 들어가버린 경우도 있었지만, 그런 이이조차 다시 나오지 않았는가.) 이처럼 낙방생들이 하도 금강산을 운운하니, 그 꼴이 보기 싫어 실제로 금강산 근처를 지나던 아무개가 부채로 눈을 가렸다는 이야기가 전해진다. 대체 금강산에 무슨 죄가 있길래, 사랑과 미움을 함께 받는단 말인가.

무과가 쉽다는 착각

과거 포기까진 아니지만, 과목을 바꾼 선비들도 많았다. 즉 정조 때의 무인 노상추처럼 문과 도전을 접고 무과를 공략하는 경우였다. 애초에 통역관이나 각종 기술관은 선비들의 선택지가 아니었으니, 문과가 아니라면 무과에 급제해 벼슬함으로써 양반이 되어야 했다. 절차도 문과는 세 번에 걸쳐 치러졌지만, 무과는 단판 승부였다. 그렇다고 해서 무과가 정말 쉬웠다고 생각하면 착각이다. 문과에 비해 상대적으로 쉬웠을 뿐이다. 문과가 불지옥이었다면, 무과는 그냥 지옥이었달까. 무과의 난도도 혀를 내둘렀는데, 특히 평생 자리에 앉아 공부만 한 선비들에게 찾아보기 힘든 체력과 무력을 평가했다.

무과는 필기시험과 체력(무력) 시험으로 나뉘어 치러졌다. 이 중 후자에는 인간의 경지를 초월한 괴수들이 우글거렸다. 정약용의 기록에 따르면 백발백중의 활쏘기 명사수도 한 끗 차이로 낙방할 정도였다고 한다. 천하의 이순신도 말에서 떨어져 낙방했고, 다시 치른 무과에서 고작 12등으로 급제했다. 급제를 노리며 과목을 바꿔봐야 쉽지 않았다는 말이다.

한 가지 흥미로운 점은 정약용도 무과에 지원할 뻔했다는 사실이다. 정약용이 26세였던 1787년(정조 11년)의 일로, 성균관 자체 시험에서 언제나처럼 수석을 차지한 그에게 정조가 병서《병학통兵學通》을 선물했다. 정약용을 무인으로 등용할 뜻이 있었기 때문인 것 같다. 정조의 뜻이 정말 그러했다면, 이는 크게 잘못 판단한 것이었다. 정약용은 몸치였기 때문이다. 그가 문과에 급제하고 2년 뒤인 1791년(정조 15년) 임금이 규장각의 관리들을 모아놓고 활쏘기 대회를 열었다. 지금으로 치면 국립도서관 사서들에게 실탄 사격을 시킨 꼴인즉, 실력이 다들 고만고만했을 테다. 그중에서도 정약용의 실력이 눈에 띄었는데, 화살을 쏘기는 했지만, 하나도 과녁을 맞추지 못했다. 이를 본 정조는 정약용을 비슷한 실력의 동료 몇 명과 함께 한양의 경비를 담당하던 훈련도감訓鍊都監으로 보내버렸다. 정약용은 그곳에서 신병교육대에 갓 입소한 이병처럼 구르고, 또 굴렀다. 훈련은 열흘간 계속되었는데, 정약용이 말을 탈 때마다 사람들이 크게 웃었다니, 정말 몸치였던 모양이다. 그러니 정약용이 무과에 응시하지 않은 것은 정말 다행이었다. 그러면 분명 급제가 더욱 늦어졌을 것이다.

여담으로 성균관에서 오랫동안 공부한 정약용은 다른 장수생들처럼 가난을 피하지 못했다. 먹을 게 없어 배를 곯을 정도였는데, 이러한 현실이 지긋지긋했는지 "기회를 잡으면 벼슬을 하겠지만, 안 되면 금광이나 캐어야겠다" 하는 시를 짓기도 했다. 천하의 정약용이 과거를 때려치우려 했다니! 정말 그가 성균관을 떠나 광산으로 향했다면, 오늘날 우리가 아는 정약용은 없었을 것이다. 바꿔 생각하면 정말 금을 캐러 떠난 낙방생도 있었겠다 싶다. 실제로 홍경래는 과거 공부를 포기한 뒤 금을 캐러 모여든 사람들과 함께 반란을 일으키지 않았는가.

위로와 격려를 구하다

세상을 유랑하거나 과목을 바꾸거나 하는 것은 그나마 양반이었다. 최악은 낙방의 충격이나 과거 공부의 스트레스를 아무 잘못 없는 가족들에게 푸는 경우였다. 조선 중기의 문인 조부우趙府隅의 묘갈명에 그 현장이 적나라하게 묘사되어 있다.

공(조부우)이 때로 졸려서 성을 내며 말하기를 "내 비록 공부를 열심히 하지 않더라도 과거 공부에는 자신이 있소. 다만 시운時運이 아직 오지 않아서일 뿐이오" 하면, 부인은 대답하기를 "첩이 들으니 사람이 할 일을 다 하면 천명이 온다 합니다. 더구나 공부를 열심히 하는 것은 어찌 아름다운 일이 아니겠습니까" 하였다.

_기대승奇大升,《고봉집高峰集》3권.

부인 단양조씨丹陽趙氏가 남편이 공부에 전념하도록 촛불을 켜줬을 때의 일이다(당시 촛불은 굉장히 비싼 세간이었다). 부인이 이토록 정성껏 내조하는데, 조부우는 피곤하다고 신경질이나 부렸으니, 이 얼마나 한심한가. 그런데도 단양조씨는 그런 모습마저 아름답다며 애써 남편을 격려했다. 훗날 조부우는 결국 과거에 급제했는데, 하늘도 무심하게 단명한 단양조씨는 그 모습을 보지 못했다. 조부우는 이를 평생 아쉬워하며 슬퍼했다. 묘갈명에까지 기록된 것을 보면, 생전 주변 사람들에게 먼저 떠난 부인에 대한 미안함을 여러 번 이야기했던 모양이다. 이런 후회를 덜기 위해 있을 때 잘한 사람도 있었다.

걱정이 가이없어 하네. 자네가 병든 자식들 데리고 혼자서 근심하는 줄 알면서도 (가족을) 버리고 멀리 나오니 아마도 과거가 사람을 그릇 만드는 것이로세.

_1606년(선조 39년)경.

아들과 함께 과거를 봤다던 곽주가 상경하는 길에 문경새재를 넘으며 아내 하씨에게 보낸 편지의 한 구절이다. 곽주는 지금 기준으로도 굉장히 자상한 남편이자 아버지였다. 하지만 그러면 무엇 하랴. 그놈의 과거 때문에 아픈 자식들을 돌보느라 고생하는 아내 곁에 있어주지 못했는데. 본인도 답답하고 속상했는지, 과거가 사람을 망가뜨린다며 편지로나마 아내 걱정을 전했던 것이리라.

이러한 소통이 가족 간에만 존재한 것은 아니었다. 몇몇 낙방생은 스승에게서 위로를 구했다. 구도장원공 이이도 젊은 시절에 낙방을 여러 번 경험했다. 그럴 때면 한참 선배이자 어른인 이황에게 편지를 보내 속상한 마음을 토로했던 것 같다. 그러자 이황은 서른다섯 살이나 어린 후배를 깊이 위로하며 이렇게 답장했다.

옛날 사람들이 말하건대 어릴 때 급제하는 것은 불행하다고 했으니, 그대가 이번에 낙방한 것은 하늘이 크게 쓰려고 해서 그대가 이것을 면한 것입니다.

_연월일 미상.

이황은 시대의 참어른이었다. 그도 34세의 나이로 문과에 급제하기까지 세 번의 낙방을 경험했다. 아마 그래서 이이의 마음을 더 잘 헤아렸을 것이다. 다만 한 가지 반전이 있다면, 편지를 주고받을 때 이이는 이미 장원급제만 세 번을 한 상태였다. 그런 사람이 낙방한 번 했다고 징징거리다니, 나라면 한 대 쥐어박고 싶었을 것이다. 전교 1등이 한 문제 틀렸다고 우는 걸 보는 마음이랄까. 하지만 이황은 달랐다. 그는 자신보다 훨씬 어린 후배들에게도 언제나 예의를 갖춰 대우하며 자존심을 높여줬고, 그들에게 문제가 생기면 앞장서서 격려와 위로를 전했다. (이랬던 이황이라도 자기 아들과 손자에게만큼은 가차 없었으니, 알다가도 모를 일이다.) 이런 참어른의 응원이 있었기에, 이이도 힘을 얻어 이후 여섯 번의 장원급제를 이뤄낸 것 아니었을까.

입시생인가 깡패인가

어떤 낙방생은 단순히 성질부리는 데서 한발 더 나아가 범죄의 길로 빠져들었다. 그 최고봉은 생원과 진사를 모두 뽑는 사마시에서 낙방한 후에 반란을 일으킨 홍경래였는데, 그 외에도 크고 작은 범죄자들이 낙방을 계기로 탄생했다.

1791년(정조 15년) 성균관에서 과거가 열렸는데, 시험관이 된 박사博士(성균관의 실무를 담당하고 유생들을 가르친 관리) 신보申溥가 몇몇 유생에게 뇌물을 받고 높은 점수를 주었다. 평소 공부를 지지리 못하던 자들이 덜컥 급제하자, 입시 비리를 눈치챈 된 유생들이 집단행동에 나섰다. 그중 이문연李文淵은 대사성의 방으로 쳐들어갔고, 강치훈康致勳은 신보의 머리채를 잡아끌고 다니며 두들겨 팼다. 다른 곳도 아니고 최고의 교육기관인 성균관에서 교권이 지각을 뚫고 내려갈 정도로 추락한 것이었다.

가장 큰 문제는 신보가 연루된 입시 비리였지만, 그렇다고 해서 폭력을 행사한 유생들이 잘했냐 하면 그것도 아니었다. 가령 이문연만 봐도, 대사성을 찾아가 입시 비리의 부당함을 지적하기는커녕 자기도 급제시켜달라고 우겼을 뿐이니까. 강치훈의 경우는 폭행, 그것도 학생이 선생을 때린 것이었으니, 처벌을 피할 수 없었다. 물론 사태의 원흉인 신보도 처벌받았는데, 위기를 모면하려 임금에게 거짓말까지 했다가 들통나 죄가 가중되었다.

이보다 한심한 일로는 '덕방암德方庵 습격 사건'이 있었다. 1442년 (세종 24년) 성균관과 사학四學의 유생 26명이 북한산의 유명 사찰인 덕방암으로 몰려갔다. 조용한 곳에서 공부하기 위함도 아니었고, 템플스테이를 하며 스트레스를 풀기 위함도 아니었다. 이단을 척결한다며 절을 때려 부수고, 승려들을 두들겨 패기 위해서였다. 한마디로 조선의 미래를 책임질 예비 엘리트들이 깡패 짓을 저지른 것이었다. 아무리 유교가 국기國紀였다지만, 선을 넘어도 한참 넘는 행동이었다. 사실 조선 초기부터 이런 행패가 계속되었던 터라, 유생의 절 방문 자체가 금지되었는데, 그래도 소동이 끊이지 않았다. 특히 성균관과 가까운 북한산의 여러 절이 큰 피해를 보았다. 참다못한 승려들이 매복했다가 유생들을 습격해 혼쭐을 내주고서야 사태가 잠잠해졌다. 유생들이 계속해서 절을 습격한다는 것을 알게 된 세종은 그들을 모두 체포해 과거를 보지 못하게 했다. 존재 목적이 과거 급제인 유생들에게는 굉장히 가혹한 조치였는데, 그런데도 반성의 기미를 보이기는커녕 당당해했다. 앞서 성균관을 졸업한 관리들도 앞장서서 유생들을 변호했다. 유서 깊은 조선 최고의 연구·자문기관인 집현전까지 처벌이 과하다고 진정했다. 그들 말썽쟁이 중에 인재가 있을지 모른다는 이유에서였다.

그러나 세종은 자신의 뜻을 끝내 관철했다. 애초에 하라는 공부는 안 하고 깡패 짓만 하는 놈들인데, 설사 인재가 있다고 한들 쓸 만하겠냐는 논리였다. 참으로 세종다운 합당한 결론이었다.

> "너희의 생각은 왜 이리 좁으냐. 호걸스러운 선비로서 응시하지 못하는 사람은 비단 이들만은 아니다. 선비 된 자는 그 마음가짐을 진실로 마땅히 공순恭順하게 해야 할 것인데, 지금 이 무리들은 배우기를 게을리하고 한가하게 놀러 다니면서 광망狂妄한 짓을 적지 않게 하였으니, 비록 호걸지사豪傑之士가 있더라도 이미 구속 중에 있는 것을 어찌 가볍게 놓아주어 응시하게 할 수 있겠느냐."
>
> _《세종실록》, 1442년(세종 24년) 8월 5일.

이 사건은 피해자인 승려들이 곤장을 맞고(유교의 나라에서 승려가 된 죄다), 가해자인 유생 중 스무 살이 넘은 다섯 명이 벌금을 내는 것으로 마무리되었다. 바꿔 말해 머리에 피도 안 마른 10대 아이들이 그런 난폭한 짓을 저질렀다는 것이다. 도대체 이놈들은 왜 그런 말썽을 부렸을까. 본인들이야 이단을 혼내준다는 숭고한 사명을 내세웠지만, 공부 스트레스를 엉뚱한 데 푼 것이었으리라. 이처럼 공부는 사람을 미치게 한다. 하지만 그것이 모든 잘못의 면죄부가 되어선 안 될 것이다.

주변 사람들의 반응

다시 한번 말하지만, 과거 공부는 집안의 자원을 모두 빨아들이는 블랙홀이었다. 그런즉 응시자는 각 집안의 유망주인 경우가 대부분이었다. 당연히 이들은 어려서부터 높은 기대를 받았고, 그만큼 '근거 없는 자신감'이 대단했다. 그러니까 자신의 과거 급제를 의심하지 않았다. 자기 객관화가 부족했달까. 그런 상황에서 낙방하게 되면, 본인이 크게 충격받았음은 물론이요, 가족들까지 낙심하고 좌절했다. 하여 조선 시대에 쓰인 편지들을 보면 낙방한 자식이나 친척, 친구를 위로하는(또는 갈구는) 내용을 쉽게 찾아볼 수 있다. 가령 김창협은 동문인 김극광金克光이 낙방하자 이렇게 편지를 썼다. "낙방이 어찌 형의 실수 때문이겠습니까. 시험관의 눈에 들지 못했던 것뿐입니다." 참으로 '스윗'한 위로이지 않은가.

그런데 낙방한 게 자기 아들이라면 대개 실망하고 화내며 갈궜다. 보길도에 머물며 〈어부사시사〉〈다섯 벗을 노래하다五友歌〉 같은 자연 친화적인 시를 남긴 윤선도가 특히 그랬다. 속세의 일에는 신경을 끊고 파도와 바람을 벗 삼아 살았을 것 같은 인물이지만, 실제로는 재산 축적에 열과 성을 기울였고, 아들들의 과거 공부도 철저히 관리했다. 1660년(현종 1년) 윤선도는 큰아들 윤인미尹仁美에게 아주 장문의 편지를 보냈는데, 처음부터 끝까지 갈구는 내용이었다. 윤인미가 과거에 낙방했기 때문으로, 시초詩草(옮겨 적을 요량으로 임시로 쓴 답안지)를 받아 자세히 읽어본 후 무엇을 잘했고 무엇을 못했는지 조목조목 따졌다. 이어서 과거에 급제하는 요령을 아주 길게 풀어냈다. 답안지를 너무 상세히 써서도 안 되고, 너무 간략히 써서도 안 되고, 그 중간의 오묘한 지점을 공략해야 한다는 것이었는데, 이게 대체 무슨 소리인가 싶다. 아마 윤인미도 같은 심정 아니었을까. 어쨌든 윤선도는 편지가 끝날 때까지 계속해서 요령 피우지 말고 성실하게 공부하라며 쪼아댔다.

너의 금산錦山 삼제三製 중에서 내가 보기에는 부賦가 가장 나았다. 이등異等(특등特等)을 차지해도 괴이할 것이 없는데, 그만 굴욕을 당하고 말았으니 개탄스럽다.

그러나 포서鋪敍한 것 가운데 납약納約의 아래에 해제한 사실들이 너무 간략한 폐단이 있었는데, 이것은 흠이라고 할 것이다. 책문도 좋았다마는 조목별로 제목을 붙인 뜻이 너무 간략하여 알맹이가 없었으니, 이것도 동일한 흠이라고 할 것이다.

대개 장옥의 정문程文(답안지)은 차라리 너무 상세한 폐단이 있을지언정 너무 간략한 폐단이 있으면 안 되고, 차라리 너무 치밀한 폐단이 있을지언정 너무 소략한 폐단이 있으면 안 되니, 이러한 점을 알아두지 않으면 안 된다.

그리고 관심을 두고 고금의 문자를 자세히 관찰하여, 전환하고 연결하는 묘한 솜씨를 터득해야 하니, 그런 뒤에야 글을 지을 때 흠이 없을 것이다. 고인古人의 문법에 침잠하지 않고, 한갓 문자를 짓는 사이에 조그마한 재기만 부린다면, 반드시 무디고 거칠며 지리멸렬한 폐단이 있을 것이니, 이 점도 더욱 알아두지 않으면 안 된다.

과거를 볼 때마다 모두 낙방하는 것이 물론 열심히 노력하지 않은 탓이기는 하지만, 그 근본을 헤아려보면 하늘이 도와주지 않아서 그런 것인데, 하늘의 도움을 얻는 길은 오직 선을 쌓는 데에 있다는 것을 너희는 알지 않으면 안 된다. 더구나 아손兒孫이 거의 남아 있지 않은 상태에서 낳아 기르지도 못해 제사마저 끊길 걱정이 있으니, 평소에 겁나고 두려운 심정을 어떻게 말로 다할 수 있겠느냐.

_1660년(현종 1년).

5년 뒤 윤선도는 표적을 바꿔, 자꾸 낙방해 절에 들어가 공부하는 손자에게 편지했다. 그 내용 또한 잔소리 일색이었으니, 세월이 흘러 자손이 많아질수록 갈궈야 할 사람만 늘어나는 꼴이었다. 잔소리하는 사람과 잔소리 듣는 사람 모두에게 피곤한 일이 아니었을까.

낙방한 남편을 야단치는 부인도 있었다. 조선 후기의 여류 시인으로, 유교 질서에 반하는 화끈한 시를 써 이름난 호연재 김씨浩然齋金氏가 대표적이다. 호연재 김씨는 남편 송요화宋堯和가 과거를 보고 돌아오자, 그 시초를 받아 읽어보고는 잘못된 부분을 조목조목 짚어가며 "급제할지 나는 모르겠소"라고 칼같이 평가했다. 실제로 송요화는 낙방하며 아내의 평가가 옳았음을 몸소 증명했다. 한편 조선 중기의 유학자 윤증尹拯은 낙방한 사촌 동생 윤유尹揄에게 보낸 편지에서 심한 말을 쏟아냈다.

손을 꼽으며 기쁜 소식이 오기를 기다리고 있는데 끝내 소식이 없으니 어찌 운수가 이르지 않아서가 아니겠는가. 어찌하여 이렇게 자주 낙방한단 말인가. 사람으로 하여금 탄식하여 마지않게 하네.
_1686년(숙종 12년) 8월 25일.

이처럼 화내는 것은 그만큼 기대와 사랑이 컸기 때문이지 않을까. 사실 윤증은 윤유의 친척 형인 동시에 선생이었다. 또한 윤유가 앞서 본 진사시에서는 전체 8등이라는 준수한 결과를 얻은 것도 윤증의 기대와 낙심을 모두 키웠으리라. 안타깝게도 윤유는 끝내 문과에 급제하지 못했으니, 다만 윤증이 실망하는 대신 수고했다며 품어주었기를 바랄 뿐이다.

03

장원급제자의 최후

지금까지 살펴본 과거 잔혹사의 결론을 내려봐야겠다. 그토록 열과 성을 바쳐, 평생을 바쳐, 가족들의 피땀을 바쳐 과거에 급제한, 심지어 장원 급제한 이들은 결국 행복했을까. 만사형통했을까.

딱 잘라 말해 그렇지 않았다. 삶이란 변수의 연속이다. 제아무리 날고 기는 장원급제자라도 어떤 일을 겪을지 몰랐다. 즉 장원급제가 죽을 때까지 평탄한 삶을 보장하는 것은 아니었다. 그리고 이는 역사가 증명하는 진실이다. 1393년(태조 2년) 조선 최초로 열린 과거에서 조선 최초로 장원 급제한 송개신宋介臣은 관직을 받기도 전에 죽어버렸다. 이제 막 문을 연 나라의 젊은 인재로 크나큰 관심과 기대를 받았을 것이 분명한데, 그 결말이 이토록 허무하니, 마지막

숨을 내뱉는 순간에 송개신은 과연 어떤 생각을 했을까.

앞서 설명한 것처럼 구도장원공 이이는 자신의 화려한 장원급제 이력 때문에 스트레스가 막심했다. 일을 잘하든 못하든 늘 구도장원공으로서 평가받았고, 어딜 걸어가기만 해도 뒤에서 속닥이는 소리를 들어야 했으리라. 무엇보다 정승의 자리에 오르지 못했다. 이쯤 되면 굳이 아홉 번이나 장원 급제한 것이 다 무슨 소용이었나, 허무하고 후회스러웠을 테다.

행복은 성적순이 아니라는 진실

뭐, 그래도 송개신은 더 흉한 꼴은 보지 않았고, 이이는 사후에라도 수많은 사람에게 추앙받고 있으니, 그 나름대로 괜찮은 편이다. 다음 장원급제자들은 자기 목을 보전하지 못했을뿐더러, 집안마저 통째로 멸족당하는 최후를 맞았다.

김수항金壽恒 숙종 때 서인의 수장으로 영의정의 자리에까지 올랐으나, 남인이 권력을 쥐자 유배당한 다음 사사되었다.

김안로金安老 중종 때 권력을 쥐고 흔들다가 탄핵당했다.

김옥균 구한말의 급진 개화파로 갑신정변을 주도하고는 자객에게 암살당했다.

성삼문 조선 전기의 문신으로 단종 복위 운동을 주도하며 세조와 갈등을 겪다가 처형당했다.

유몽인柳夢寅《어우야담》의 저자로, 인조반정 후 광해군의 복위를 꾀

한다는 무고로 처형당했다.

이발李潑 선조 때 동인의 수장으로 영향력이 컸으나, 역모에 휘말려

심문 중에 맞아 죽었다.

이이첨李爾瞻 광해군 옹립에 지대한 공을 세우며 승승장구했으나, 인

조반정 후 숙청당했다.

하위지河緯地 성삼문과 같은 이유로 처형당했다.

허균《홍길동전》의 저자이자 개혁가로 이름을 높였으나, 광해군 때

역모에 휘말려 처형당했다.

다행히 목숨은 건졌지만, 고초를 겪은 장원급제자들도 많았다.

김만중《구운몽》《사씨남정기》의 저자로, 숙종 때 장희빈 일가를 비

판했다가 유배당했다.

김창협 김수항의 아들로, 아버지가 사사되자 벼슬을 버리고 은거하

며 학문 연구에 몰두했다.

박세당朴世堂 실학의 대가로, 숙종 때 주자의 학설을 비방했다가 사

문난적으로 몰려 유배당했다.

신숙주 한때는 세종이 아끼는 신하였으나, 세조의 집권에 직간접적

으로 힘을 더하며 인심을 잃고 배신자의 대명사로 낙인찍혔다.

유자광 연산군 때의 간신으로, 온갖 구실로 옥사를 일으켜 업보를

쌓다가 중종반정 이후 유배당했다.

정철鄭澈《관동별곡》의 저자로, 선조 때 서인의 수장이었다. 서인의

세력이 지나치게 커지자 선조는 정철을 '시범 케이스'로 유배 보냈고, 정철은 그곳에서 굶어 죽었다(또는 술병으로 죽었다).

진복창陳復昌 명종 때의 간신으로 지나치게 잔인해 '독사'로 불렸다. 그 업보 때문에 탄핵당한 뒤에도 백성의 고혈을 빨다가 죽을 때까지 집에 감금당했다.

이들 외에도 수많은 장원급제자가 질곡 많은 삶을 살았다. 어쩌면 당연한 일이었다. 장원급제자는 누구보다 빨리, 또 깊이 권력의 핵심으로 빨려 들어갔다. 당연히 큰 힘을 누렸으나, 그만큼 큰 위험에 노출되었다. 툭하면 사화가, 역모가, 환국이 벌어지며 거대한 파도처럼 그들의 삶을 송두리째 삼켰다. 조선왕조 내내 총 418회의 문과가 열렸고, 1만 5000명 정도의 급제자가 배출되었다. 문과 급제자를 시대순, 성적순, 과목별로 정리한 《국조방목國朝榜目》을 살피고 있노라면, 이렇게나 많은 사람이 급제하고도 완전히 잊혔다는 사실에 절로 압도된다. 사실 그 누구라도 언젠가는 죽고 잊힌다. 불현듯 이 진실과 마주하고 나니, 도대체 왜 그토록 과거에 매달렸을까 하는 시니컬한 생각이 들기도 한다.

여담이지만 과도한 기대도 장원급제자들에게 큰 부담이 되었을 것 같다. 1564년(명종 19년) 이이는 여섯 번이나 장원 급제했는데, 진사시에서 유일하게 미끄러지며 급제만 하고 장원을 놓쳤다. 해당 진사시의 장원은 조원趙瑗이라는 선비였다. 아마 그 이름을 들어본 사람이 거의 없을 텐데, 사실 나도 마찬가지다. 조원은 10년 뒤에나 문과에 급제해 비로소 관직을 받았는데, 그리 좋은 평을 듣지 못했다.

> 조원은 문명文名이 있으나 국량局量과 식견이 없어서 사류士類의 신
> 망을 받지 못하였다.
> _《선조수정실록》, 1576년(선조 9년) 2월 1일.

심지어 이이는 조원을 가리켜 "쓸 만한 인재가 아니다"라고 혹평했다. 조원은 왜 이렇게까지 욕을 먹었을까. 혹시 이이를 한 번 꺾었다는 이유로 과도하게 기대받았기 때문은 아니었을까. 정말 그랬다면 조원은 자신의 유일한 장원급제 기록을 지우고 싶었을 것이다.

이쯤에서 다시 한번 짚고 넘어가야 할 점이 있다. 행복은 성적순이 아니라는 것이다. 이것 또한 역사가 증명한다. 1576년(선조 9년) 열린 문과의 장원은 윤기였고, 무과의 장원은 문명신文命新이었다. 그리고 해당 무과에서 이순신은 12등을 차지했다. 윤기, 문명신, 이순신. 이 세 사람 중 누가 가장 이름을 높였는가. 심지어 당시 무과에서 2등을 한 박종남朴宗男은 관직을 얻은 후에 뇌물을 받아먹다가 처형당했다. 결국 후세에까지 명성이 전해진 이는 12등을 한 이순신뿐이다. 누군가가 SNS에서 이를 가리켜 "12등만 기억하는 더러운 세상"이라고 농담한 것을 보았는데, 참으로 맞는 말이다. 장원급제가 대단한 일이긴 했으나, 어떤 사람의 가치를 평가할 절대적 기준은 아니었다.

머리보다는 혈연과 지연

지난 2019년 서울대학교 규장각한국학연구원에서 모든 문과 급제자의 삶을 연구했더니, 놀라운 결과가 나왔다. 조선에서 높은 벼슬을 얻으려면 과거 성적보다도 가문이 중요했다. 여기에 더해 친가나 외가 어른 중에 고관이 있(었)다면 출셋길이 더 활짝 열렸다. 너무나 현실적인 결과라 씁쓸하기까지 하다. 그때나 지금이나 출세하려면 밀어주고 끌어주는 사람들이 필요하다. 그런 백이 없는 사람이라면 능력이 아무리 뛰어나도 소외될 수밖에 없다.

정약용은 〈여름날 술을 마시며夏日對酒〉라는 기나긴 시에서 이러한 현실을 날카롭게 꼬집었다. 지체가 낮으면 자질이 빼어나 문과에 급제해도 출세할 수 없고, 무예가 뛰어나 무과에 급제해도 군의 대장이 될 수 없다는 내용이었다. 그렇게 좌절한 이들은 세상에 분노하며 공부를 때려치우고 도박과 놀이에 빠져들었다. 그렇다면 반대로 명문가 출신들은 자신이 어떤 기회를 누리고 있는지 잘 알고 겸허한 마음으로 공부했을까. 전혀 그러지 않았으니, 그들은 자신이 별 노력을 하지 않아도 출세할 수 있다는 걸 너무나 잘 알았기에, 마찬가지로 도박과 놀이에 빠져들었다.

> 두 집 자식 다 자포자기로
> 세상천지에 어진 자라곤 없네
> 兩兒俱自暴 擧世無賢淑
> _정약용, 〈여름날 술을 마시며〉.

이처럼 공정성이 무너진 상황에서, 경쟁률마저 치솟았다. 조선 후기로 갈수록 양반의 수가 늘고, 서얼과 양인들도 과거를 볼 수 있게 되었기 때문이다. 물론 출신에 따른 차별 또한 여전했다. 하여 금수저 출신들은 여유롭게 '프리 패스'해 '고인물'이 되어 썩어가고, 흙수저 출신들은 서로 피 터지게 싸우는 형국이 되었으니, 한마디로 막장이었다.

관련해 2장에서 '입시의 한양 집중 현상'을 설명했는데, 조선 후기로 갈수록 놀라운 일이 벌어졌다. 즉 한양 출신들의 독주가 멈추고, 오히려 지방 출신들의 선전이 늘었다. 오늘날의 입시 풍토와 유일하게 달랐던 점인데, 알고 보면 그리 좋은 이유 때문이 아니었다. 앞서 설명한 것처럼 과거는 크게 글을 외우는 강경과 글을 쓰는 제술로 나뉘었다. 이때 지방의 선비들은 강경에, 한양의 선비들은 제술에 강했다. 그런데 강경은 정기적으로 열리는 식년시에서, 제술은 특별한 일이 있을 때 열리는 별시에서 치러졌다. 그 결과 전체 급제자 중에서 지방 출신들이 점점 많아졌다. 이는 지역 균형 발전을 이끌기보다는 학력 저하로 이어졌는데, 지방 출신들은 기계적 암기에만 도가 터 편지도 제대로 읽고 쓰지 못했기 때문이다.

> 뽑힌 자는 외방의 우둔한 자가 많으므로 (…) 서찰도 읽지 못하는 자가 있다. 경사가 있으면 별시를 설행設行하는데, 전시에는 오로지 대책(제술)을 쓴다. 서울 선비가 출신出身하는 것은 대체로 이 길을 통해서였다.
>
> _《인조실록》, 1649년(인조 27년) 3월 18일.

이어서 사관은 광해군 때부터 과거제도가 무너진 결과 요즘 선비들은 공부의 본질은 놓치고, 대신 점수 따는 기술만 익힌다며 한탄했다. 현직자로서 보기에 경전은 줄줄 외우면서도 편지 한 장 제대로 쓰지 못하는 과거 급제자들이 얼마나 한심했을까.

지방 출신들이 단순 암기에 강한 데는 다 이유가 있었다. 한양 출신들과 비교해 세상 경험 자체가 너무나 부족했던 것이다. 글짓기를 잘하려면, 말 그대로 글 짓는 기술도 뛰어나야 하지만, 무엇보다 자기 생각이 있어야 한다. 그리고 생각은 경험에서 나온다. 오늘날에야 인터넷, 스마트폰, 유튜브, SNS 등이 보편화되어 어디에 살든 보고 듣고 경험하는 것이 크게 다르지 않지만, 500년 전 조선에서는 한양과 멀어질수록 세상 자체가 쪼그라들었다. 책도 몇 권 없었고 세상 돌아가는 이야기라야 보부상이 전해주는 단편적인 소식이 전부였다. 이처럼 경험의 질과 양이 모두 한미했으니, 생각이 자라지 못했고, 그런즉 머릿속에 글로 쓸 만한 것이 적었다. 제술에 급제한 지방 출신들은 이러한 약점을 몸(암기력)으로 때운 것이니, 그야말로 인간 승리의 표본이라 하겠다.

최고의 동기부여, 결핍

한편 지방 출신이 무식하다는 비판을 곧이곧대로 받아들여선 안 된다는 의견도 있다. 아무리 지방 출신이라지만 한양 출신만큼이나 오래 공부했을 텐데 정말 그토록 무식했을까. 특히 편지를 못 썼다는 것은, 지방 출신도 한자와 한문을 기본적으로 깨쳤고, 가족들과 서신으로 자주 왕래했을 테니, 말이 안 된다. 수준 높은 내용과 형식의 편지에는 약했을지라도, 기본 실력이 있는 만큼 까짓 조금만 공부하면 금방 할 수 있었을 것이다. 그렇다면 한양 출신을 더 뽑고 싶어 일부러 지방 출신을 과하게 비판한 것은 아니었을까.

사실 지방 출신을 꺼리는 풍조는 조선의 '전통'이었다. 숙종 때 정승을 지낸 남구만은 과거 풍토를 비판하며 "외딴 시골의 사람들이 언문(한글)으로 어릴 때부터 외우다가 과거에 합격하게 되는데, 식년시 문과가 그냥 입으로 외우기만 하고, 글 뜻을 알지 못하게 하니 사람들을 뽑긴 했지만 제대로 편지도 쓰거나 읽지 못한다"라고 꼬집었다. 흥미로운 점은 '외딴 시골'이라고 콕 집어 지방을 비하하는 남구만 본인도 충청도 출신이었다는 것이다. 바꿔 생각해, 그런 남구만이 앞장서 비판했을 정도로, 정말 지방 출신들의 실력이 뒤떨어졌을 가능성도 있다. 하지만 그렇다고 해서 한양 출신들만 급제시킬 수도 없었다. 조선에 한양만 있는 것은 아니지 않은가. 게다가 과도한 지방 차별은 반란의 빌미가 될 수 있었다.

그래서 어찌했냐 하면, 둘 다 뽑기로 했다. 1750년(영조 26년)에 열린 과거는 "부賦와 표表의 글제를 내고 경향(한양과 시골)에서 각각 한 사람을 뽑았다". '부'는 문학적 글쓰기 능력을 평가하는 과목이고, '표'는 자기 의견을 서술하는 과목이었다. 순서대로 지방 출신과 한양 출신에 유리했는데, 두 과목을 둔 것부터 지역 안배를 고려한 조치였다.

그렇다면 지방에서는 어디 출신이 가장 많은 과거 급제자를 배출했을까. 한양과 경기도를 제외하면 경상도와 전라도가 단연 으뜸이었다. 특히 경상도에서는 안동과 상주가, 전라도에서는 광주와 나주, 전주가 과거 급제자들의 산실 역할을 했다. 이들 지역에는 공통점이 있는데, 교통의 요지였다는 것이다. 그런 곳의 선비들은 오가는 사람들을 통해 과거 관련 정보를 빨리 입수했고, 공부에 필요한 책도 쉽게 구할 수 있었다. 같은 이유로 좋은 선생과 학우도 많았으니, 한양만큼은 아니더라도 그 나름대로 공부하기에 좋은 환경이었다고 하겠다. 그중에서도 안동은 성리학의 주요 거점인 도산서원이 있어 다른 어떤 곳보다 독보적으로 많은 과거 급제자를 배출했다.

한편 조선 후기로 갈수록 오지 중의 오지였던 평안도에서도 과거 급제자가 많이 나왔다. 당시 평안도는 조선에서도 가장 많이 차별받는 지역이었는데, 천민들을 가리켜 '평안도놈'이라고 비하할 정도였다. 이 때문에 변변한 명문가 하나 들어서지 못했고, 그러면서도 국방상의 요지란 이유만으로 무거운 세금을 부담해야 했다. 그 불만이 쌓이고 쌓여 폭발한 것이 홍경래의 난이었는데, 18세기가 되면 평안도 출신의 문과 급제자가 오히려 크게 증가했다. 바로 그때 과거 전문 학원이 평안도에 들어선 덕분이었다.

조선 후기의 문인 맹세형孟世衡은 인조 때 문과에서 2등으로 급제하고는 의주와 평양 사이인 정주定州에 지금의 구청장 정도 되는 목사牧使로 부임했다. 그곳에서 맹세형은 공무를 수행하는 동시에, 지역의 총명한 젊은 선비들을 모아놓고 과거 공부를 가르쳤다. 특별한 커리큘럼이 있었던 것은 아니고 경전들을 몽땅 외우게 했는

조선, 시험지옥에 빠지다

데, 그런데도 선비들의 실력이 쑥쑥 늘었다. 이것이 시초가 되어 평안도 이곳저곳에 과거 공부를 가르치는 학원이 많이 생겨났다. 그결과 과거 급제자의 20퍼센트를 평안도 출신이 차지하는 이변이 벌어졌다(식년시 기준). 그야말로 전국을 들썩인 엄청난 쾌거였고, 이로써 평안도는 생원시나 진사시보다 문과에 더 많은 급제자를 내는 과거의 성지가 되었다. 500년 전에도 유명 학원 수강생들이 국가고시를 휩쓸었다니, 역시 역사는 돌고 도나 보다.

이처럼 지방에 자리 잡은 과거 전문 학원들의 활약으로, 한양과 지방의 격차가 점점 더 벌어졌으니, 과거 급제자의 과반이 지방 출신들로 채워졌다. 실제로 순조와 철종 때의 문과 급제자를 살피면, 한양 출신이 39.8퍼센트, 지방 출신이 60.2퍼센트에 달했다. 조선시대에도 한양에 더 많은 인구가 몰려 있었고, 특히 초시에서는 한양 출신들을 더 많이 뽑았던 것을 감안하면, 사실상 지방 출신들이 과거를 석권한 것이나 다름없었다. 가뜩이나 순조와 철종 때는 세도정치가 극심하던 시기라, 한양을 근거지 삼은 안동김씨 가문에서 과거에도 마수를 뻗쳤을 법한데, 실제로는 그러지 못했다. 이런 통계를 보면 과거제도에 아무리 많은 폐단이 있었다고 해도, 결과적으로 지역 균형 발전에 이바지했으니, 인재를 뽑는 데 나쁘기만 한 수단은 아니었던 것 같다. 홍경래도 괜히 금이나 캐겠다고 엇나가는 대신에 학원을 다니며 열심히 공부했다면 과거 급제의 꿈을 이루지 않았을까. 물론 그런다고 과거 급제가 무조건 보장되는 것은 아니었고, 조선 후기를 어지럽힌 온갖 사회문제가 사라지지도 않았겠지만, 그래도 홍경래의 독기는 좀 빠졌을 것이다.

본문에서 참조, 또는 인용한 《조선왕조실록》은 '국사편찬위원회 한국사데이터베이스' 웹페이지(http://db.history.go.kr/)에서 공개된 것을, 《경세유표》《고봉집》《국조인물고》《금대시문초》《금릉집》《다산시문집》《무명자집》《백사집》《번암선생집》《불우헌집》《사계전서》《서애선생별집》《성소부부고》《성호전집》《송자대전》《수당집》《숙사소산선생전》《심경밀험》《연경재전집》《연암집》《우복집》《율곡선생전서》《이계집》《일성록》《창설재집》《청성잡기》《택당별집》은 '한국고전번역원 한국고전종합DB' 웹페이지(https://db.itkc.or.kr/)에서 공개된 것을, 《격몽요결》《동문선》《열성조계강책자차제》《우서》《퇴계선생언행록》은 '디지털장서각' 웹페이지(https://jsg.aks.ac.kr/)에서 공개된 것을 따랐다. 쉽게 읽히도록 문장부호와 어미를 일부 수정한 곳은 있으나 최대한 그대로 수록했다. 그 외 참고문헌은 아래와 같다.

서적

* 김동석, 《조선시대 선비의 과거와 시권》, 한국학중앙연구원출판부, 2021.
* 김문식·김정호, 《조선의 왕세자 교육》, 김영사, 2003.
* 김미란, 《조선시대 양반가여성의 전기문연구》, 평민사, 2016.
* 백두현, 《현풍곽씨언간 주해》, 태학사, 2003.
* 신천식, 《조선전기 교육개혁과 과거운영》, 경인문화사, 1999.
* 이만규, 《다시 읽는 조선교육사》, 살림터, 2010.
* 이성무, 《한국의 과거제도》, 한국학술정보, 2004.
* 이재옥, 《조선시대 과거 합격자의 디지털 아카이브와 인적 관계망》, 보고사, 2018.
* 정구선, 《조선의 출셋길, 장원급제》, 팬덤북스, 2010.

논문

* 구순옥, 〈正祖의 세손시절 강론 문답 〈春坊故事〉에 대하여〉, 《한문학논집》 57권, 2020.
* 김문식, 〈소현세자의 왕세자 교육〉, 《국학연구》 18집, 2011.

◆ 김용재, 〈尹愭의『泮中雜詠』에 나타난 成均館 齋生들의 생활상과 교육〉,《동방한 문학》83호, 2020.

◆ 김은정, 〈17·18세기 王世子 教育課程 연구〉,《漢文古典研究》33권 1호, 2016.

◆ _____, 〈書筵을 통해 본 王世子 教育의 普遍性과 特殊性 – 17세기『東宮日記』를 중심으로 – 〉,《語文研究》40권 1호, 2012.

◆ 박현순, 〈조선시대 과거 수험서〉,《한국문화》69권, 2015.

◆ _____, 〈조선후기 文科에 나타난 京鄕 간의 불균형 문제 검토〉,《한국문화》58권, 2012.

◆ 백두현, 〈국어학 : 진주 하씨묘 출토 〈현풍 곽씨 언간〉 판독문〉,《어문론총》31권, 1997.

◆ 원창애, 〈조선시대 문과급제자 연구〉, 한국정신문화연구원 한국학대학원 박사학 위논문, 1997.

◆ 육수화, 〈조선시대 왕실의 유아교육〉,《동양고전연구》32호, 2008.

◆ _____, 〈조선왕실의 조기교육 기관 연구〉,《한국교육사학》29권 1호, 2007.

◆ 이경은, 〈조선 초기 왕실의 엘리트 교육에 관한 고찰〉,《교육연구논총》28권 1호, 2008.

◆ 전경목, 〈한글편지를 통해 본 조선후기 과거제 운용의 한 단면 : '진성이씨 이동표 가 언간'을 중심으로〉,《한국학중앙연구원》34권 3호, 2011.

◆ 정시열, 〈家書에 나타난 退溪의 心理에 대한 一考 –長男 寯에게 부친 서찰을 대상 으로-〉,《퇴계학논집》13호, 2013.

◆ _____, 〈默齋 李文楗의『養兒錄』에 나타난 祖孫 葛藤에 대한 一考〉,《동양고전 연구》50호, 2013.

◆ _____, 〈退溪家書에 나타난 話法에 대한 一考 -孫子安道에게 부친 서찰을 중심 으로-〉,《영남학》53호, 2013.

◆ 조은숙, 〈『묵재일기(黙齋日記)』에 나타난 자녀교육과 갈등의 형상〉,《문학치료연 구》39권, 2016.

◆ 차미희, 〈조선후기 숙종대 壬辰科獄 연구〉,《민족문화연구》42호, 2005.

◆ 최혜진, 〈조선중기 士族의 아동에 대한 인식과 교육 -柳希春의『眉巖日記』를 중 심으로-〉, 서울여자대학교 석사학위논문, 2008.

◆ 하정승, 〈『반중잡영(泮中雜詠)』에 형상된 성균관(成均館)과 유생들의 생활상〉, 《인문학연구》11권, 2004.

조선, 시험지옥에 빠지다

초판 1쇄 발행 2024년 8월 7일
초판 2쇄 발행 2024년 10월 14일

지은이 이한
펴낸이 최순영

출판2 본부장 박태근
지식교양 팀장 송두나

펴낸곳 ㈜위즈덤하우스   **출판등록** 2000년 5월 23일 제13-1071호
주소 서울특별시 마포구 양화로 19 합정오피스빌딩 17층
전화 02) 2179-5600   **홈페이지** www.wisdomhouse.co.kr

ⓒ 이한, 2024

ISBN 979-11-7171-241-0 03900